全国高等教育自学考试指定教材
消防工程专业（独立本科段）

建 筑 防 火

（2014年版）

（含：建筑防火自学考试大纲）

全国高等教育自学考试指导委员会　组编

主　编　蔡　芸
副主编　王　倩

机 械 工 业 出 版 社

本教材是全国高等教育自学考试消防工程专业指定教材。

本教材围绕民用建筑和工业场所的防火安全，以火灾科学理论为指导，在建筑防火设计基本原理的基础上，系统地阐述了建筑火灾预防与控制的工程技术方法。

本教材主要内容包括建筑火灾与建筑防火对策、建筑材料的高温性能、建筑物耐火设计、建筑总平面布局防火、防火分区与防烟分区、安全疏散设计、建筑装修工程防火、建筑防爆设计、建筑消防设施的设置原则、建设工程消防设计审核、建筑防火设计案例，主要解决的是通过建筑选址、布局、结构和设施的设计来限制火灾的蔓延与扩大，减轻火灾对建筑结构的破坏作用，确保建筑及其内部人员的安全。

本教材适用于参加全国高等教育自学考试消防工程专业的学生和指导教师，也可供高等院校相关专业师生参考，还可供消防安全相关人员阅读。

图书在版编目（CIP）数据

建筑防火/蔡芸主编. —北京：机械工业出版社，2014.3（2025.9 重印）
全国高等教育自学考试指定教材. 消防工程专业. 独立本科段
ISBN 978-7-111-45942-2

Ⅰ.①建… Ⅱ.①蔡… Ⅲ.①建筑物-防火系统-建筑设计-高等教育-自学考试-教材 Ⅳ.①TU972

中国版本图书馆 CIP 数据核字（2014）第 031823 号

机械工业出版社（北京市百万庄大街 22 号　邮政编码 100037）
策划编辑：何文军　责任编辑：李　超　版式设计：霍永明
责任校对：樊钟英　责任印制：单爱军
北京盛通数码印刷有限公司印刷
2025 年 9 月第 1 版第 10 次印刷
184mm×260mm・15.75 印张・387 千字
标准书号：ISBN 978-7-111-45942-2
定价：45.00 元

凡购本书，如有缺页、倒页、脱页，由本社发行部调换

电话服务　　　　　　　　　网络服务
客服电话：010-88361066　　机　工　官　网：www.cmpbook.com
　　　　　010-88379833　　机　工　官　博：weibo.com/cmp1952
　　　　　010-68326294　　金　书　网：www.golden-book.com
封底无防伪标均为盗版　　　机工教育服务网：www.cmpedu.com

组 编 前 言

21世纪是一个变幻难测的世纪，是一个催人奋进的时代，科学技术飞速发展，知识更替日新月异。希望、困惑、机遇、挑战随时随地都有可能出现在每一个社会成员的生活之中。抓住机遇，寻求发展，迎接挑战，适应变化的制胜法宝就是学习——依靠自己学习，终生学习。

作为我国高等教育组成部分的自学考试，其职责就是在高等教育这个水平上倡导自学、鼓励自学、帮助自学、推动自学，为每一个自学者铺就成才之路。组织编写供读者学习的教材就是履行这个职责的重要环节。毫无疑问，这种教材应当适合自学，应当有利于学习者掌握和了解新知识、新信息，有利于学习者增强创新意识、培养实践能力、形成自学能力，也有利于学习者学以致用，解决实际工作中所遇到的问题。具有如此特点的书，我们虽然沿用了"教材"这个概念，但它与那种仅供教师讲、学生听，教师不讲、学生不懂，以"教"为中心的教科书相比，已经在内容安排、编写体例、行文风格等方面都大不相同了。希望读者对此有所了解，以便从一开始就树立起依靠自己学习的坚定信念，不断探索适合自己的学习方法，充分利用已有的知识基础和实际工作经验，最大限度地发挥自己的潜能，以达到学习的目标。

欢迎读者提出意见和建议。

祝每一位读者自学成功！

全国高等教育自学考试指导委员会
2013年3月

目 录

组编前言

建筑防火自学考试大纲

出版前言
Ⅰ．课程性质与目标 …………………… 3
Ⅱ．考核目标 ……………………………… 3
Ⅲ．课程考核内容与考核要求 ………… 4
Ⅳ．关于大纲的说明与考核实施要求 … 16
Ⅴ．题型举例 …………………………… 18
后记 ……………………………………… 20

建 筑 防 火

编者的话 …………………………… 22
第一章 建筑火灾与建筑防火对策 … 23
  第一节 建筑火灾 …………………… 23
  第二节 建筑特征与建筑消防安全 … 28
  第三节 建筑防火对策 ……………… 31
  自学指导 ……………………………… 33
  复习思考题 …………………………… 33
第二章 建筑材料的高温性能 ……… 35
  第一节 概述 ………………………… 35
  第二节 建筑材料的燃烧性能分级 … 38
  第三节 建筑钢材 …………………… 40
  第四节 混凝土 ……………………… 42
  第五节 木材 ………………………… 45
  第六节 其他建筑材料 ……………… 48
  自学指导 ……………………………… 53
  复习思考题 …………………………… 53
第三章 建筑物耐火设计 …………… 54
  第一节 建筑构件的耐火性能 ……… 54
  第二节 建筑物耐火等级 …………… 59
  自学指导 ……………………………… 66
  复习思考题 …………………………… 67
第四章 建筑总平面布局防火 ……… 68
  第一节 防火间距 …………………… 68

  第二节 消防车道与消防车操作空间 … 75
  第三节 高层民用建筑总平面防火设计 … 78
  第四节 工业建筑总平面防火设计 … 80
  自学指导 ……………………………… 84
  复习思考题 …………………………… 84
第五章 防火分区与防烟分区 ……… 85
  第一节 防火分区 …………………… 85
  第二节 防火分隔 …………………… 90
  第三节 防火分隔设施与措施 ……… 98
  第四节 防烟分区 …………………… 104
  自学指导 ……………………………… 105
  复习思考题 …………………………… 105
第六章 安全疏散设计 ……………… 107
  第一节 安全疏散设计的基本原则及
         程序 ………………………… 108
  第二节 安全出口设计 ……………… 111
  第三节 安全疏散距离 ……………… 119
  第四节 疏散楼梯和楼梯间 ………… 122
  第五节 避难层与屋顶直升机停机坪 … 128
  第六节 消防电梯 …………………… 132
  自学指导 ……………………………… 133
  复习思考题 …………………………… 133
第七章 建筑装修工程防火 ………… 135
  第一节 可燃装修的火灾危险性 …… 136

| 第二节 装修材料分类与分级 ………… 138
 第三节 建筑内部装修设计防火要求 …… 141
 第四节 建筑外墙饰面及保温系统防火 … 148
 自学指导 ………………………………… 151
 复习思考题 ……………………………… 152

第八章 建筑防爆设计 ……………………… 153
 第一节 概述 ……………………………… 153
 第二节 爆炸危险性厂房（仓库）
     的布置 …………………………… 157
 第三节 爆炸危险性厂房（仓库）构造 … 160
 自学指导 ………………………………… 166
 复习思考题 ……………………………… 167

第九章 建筑消防设施的设置原则 ………… 168
 第一节 水灭火系统的设置原则 ………… 169
 第二节 气体灭火系统设置原则 ………… 176
 第三节 泡沫灭火系统设置原则 ………… 177
 第四节 火灾自动报警系统设置原则 …… 178
 第五节 防、排烟系统设置原则 ………… 181

 第六节 建筑灭火器配置 ………………… 182
 自学指导 ………………………………… 184
 复习思考题 ……………………………… 184

第十章 建设工程消防设计审核 …………… 185
 第一节 建设工程消防设计审核的范围和
     技术依据 ………………………… 185
 第二节 建设工程消防设计审核的基本内容
     和方法 …………………………… 188
 第三节 工业建筑的消防设计审核 ……… 196
 第四节 民用建筑的消防设计审核 ……… 200
 第五节 高层民用建筑的消防设计审核 … 204
 自学指导 ………………………………… 208
 复习思考题 ……………………………… 208

第十一章 建筑防火设计案例 ……………… 209
部分习题参考答案 …………………………… 236
参考文献 ……………………………………… 245
后记 …………………………………………… 246

全国高等教育自学考试
消防工程专业（独立本科段）

建筑防火自学考试大纲

（含考核目标）

全国高等教育自学考试指导委员会　制定

出版前言

为了适应社会主义现代化建设事业的需要，鼓励自学成才，我国在 20 世纪 80 年代初建立了高等教育自学考试制度。高等教育自学考试是个人自学、社会助学和国家考试相结合的一种高等教育形式。应考者通过规定的专业课程考试并经思想品德鉴定达到毕业要求的，可获得毕业证书；国家承认学历并按照规定享有与普通高等学校毕业生同等的有关待遇。经过 30 多年的发展，高等教育自学考试为国家培养造就了大批专门人才。

课程自学考试大纲是国家规范自学者学习范围、要求和考试标准的文件。它是按照专业考试计划的要求，具体指导个人自学、社会助学、国家考试、编写教材及自学辅导书的依据。

为更新教育观念，深化教学内容方式、考试制度、质量评价制度改革，更好地提高自学考试人才培养的质量，全国考委各专业委员会按照专业考试计划的要求，组织编写了课程自学考试大纲。

新编写的大纲，在层次上，专科参照一般普通高校专科或高职院校的水平，本科参照一般普通高校本科水平；在内容上，力图反映学科的发展变化以及自然科学和社会科学近年来研究的成果。

全国考委电子电工与信息类专业委员会参照普通高等学校建筑防火课程的教学基本要求，结合自学考试消防工程专业（独立本科段）的实际情况，组织制定的《建筑防火自学考试大纲》，经教育部批准，现颁发施行。各地教育部门、考试机构应认真贯彻执行。

全国高等教育自学考试指导委员会
2014 年 1 月

Ⅰ. 课程性质与目标

一、课程性质与特点

《建筑防火》课程是全国高等教育自学考试消防工程专业（本科）的专业课程，它是一门与消防工程实际联系紧密，具有较强实践性和应用性的课程。本课程围绕民用建筑和工业场所的防火安全，以火灾科学理论为指导，在建筑防火设计基本原理的基础上，系统地阐述建筑火灾预防与控制的工程技术方法。

本课程主要内容包括建筑火灾与建筑防火对策、建筑材料的高温性能、建筑耐火设计、建筑总平面布局防火、防火分区与防烟分区、安全疏散设计、建筑装修工程防火、建筑防爆设计、建筑消防设施的设置原则、建筑工程消防设计审核、建筑防火设计案例，主要解决的是通过建筑选址及布局、结构和设施的设计来限制火灾的蔓延与扩大，从而降低火灾对建筑结构的破坏作用，确保建筑及其内部人员的安全。

本课程具有"系统性"课程的明显特征，以建筑防火设计为主线，每部分内容相互关联，在阐述防火设计的原理和基本要求的同时，重点关注对知识层次和结构体系的把握。

二、课程目标与基本要求

课程设置的目标是使考生能够：

1）比较全面、系统地掌握从事消防设计、审核、施工、管理等工作所需的基础知识体系，理解各类防火安全策略的基本原理，熟悉建筑防火措施的基本设置要求。

2）建立消防工作的基本思路和方法，能够应用所学知识分析和解决简单的实际问题，对具体建筑防火安全进行基本的评析。

3）具备依据相关技术标准和规范对建筑设计进行防火审核和管理的能力。

三、与本专业其他课程的关系

《建筑防火》是消防工程专业的核心课程之一，与本专业的其他课程有着十分密切的关系。《消防燃烧学基础》是本课程的基础。本课程所涉及的防火设计与《建筑灭火设施》中各种灭火设施的选取与设置有着多方面的联系。本课程还能够为《消防监督管理》课程提供管理技术基础。

四、课程的重点和难点

本课程的重点是：建筑耐火等级、防火间距、消防车道、建筑平面防火布局、防火分区、安全疏散、建筑分类及建筑防爆。本课程的难点是：防火分区与安全疏散的设计。

Ⅱ. 考核目标

本大纲在考核目标中，按照识记、领会、简单应用和综合应用四个层次规定其应达到的能力层次要求。四个层次是递进关系，各能力层次的含义如下。

识记：要求考生能够对大纲各章中知识点，如建筑的分类、建筑构件耐火极限、防火间距、防火分区、安全出口、防烟分区等概念的记忆与理解；掌握防火技术措施的具体要求，比如防火间距不足时的弥补措施、消防车道的设置形式及要求、防火分区的划分、建筑中特殊部位的布置、安全疏散设施的设置场所及要求等。

领会：能理解民用建筑和工业场所的防火基本原理和技术措施，认识每一章中的理论层次和知识结构体系，理清各章节之间的内在联系。比如第三章讲述了建筑材料的耐火性能是建筑构件燃烧性能和耐火极限的基础，而建筑构件的这两项性能又决定了建筑的耐火等级。第五章讲述了建筑平面防火设计的核心措施是对建筑划分防火分区，而后续章节中安全疏散的设计是以防火分区的划分为基础。

简单应用：能够运用所学知识对具体建筑或场所中的某一项基本防火设计的正确性进行判断。比如根据建筑分类标准和建筑构件形式判断所在建筑的耐火等级，通过计算判断建筑的安全出口的数量和宽度是否满足要求，防烟楼梯间采取的形式是否符合要求等。

综合应用：在理解和掌握各方面防火设计要求的基础上，能够建立起对一个整体建筑或场所的防火安全设计进行综合分析的基本思路。

Ⅲ. 课程考核内容与考核要求

第一章 建筑火灾与建筑防火对策

一、学习目的

学习本章的目的与要求，是了解建筑火灾的危害形式和基本过程，从方法论上弄清建筑防火的基本策略和技术，为后续章节的学习奠定基础。

二、课程内容

第一节 建筑火灾

一、建筑火灾及其危害

二、建筑火灾的原因

三、建筑火灾的发展与蔓延

第二节 建筑特征与建筑消防安全

一、建筑特征

二、建筑特征对建筑防火的要求

第三节 建筑防火对策

一、建筑防火对策内容

二、建筑防火设计发展趋势

三、考核的知识点与考核要求

（一）建筑火灾

识记：火灾、建筑火灾的危害、火灾的原因、轰燃。

领会：室内火灾与室外火灾的区别、建筑火灾的基本过程。

（二）建筑特征与建筑消防安全

识记：按使用功能进行的建筑分类、高层民用建筑。

领会：建筑消防特征对建筑消防安全的影响。

（三）建筑防火对策

识记：建筑防火方式设计、建筑防火性能化设计。

领会：建筑防火技术。

简单应用：分析建筑的防火对策。
四、本章重点和难点
本章学习重点：建筑火灾的基本过程、建筑防火对策。
本章学习难点：建筑防火对策。

第二章 建筑材料的高温性能

一、学习目的与要求

通过学习本章应了解常见建筑材料的高温性能，清楚建筑材料的高温性能主要包括的内容以及木材的燃烧过程和阻燃机理。应掌握钢材、混凝土的高温力学性能和木材的阻燃方法，熟练掌握建筑材料燃烧性能分级。

二、课程内容

第一节 概述
一、燃烧性能
二、力学性能
三、隔热性能
四、发烟性能
五、毒害性能

第二节 建筑材料的燃烧性能分级
一、我国建筑材料燃烧性能分级的历史演化
二、建筑材料及制品燃烧性能分级
三、建筑材料及制品燃烧性能分级判据

第三节 建筑钢材
一、强度
二、变形
三、热导率

第四节 混凝土
一、混凝土的热学性质
二、混凝土的高温力学性能
三、混凝土的爆裂

第五节 木材
一、木材的热分解和燃烧
二、木材的阻燃

第六节 其他建筑材料
一、有机材料
二、无机材料
三、复合材料

三、考核知识点与考核要求

（一）概述

领会：建筑材料的高温性能主要包括的内容。

（二）建筑材料的燃烧性能分级
领会：建筑材料燃烧性能分级。
简单应用：建筑材料的燃烧性能分级新旧标准的对应关系。
（三）建筑钢材的高温性能
识记：建筑钢材的高温力学性能。
领会：普通钢构件耐火性能差的原因、预应力钢筋混凝土构件耐火性能差的原因。
（四）混凝土的高温性能
识记：混凝土的高温力学性能。
领会：混凝土的爆裂及其原因。
（五）木材的燃烧与阻燃
识记：木材的阻燃机理。
领会：木材的阻燃方法。
（六）其他建筑材料的高温性能
识记：常见建筑材料的高温性能。
领会：防火玻璃的分类。

四、学习重点、难点

本章学习重点：建筑材料高温性能主要包括的内容；建筑材料的燃烧性能分级；钢材、混凝土、木材等各种常见建筑材料的高温性能。

本章学习难点：建筑材料的燃烧性能分级新旧标准的对应关系；钢材的高温力学性能；预应力钢筋混凝土构件的高温力学性能。

第三章　建筑物耐火设计

一、学习目的

学习本章的目的与要求，是理解建筑构件的耐火极限影响因素，掌握建筑耐火等级的确定方法。

二、课程内容

第一节　建筑构件的耐火性能
一、建筑构件的燃烧性能
二、建筑构件的耐火极限
三、构件耐火极限的影响因素
四、钢结构的耐火保护方法
五、提高混凝土构件耐火极限的措施
第二节　建筑物耐火等级
一、影响耐火等级选定的因素
二、民用建筑耐火等级
三、工业建筑耐火等级的选定

三、考核的知识点与考核要求

（一）建筑构件的耐火性能
识记：不燃烧体、难燃烧体、燃烧体、耐火极限。

领会：耐火极限的影响因素。
简单应用：钢结构耐火保护方法、提高构件耐火极限的措施。
（二）建筑物耐火等级
识记：民用建筑的分类、生产和储存物品的火灾危险性分类。
领会：影响耐火等级选定的因素、不同建筑构件耐火极限的大小关系、民用建筑耐火等级的划分。
综合应用：选定建筑物耐火等级。

四、本章重点

本章学习重点：钢结构耐火保护方法、影响耐火等级选定的因素、民用建筑耐火等级的选定。

第四章 建筑总平面布局防火

一、学习目的

学习本章的目的与要求，是了解建筑总平面布局防火的主要内容，掌握建筑选址、防火间距和消防车道的确定方法。

二、课程内容

第一节 防火间距
一、影响防火间距的因素及确定防火间距的原则
二、厂房防火间距
三、仓库的防火间距
四、民用建筑的防火间距
五、防火间距不足时的应变措施

第二节 消防车道与消防车操作空间
一、消防车道设计的一般原则
二、单、多层建筑消防车道的布置
三、高层建筑消防车道的布置
四、消防车登高操作场地

第三节 高层民用建筑总平面防火设计
一、高层民用建筑的选址
二、主体建筑与裙房
三、高层建筑的附属建筑

第四节 工业建筑总平面防火设计
一、厂（库）址选择
二、厂（库）区总平面布置
三、管道（管线）综合布置
四、消防车道

三、考核的知识点与考核要求

（一）防火间距
识记：防火间距。

领会：确定防火间距的基本原则。

简单应用：防火间距不足时的应变措施。

（二）消防车道与消防车操作空间

领会：消防车道设计的一般原则。

简单应用：确定消防车操作空间。

（三）高层民用建筑总平面布局防火设计

识记：高层民用建筑的选址原则、对裙房高度与进深的要求。

（四）工业建筑总平面防火布局

识记：厂（库）址选址原则。

领会：厂（库）区总平面布置原则。

四、本章重点和难点

本章学习重点：防火间距确定方法、高层民用建筑总平面布局防火内容。

本章学习难点：对裙房高度和进深的特殊要求。

第五章　防火分区与防烟分区

一、学习目的与要求

通过本章的学习，熟悉防火分隔物的种类及构造，掌握建筑中特殊火灾危险部位或特殊场所的平面布置、防火分区的划分要求、特殊部位的防火分隔要求，具备区分建筑类型，并对照具体要求判定其平面防火设计的合理性的能力。

二、课程内容

第一节　防火分区

一、防火分区的定义与类型

二、厂房的防火分区

三、仓库的防火分区

四、民用建筑的防火分区

五、木结构建筑的防火分区

六、城市交通隧道的防火分区

第二节　防火分隔

一、防火分区分隔

二、功能区域分隔

三、设备用房分隔

四、中庭防火分隔

五、建筑幕墙

六、竖井防火分隔

七、变形缝防火分隔

八、管道空隙防火封堵

第三节　防火分隔设施与措施

一、防火墙

二、防火卷帘

三、防火门、窗
四、防火水幕
五、防火阀
六、排烟防火阀
第四节　防烟分区
一、防烟分区面积划分
二、防烟分区分隔措施

三、考核知识点与考核要求

（一）防火分区

识记：防火分区的概念；民用建筑、厂房、库房防火分区划分的面积要求；各种功能区域分隔设计要求；木结构建筑防火分区的设计要求。

领会：防火分区的划分原则和影响因素。

综合应用：对照防火分区面积指标，判定防火分区面积设计是否符合要求。

（二）防火分隔

识记：各种功能区域分隔设计要求。

领会：设备用房的防火分隔设计要求；中庭、玻璃幕墙的防火设计要求。

综合应用：对照防火分隔设计要求，判定特殊部位防火分隔设计是否符合规定。

（三）防火分隔设施与措施

识记：防火门、防火卷帘、防火阀的设置要求。

领会：防火墙设置的构造要求。

综合应用：对照设置要求，能判定防火分隔设施的设置是否符合要求。

（四）防烟分区

识记：防烟分区的概念。

领会：防烟分区的划分原则和要求。

四、本章重点和难点

本章学习重点：防火分区概念、防火分隔构件设置要求、不同建筑防火分区面积要求、特殊功能区域的划分要求。

本章学习难点：防火分区的面积。

第六章　安全疏散设计

一、学习目的与要求

通过本章学习，了解安全疏散设计的基本原则，明确百人宽度指标和安全疏散距离、避难层及屋顶直升机停机坪的设置要求；掌握安全出口及疏散门的设置原则、消防电梯的设置要求和安全出口、安全区域、封闭楼梯间、防烟楼梯间、避难层与屋顶直升机停机坪的概念；掌握安全出口的数量及宽度确定方法、疏散楼梯间的类型及防火构造要求。

二、课程内容

第一节　安全疏散的基本原则及程序

一、安全疏散设计的基本原则

二、安全疏散设计程序

第二节　安全出口设计
一、安全出口及疏散门的设置原则
二、安全出口的数量
三、安全出口的宽度
第三节　安全疏散距离
一、影响安全疏散的各种因素
二、公共建筑的安全疏散距离
三、住宅建筑的安全疏散距离
四、厂房的安全疏散距离
第四节　疏散楼梯和楼梯间
一、疏散楼梯间的一般要求
二、敞开楼梯间
三、封闭楼梯间
四、防烟楼梯间
五、室外疏散楼梯
六、剪刀楼梯
第五节　避难层与屋顶直升机停机坪
一、避难层（间）
二、屋顶直升机停机坪
第六节　消防电梯
一、消防电梯的设置范围及设置数量
二、消防电梯的设置要求
三、考核知识点与考核要求
（一）安全出口设计
识记：安全出口的概念、安全出口与疏散门的设置原则、百人宽度指标。
领会：安全出口的数量与宽度确定。
综合应用：校核某建筑物某一层安全出口的数量与宽度是否合格。
（二）安全疏散距离
领会：各类建筑物的安全疏散距离。
综合应用：校核某一建筑物安全疏散距离是否符合规范要求。
（三）疏散楼梯与楼梯间
识记：封闭楼梯间、防烟楼梯间、室外疏散楼梯、剪刀楼梯的概念。
领会：各类疏散楼梯间的特点及适用范围。
综合应用：判断某一建筑物的楼梯形式是不是符合规范要求。
（四）避难层与屋顶直升机停机坪
识记：避难层的概念；屋顶直升机停机坪的概念。
领会：避难层的设置要求；屋顶直升机停机坪的设置要求。
（五）消防电梯
领会：消防电梯的设置范围及设置要求。

简单应用：判断某一建筑物消防电梯设置是否符合规范要求。

四、本章重点和难点

本章学习重点：疏散门的设置原则、疏散楼梯间的类型及防火构造要求、安全出口数量的确定。

1. 疏散门的设置要求：

1）民用建筑和厂房的疏散门，应采用向疏散方向开启的平开门，不应采用推拉门、卷帘门、吊门、转门和折叠门。除甲、乙类生产车间外，人数不超过60人且每樘门的平均疏散人数不超过30人的房间，其疏散门的开启方向不限。

2）仓库的疏散门应采用向疏散方向开启的平开门，但丙、丁、戊类仓库首层靠墙的外侧可采用推拉门或卷帘门。

3）开向疏散楼梯或疏散楼梯间的门，当其完全开启时，不应减少楼梯平台的有效宽度。

4）人员密集场所内平时需要控制人员随意出入的疏散门和设置门禁系统的住宅、宿舍、公寓建筑的外门，应保证火灾时不需使用钥匙等任何工具即能从内部易于打开，并应在显著位置设置标识和使用提示。

2. 疏散楼梯间的类型

疏散楼梯间的类型有敞开楼梯间、封闭楼梯间、防烟楼梯间、剪刀楼梯、室外疏散楼梯。

3. 安全出口的数量

无论是民用建筑还是工业建筑，一般情况下安全出口数量要求不少于两个，特殊情况下可设一个。

本章学习难点：安全出口宽度的确定。

安全出口宽度由百人宽度指标和最小疏散宽度两个指标来控制。百人宽度指标计算的是疏散总宽度，除以安全出口数量，得到每个出口的宽度，且不应小于每个出口的最小疏散宽度。

第七章 建筑装修工程防火

一、学习目的与要求

通过本章建筑装修工程设计防火知识的学习，了解装修工程的定义、装修材料分类及燃烧性能分级等知识，其次应理解可燃装修的火灾危险性，掌握建筑装修设计防火要求，并能够根据各项要求判定建筑内、外装修设计的合格性。

二、课程内容

第一节 可燃装修的火灾危险性

一、增加建筑火灾荷载

二、增加火灾发生概率

三、促使轰燃提早发生

四、助长火势迅速蔓延

五、产生大量烟气及有毒气体

第二节 装修材料分类与分级

一、装修材料分类

二、装修材料燃烧性能分级

第三节　建筑内部装修设计防火要求
一、单多层民用建筑
二、高层民用建筑
三、地下民用建筑
四、工业建筑
五、建筑特殊部位的装修防火设计要求
第四节　建筑外墙饰面及保温系统防火
一、建筑外墙保温系统简介
二、建筑外墙饰面及保温系统防火要求
三、考核知识点与考核要求
（一）建筑装修基本概念
识记：建筑装修工程的概念。
领会：建筑装修工程的作用。
简单应用：室内外装修工程的常见部位。
（二）可燃装修的火灾危险性
领会：可燃装修的火灾危险性。
（三）装修材料的分类与分级
识记：装修材料按化学组成分类的情况、装修材料按装修部位分类的情况、装修材料燃烧性能分级情况。
简单应用：装修材料各级燃烧性能的典型建筑材料举例。
（四）建筑内部装修设计防火要求
领会：单多层民用建筑的内装修设计防火要求、高层民用建筑的内装修设计防火要求、地下民用建筑的内装修设计防火要求、工业建筑的内装修设计防火要求、建筑特殊部位的内装修设计防火要求。
综合应用：针对某内装修设计方案，判断其建筑所属类型，在可以参阅教材中适用表格的情况下，判定其方案是否符合规范要求。
（五）建筑外墙饰面及保温系统防火
识记：外墙保温系统的常见类型、外墙保温层常用材料及其燃烧性能。
领会：建筑外墙饰面及保温系统防火要求。
综合应用：针对某建筑外墙饰面及保温系统设计方案，在可以参阅教材中表格的情况下，判定其方案是否符合规范要求。
四、本章重点和难点
本章学习重点：室内装修材料按部位的分类情况、装修材料燃烧性能分级、建筑内部装修设计要求、民用建筑外保温系统及外墙装饰防火要求。
本章学习难点：针对某一装修设计方案，参照规范要求，综合判定其防火合格性。

第八章　建筑防爆设计

一、学习目的与要求
通过对本章节的学习，应了解爆炸的破坏作用，爆炸危险性厂房（仓库）的结构选型、布置以及爆炸危险性厂房（仓库）的构造等内容。在此基础上理解常见的隔爆设施与泄压设施。在掌握建筑防爆策略的前提下对泄压面积的计算应熟练掌握。

二、课程内容

第一节 概述

一、爆炸及其特征

二、爆炸的类型

三、爆炸的破坏作用

四、建筑防爆对策

第二节 爆炸危险性厂房（仓库）的布置

一、总平面布置

二、平面及空间布置

第三节 爆炸危险性厂房（仓库）构造

一、结构选型

二、工业建筑泄压

三、隔爆设施

四、其他部位构造

三、考核知识点与考核要求

（一）爆炸概述

识记：爆炸的类型、爆炸的破坏作用。

领会：建筑防爆的主动性与被动性对策。

简单应用：门斗的设置。

（二）爆炸危险性厂房（仓库）的布置

识记：爆炸危险性厂房（仓库）的总平面、平面及空间布置要求。

领会：总平面布置、平面及空间布置的原则。

简单应用：爆炸危险性厂房（仓库）的布置。

（三）爆炸危险性厂房（仓库）的构造

识记：爆炸危险性厂房（仓库）的结构选型要求、泄压比、泄压设施、隔爆设施、不发火地面。

领会：泄压设施的主要特点、设置要求。

综合应用：爆炸危险性厂房（仓库）的结构选型、泄压面积的计算。

四、本章重点和难点

本章学习重点：爆炸的破坏作用、爆炸危险性厂房（仓库）的结构选型要求、主要的隔爆与泄压设施。

本章学习难点：泄压面积的确定。

第九章 建筑消防设施的设置原则

一、学习目的与要求

通过本章的学习，应了解常见的几类建筑消防设施组成及工作原理，要求掌握建筑消防设施的设置原则。

二、课程内容

第一节　水灭火系统的设置原则

一、消火栓给水系统

二、自动喷水灭火系统

第二节　气体灭火系统设置原则

一、系统分类及组成

二、系统工作原理

三、气体灭火系统的设置场所

第三节　泡沫灭火系统设置原则

一、系统分类及组成

二、系统工作原理

三、泡沫灭火系统的设置场所

第四节　火灾自动报警系统设置原则

一、系统分类及组成

二、系统工作原理

三、火灾自动报警系统设置场所

第五节　防、排烟系统设置原则

一、防、排烟方式

二、防、排烟系统设置场所

第六节　建筑灭火器配置

一、灭火器配置场所的火灾种类

二、灭火器的选型原则

三、灭火器的设置要求

三、考核知识点与考核要求

本章主要介绍水灭火系统、气体灭火系统及泡沫灭火系统；火灾自动报警系统、防排烟系统等常见的几类建筑消防设施的主要构成部件及设置原则。学习过程中应能：

识记：室内、外消火栓给水系统主要构成部件、作用及其设置场所；各类型自动喷水灭火系统主要构成部件、作用及各类系统在不同场所的选用；气体灭火系统、火灾自动报警系统及泡沫灭火系统主要构成部件及其作用；防烟、排烟常用的方式及不同场所防烟、排烟方式的选用；建筑灭火器的设置基本要求。

领会：建筑场所或部位设置室内消火栓给水系统、自动喷水灭火系统的判定；气体灭火系统、泡沫灭火系统的适用场所；建筑或场所防烟、排烟方式的选用及适用场所的判定；建筑或场所设置自动报警系统的判定；建筑灭火器的选型及设置要求。

综合应用：根据各类建筑消防设施的设置原则及特定的建筑或场所，判定应设置的建筑消防设施种类。

四、本章重点和难点

本章学习重点：掌握室内消火栓给水系统、自动喷水灭火系统、泡沫灭火系统、防排烟系统及火灾自动报警系统设置场所的判定。

本章学习难点：各类自动喷水灭火系统、火灾自动报警系统的主要组成构件作用及系适用场所的区分。

第十章　建设工程消防设计审核

一、学习的目的和要求
掌握建设工程消防设计审核的具体范围、主要技术依据、内容、程序及基本方法。
二、课程内容
第一节　建设工程消防设计审核的范围和技术依据
一、建审的范围
二、建审的技术依据
第二节　建设工程消防设计审核的基本内容和方法
一、建设工程消防设计审核需提供的资料
二、消防设计文件申报要求及内容
三、审核的主要内容
四、建审的一般程序和基本方法
第三节　工业建筑的消防设计审核
一、厂房和仓库的建筑与结构的消防设计审核
二、甲、乙、丙类液体，气体储罐（区）与可燃材料堆场审核
第四节　民用建筑的消防设计审核
一、明确使用性质，核定耐火等级
二、审核防火间距和消防车道
三、审核层数和防火分区面积
四、审核特殊场所的平面布置和防火分隔
五、审核安全疏散
六、审核锅炉房、变压器房、柴油发电机房等的设置。
第五节　高层民用建筑的消防设计审核
一、确定建筑类别
二、审核耐火等级
三、审核总平面布局和平面设置
四、审核防火、防烟分区和建筑构造
五、审核安全疏散和消防电梯
六、其他内容
三、考核知识点与考核要求
（一）建设工程消防设计审核的范围
识记：《消防法》规定的建设工程消防设计审核的范围。
领会：人员密集场所、公众聚集场所的定义。
综合应用：根据《建设工程消防监督管理规定》的规定对具体工程是否属于大型人员密集场所和特殊建设工程进行判定。
（二）建设工程消防设计审核的技术依据
识记：熟悉常用的规范范围。

综合应用：会正确运用规范对具体建设工程进行审核。
（三）建设工程消防设计审核的程序和内容
识记：建设工程消防设计审核的一般程序和基本方法。
领会：申报建设工程消防设计审核需要的资料，消防设计文件申报要求及内容，审核的主要内容。
综合应用：不同建设工程消防设计审核要点。

四、本章重点和难点
本章学习重点：建设工程消防设计审核的范围、程序和内容。
本章学习难点：各类建设工程消防设计审核要点。

第十一章　建筑防火设计案例

一、学习的目的和要求
掌握建设工程消防设计审核的程序及基本方法。
二、课程内容
以高层民用建筑为例，介绍建设工程消防设计审核的具体步骤和方法。
三、考核知识点与考核要求
综合应用：会对建筑防火设计进行初步审核。

Ⅳ．关于大纲的说明与考核实施要求

一、自学考试大纲的目的和作用
《建筑防火》自学考试大纲是根据专业自学考试计划的要求，结合自学考试的特点而确定，其目的是对个人自学、社会助学和课程考试命题进行指导和规定。
《建筑防火》自学考试大纲明确了课程学习的内容以及深广度，规定了课程自学考试的范围和标准。因此，它是编写自学考试教材和辅导书的依据，是社会助学组织进行自学辅导的依据，是自学者学习的教材、掌握课程内容知识范围和程度的依据，也是进行自学考试命题的依据。

二、课程自学考试大纲与教材的关系
《建筑防火》自学考试大纲是进行学习和考核的依据，教材是学习与掌握课程知识的基本内容与范围，教材的内容是大纲所规定的课程知识和内容的扩展与发挥。《建筑防火》内容在教材中可以体现一定的深度或难度，但在大纲中对考核的要求一定要适当。
大纲与教材所体现的课程内容应基本一致；大纲里面的课程内容和考核知识点，教材里一般也要有。反过来教材里有的内容，大纲里就不一定体现。

三、关于自学教材
《建筑防火》，全国高等教育自学考试指导委员会组编，蔡芸主编，机械工业出版社出版，2014年版。

四、关于自学要求和自学方法的指导
本大纲的课程基本要求是依据专业考试计划和专业培养目标而确定的。课程基本要求还明确了课程的基本内容，以及对基本内容掌握的程度。基本要求中的知识点构成了课程内容的主体部分。因此,课程基本内容掌握程度、课程考核知识点是高等教育自学考试考核的主要内容。

为有效地指导个人自学和社会助学,本大纲已指明了课程的重点和难点,在章节的基本要求中一般也指明了章节内容的重点和难点。

本课程共 5 学分。

自学本课程的过程中,应在全面、系统学习的基础上掌握基础知识、基本原理和基本方法。本课程的内容涉及建筑防火设计中建筑耐火设计、总平面防火设计、防火分区、安全疏散、装修工程防火、消防设施的设置原则及建设工程消防设计审核等方面,各章之间具有系统性、连贯性和相对独立性。自学者首先要通过通篇阅读教材,明确课程的结构框架,认识各章节之间的联系。而后,应在理解建筑防火基本原理的基础上,记忆重点概念名词,掌握重点措施及设置要求,能够初步审阅建筑图样。

五、应考指导

1. 如何学习

好的计划和组织是你学习成功的法宝。如果你正在接受培训学习,一定要跟紧课程并完成作业。为了在考试中作出满意的回答,你必须对所学课程内容有很好的理解。使用"行动计划表"来监控你的学习进展。你阅读课本时可以做读书笔记。如有需要重点注意的内容,可以用彩笔来标注。如:红色代表重点,绿色代表需要深入理解的内容,黄色代表可以运用在工作之中。可以在空处记录相关网站、文章。

2. 如何考试

卷面整洁非常重要。书写工整,段落与间距合理,卷面赏心悦目有助于教师评分,教师只能为他能看懂的内容打分。回答所提出的问题。要回答所问的问题,而不是回答你自己乐意回答的问题!避免超过问题的范围。

3. 如何处理紧张情绪

正确处理对失败的惧怕,要正面思考。做深呼吸放松,这有助于使头脑清醒,缓解紧张情绪。考试前合理膳食,保持旺盛精力,保持冷静。

六、对社会助学的要求

1. 帮助自学者梳理课程的内容层次和知识体系

助学者在辅导时应帮助自学者梳理课程各部分内容之间的系统性,进而帮助自学者在头脑中建立起课程基本的内容层次和知识体系。

2. 帮助自学者区分重点内容与一般内容

助学者在辅导过程中应根据大纲中关于重点内容和一般内容的界定,强调它们之间的区别与联系,帮助自学者以合理的方式在不同程度上掌握重点和一般内容。

七、对考核内容的说明

1)本课程要求考生学习和掌握的知识点内容都作为考核的内容。课程中各章的内容均由若干知识点组成,在自学考试中成为考核知识点。因此,课程自学考试大纲中所规定的考试内容是以分解为考核知识点的方式给出的。由于各知识点在课程中的地位、作用以及知识自身的特点不同,自学考试将对各知识点分别按四个认知层次确定其考核要求。

2)按照重要程度不同,考核内容分为重点内容和一般内容,在本课程试卷中对不同考核内容要求的分数比例大致为:重点内容占 60%,一般内容占 40%。

八、关于考试命题的若干规定

1) 本课程为闭卷考试。满分为 100 分，60 分为及格线。考试时间为 150 分钟。除规定用笔外，还需携带无存储功能的电子计算器。

2) 本大纲各章所规定的基本要求、知识点及知识点下的知识细目，都属于考核的内容。考试命题既要覆盖到章，又要避免面面俱到。要注意突出课程的重点、章节重点，加大重点内容的覆盖度。

3) 命题不应有超出大纲中考核知识点范围的题，考核目标不得高于大纲中所规定的相应的最高能力层次要求。命题应着重考核自学者对基本概念、基本知识和基本理论是否了解或掌握，对基本方法是否会用或熟练。不应出与基本要求不符的偏题或怪题。

4) 本课程在试卷中对不同能力层次要求的分数比例大致为：识记占 30%，领会占 30%，简单应用占 30%，综合应用占 10%。

5) 要合理安排试题的难易程度，试题的难度可分为：易、较易、较难和难四个等级。每份试卷中不同难度试题的分数比例一般为：2:3:3:2。

必须注意试题的难易程度与能力层次有一定的联系，但二者不是等同的概念。在各个能力层次中对于不同的考生都存在着不同的难度。

6) 课程考试命题的主要题型一般有单项选择题、简答题、案例分析题、计算题和综合应用题等。

Ⅴ. 题型举例

一、单项选择题（下列每题的四个选项中只有一个符合题目的要求，请将其选出并将代码填写在题后的括号内，错选、多选或未选均不得分）

砖木结构住宅的耐火等级属于（   ）。
A. 一级　　　　B. 二级　　　　C. 三级　　　　D. 四级

二、简答题

玻璃幕墙建筑有哪些火灾危险性？应采取哪些防火分隔措施？

三、案例分析题

某四层办公建筑如图 1 所示，请指出存在的问题并提出解决方案。

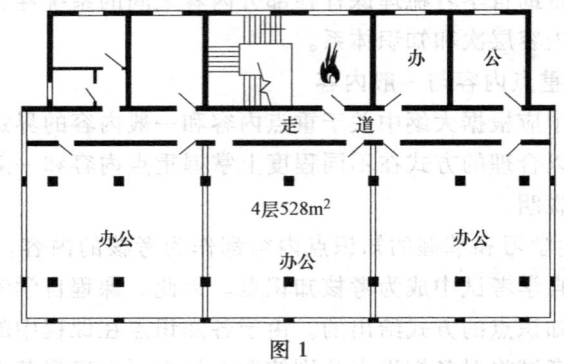

图 1

四、计算题

一座 2500 人的剧院，计算需要设置的安全出口数量与宽度。

五、综合应用题

如图 2 所示为某超高层建筑 52 层平面示意图,该层为设备及避难层共用。请回答下列问题:

(1) 避难层在结构设计上应满足什么要求?各场所设置的门应满足什么要求?

(2) 若该建筑共 88 层,至少应设置多少个避难层?如何确定可避难人数?

(3) 在避难层应设置哪些消防设施?

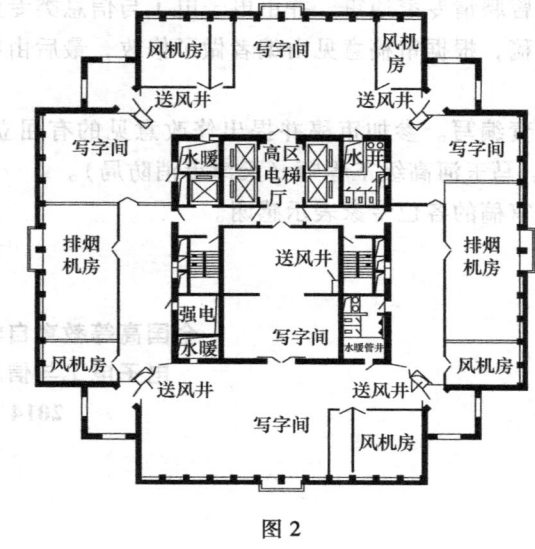

图 2

后　　记

　　本大纲是根据全国高等教育自学考试指导委员会电子电工与信息类专业委员会制定的《高等教育自学考试消防工程专业（独立本科段）考试计划》和全国高等教育自学考试指导委员会《关于修订高等教育自学考试课程自学考试大纲的几点意见》的精神制定的。

　　本大纲提出初稿后，曾聘请专家通审，并由电子电工与信息类专业委员会在河北省廊坊市组织召开审稿会进行审稿，根据审稿意见由编者做了修改，最后由电子电工与信息类专业委员会定稿。

　　本大纲由蔡芸教授负责编写。参加审稿并提出修改意见的有屈立军教授（中国人民武装警察部队学院，主审）、马玉河高级工程师（天津市消防局）。

　　对参与本大纲编写和审稿的各位专家表示感谢。

全国高等教育自学考试指导委员会
电子电工与信息类专业委员会
2014 年 1 月

全国高等教育自学考试指定教材
消防工程专业（独立本科段）

建 筑 防 火

全国高等教育自学考试指导委员会　组编

编者的话

为了满足新时期高等教育自学考试消防工程专业（独立本科段）考试计划的需要，全国高等教育自学考试指导委员会组织编写了本教材。

本教材围绕民用建筑和工业场所的防火安全，以火灾科学理论为指导，在建筑防火设计基本原理的基础上，系统地阐述了建筑火灾预防与控制的工程技术方法。

本教材主要内容包括建筑火灾与建筑防火对策、建筑材料的高温性能、建筑耐火设计、建筑总平面布局防火、防火分区与防烟分区、安全疏散设计、建筑装修工程防火、建筑防爆设计、建筑消防设施的设置原则、建设工程消防设计审核、建筑防火设计案例，主要解决的是通过建筑选址、布局、结构和设施的设计来限制火灾的蔓延与扩大，减轻火灾对建筑结构的破坏作用，确保建筑及其内部人员的安全。

本教材具有明显的"系统性"课程的特征，以建筑防火设计为主线，每部分内容相互关联，在阐述防火设计的原理和基本要求的同时，重点关注对知识层次和结构体系的把握。

本教材由中国人民武装警察部队学院蔡芸教授担任主编。具体编写分工如下：第一、二、七章由杜文锋编写，第三章由李孝斌编写，第四章由王倩编写，第五章由蔡芸编写，第六章由杜宝玲编写，第八章由赵杨编写，第九章由嵇涛编写，第十、十一章由任君编写。

由于编者水平有限，书中难免有不足之处，敬请广大读者批评指正。

编　者

2014 年 1 月

第一章 建筑火灾与建筑防火对策

学习目标

1. 应了解、知道的内容
◇ 建筑火灾的危害。
◇ 建筑火灾的原因。
◇ 建筑火灾严重性影响因素。
◇ "处方式"建筑防火设计与"性能化"防火设计的特点。
◇ 建筑防火设计的主要内容。
2. 应理解、清楚的内容
◇ 建筑火灾的蔓延方式与途径。
◇ 建筑特征及其对消防安全的影响。
3. 应掌握、会用的内容
◇ 室内火灾的基本过程。
◇ 建筑防火对策。

自学时数 2 学时。

老师导学

　　本章首先从建筑火灾的危害性、建筑火灾的原因、建筑火灾的发展与蔓延等方面介绍了建筑火灾；其次，揭示了建筑特征与建筑消防安全之间的关系；最后，介绍了建筑防火的防火对策与基本技术，并介绍了建筑防火设计的发展趋势。在学习中应重点从宏观层面掌握建筑防火技术和建筑防火对策。

　　建筑火灾的预防与控制在防火工程中占有重要的地位。了解建筑火灾的发生原因、发展过程和危害形式，整体把握建筑防火技术在建筑防火策略中的地位和作用，是有效开展建筑防火设计的前提条件。本章将讨论建筑火灾、建筑特点及其对消防安全的特殊需求和建筑防火策略等问题。

第一节　建　筑　火　灾

一、建筑火灾及其危害

　　火是人类赖以生存和发展的自然力量，火的利用在人类进化史中具有划时代的意义。但火具有两面性，若火失去控制，就会成为具有很大破坏力的灾害，给人类的生产、生活乃至生命安全带来威胁。火灾是指失去控制，并给人类带来危害和损失的燃烧现象。

　　在所有火灾中，建筑火灾发生次数最多，损失也最严重。统计表明，我国建筑火灾发生次数占火灾总次数的 80% 左右，直接经济损失占 70% 左右。所以，建筑火灾的预防与控制在防火工程中占有重要的地位。

建筑火灾的危害集中体现在对物的危害、对人的危害和对环境的危害等三个方面。

建筑材料受火灾高温作用，其力学性能会明显下降。当建筑材料的力学性能降低到不能支撑建筑物的荷载时，建筑物就会发生倒塌。发生火灾时，建筑内的物质会被烧毁，有些物质即使不被烧毁，但受到烟熏火烤也会失去使用功能。

火灾不仅能烧死烧伤在起火房间内无法逃生的人员，其产生的有毒烟气还能使离火源一定距离内的人员因中毒或窒息死亡。

此外，建筑火灾对环境具有危害作用：一是火灾产生的有毒有害气体对大气造成污染；二是部分有毒有害物质发生火灾时，可能随着灭火产生的废水一道流入地表和河流，造成大面积地面和水域污染；三是灭火所用的部分灭火剂也对环境有一定的危害作用。

二、建筑火灾的原因

建筑火灾的原因归纳起来大致分为五类：

（一）生活和生产用火不慎

1. 生活用火不慎

城乡居民家庭火灾绝大部分为生活用火不慎引起。属于这类火灾的原因大体有以下几个方面：

（1）吸烟不慎　烟头或点燃烟后未熄灭的火柴梗都可能引起可燃物着火燃烧。

（2）炊事用火　炊事用火的主要器具包括燃煤或燃柴炉灶、燃气炉灶和燃油炉灶等。如果炉灶设置地点不当，安装不符合安全要求，烟囱距离可燃物太近或其间没有可靠的隔火隔热措施，在使用炉灶的过程中违反防火安全要求或出现异常事故等都可能引起火灾。

（3）取暖用火　使用明火取暖时，如果火炉、火炕、火盆以及排烟的烟囱等设置、安装、使用不当，明火取暖可能引起火灾。

（4）灯火照明　灯火照明包括电灯照明、汽灯照明、油灯照明和蜡烛照明等。灯泡、汽灯、油灯和蜡烛放置位置靠近可燃物，或者使用不小心都容易引起火灾事故。

（5）小孩玩火　小孩玩火可能引燃可燃物引起火灾。

（6）燃放烟花爆竹　烟花爆竹在燃放过程中释放的高温烟火能够引燃可燃物，导致建筑火灾发生。

（7）宗教活动用火　庵堂、寺庙、道观等场所有大量的可燃物。在这些场所进行宗教活动时，焚香和燃烛可能引起火灾。

2. 生产用火不慎

用明火熔化沥青、石蜡或熬制动植物油时，因温度超过其着火温度，着火成灾。在烘烤木板、烟叶等可燃物时，因温度升高，引起烘烤的可燃物着火成灾。锅炉中排出的炉渣处理不当，也可能引燃周围的可燃物。

（二）违反安全生产制度

由于违反安全生产制度引起火灾的情况很多。如在易燃易爆的车间内动用明火，引起爆炸起火；将性质相互抵触的物品混存引起燃烧爆炸；进行气焊气割时，如果没有采取相应的防火措施，气焊气割产生的火星与焊渣以及焊接切割产生的高温部件能够引起可燃物着火燃烧；机器运转时，不按时加润滑油，或不及时清除附在机器轴承上面的杂质、废物，而使这些部位摩擦发热，引起附着物燃烧起火；电熨斗不用时未及时断电，引起电熨斗过热，点燃可燃物；化工生产设备失修，出现可燃气体、易燃和可燃液体跑、冒、滴、漏现象，遇明火燃烧爆炸等。

（三）电气设备设计、安装、使用及维护不当

电气设备设计、安装、使用及维护不当引起火灾的原因很多。主要包括：电气设备过负荷、线路接触不良、线路短路会引起火灾；大功率灯泡和日光灯整流器对紧邻的可燃物加热会引起火灾；在易燃易爆车间使用非防爆型电动机、灯具和开关等也会引起燃烧爆炸。

（四）自然现象引起火灾

1. 自燃

所谓自燃是指在没与任何明火接触的情况下，物质受化学发热或生物发热等发热机理作用，内部产生热量累积，达到物质的自燃点而引起燃烧的现象。如大量堆积的油布、油纸、煤炭等都有因自身发热而自燃的倾向。

2. 雷击

雷击引起火灾基于三方面的机理：一是雷击直接击中建筑物产生高温使建筑物着火，二是雷击产生的静电感应和电磁感应使可燃物着火，三是雷击产生的强电流通过电气线路或金属管道系统侵入建筑物内部引起可燃物着火。在雷击较多的地区，建筑物应设置防雷保护设施，以防止雷击引起火灾。

3. 静电

静电通常由摩擦、撞击而产生。例如易燃、可燃液体在塑料管道中流动产生静电；身上穿着的化纤织物的摩擦、塑料鞋底与地面的摩擦也能产生静电。静电放电能引起可燃液体、气体和粉尘爆炸燃烧。

4. 地震

发生地震时，人们急于疏散，往往来不及切断电源、熄灭炉火、处理好易燃易爆生产装置和危险物品，这些都可能导致火灾的发生。

（五）纵火

纵火分为刑事犯罪纵火和精神病人纵火。

三、建筑火灾的发展与蔓延

（一）室外火灾与室内火灾的区别

室外火灾与室内火灾有很大的不同。如图1-1所示，对室外火灾，燃烧产生的部分热量通过对流和热辐射向燃料表面传热并加热燃料表面，使其分解产生可燃气体，可燃气体进入火焰支持燃烧继续进行。剩余热量则通过热辐射和热烟气的自然对流散失到环境中。如图1-2所示，对室内火灾，燃烧产生的高温烟气聚集在室内，加热房间内的固体壁面（包括墙壁、顶棚和室内其他固体壁面）。被加热的固体壁面和高温气体又向燃料表面辐射加热，从而加强燃烧过程。由此可知，如果空气供给充分，高温烟气的聚积对室内燃烧有强化作用。

（二）室内火灾的发展过程

室内火灾的发展可由室内平均温度随时间的变化来描述，如图1-3所示。根据室内平均温度变化特点，可将室内火灾分为三个阶段：

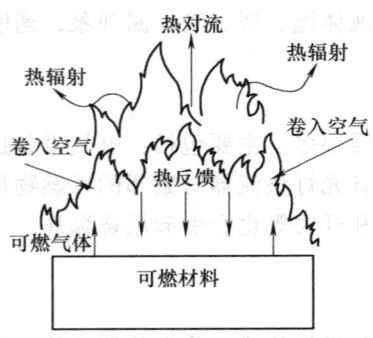

图 1-1 室外物质燃烧过程示意图

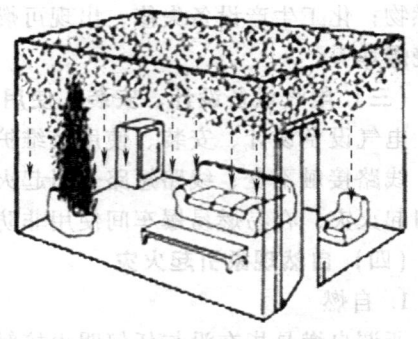

图 1-2 室内燃烧强化过程示意图

1. 初始阶段

可燃物着火后，火灾发展有三种可能性：

（1）燃烧限定在初始着火物上　着火的可燃物数量少、热值低，或者与其他可燃物之间有较大的距离，燃烧无法从着火物向周围物质蔓延。在此情况下，当着火的可燃物燃尽后，燃烧自行终止。

（2）通风不足导致燃烧终止　在火灾蔓延发展过程中，物质燃烧消耗周围的氧气。当房间通风不足时，随着燃烧进行，对燃烧起支撑作用的氧气浓度越来越低，而对燃烧起抑制作用的燃烧产物浓度越来越高。当氧气浓度低于一定值时，燃烧因缺氧而熄灭。

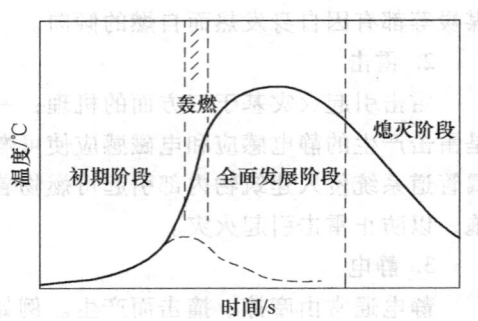

图 1-3 室内平均温度随时间的变化（其中，虚线曲线代表轰燃发生前燃料已经耗尽，或者氧气供给不足导致燃烧终止）

（3）发展蔓延　当初始着火物的数量大、热值高，与周围可燃物之间的距离近时，火焰将在初始可燃物上加速蔓延，并向周围可燃物蔓延，直至房间内的所有物质都卷入燃烧。

火灾初始阶段的特点是：燃烧范围小、燃烧速度慢及室内平均温度低。因此，火灾初始阶段是灭火和人员疏散的最佳时机。

2. 全面发展阶段

当初始阶段的第三种可能性成为现实，且室内可燃物较多时，随着火灾蔓延，室内所有可燃物都卷入燃烧，燃烧充满了整个室内空间。

在全面发展阶段，存在一种特殊的燃烧现象——轰燃。当房间具有良好通风，且室内燃料足够时，位于室内上方的高温烟气层温度随时间升高。当火灾发展到一定规模时，固体壁面和高温烟气层向下的热辐射足够强烈，使室内所有可燃物都受热分解释放大量可燃气体，可燃气体着火使所有可燃物突然卷入燃烧。此时的烟气层温度在 500～600℃。火灾从缓慢增长到全面发展的过渡非常迅速。火灾动力学将这种非常迅速的从局部燃烧过渡到室内所有可燃物全部卷入燃烧的过程称为室内火灾的轰燃现象。

轰燃发生后，火灾热释放速率迅速增加，氧气浓度下降。在此情况下，房间内的人员几乎完全失去逃生机会。火灾蔓延到相邻区域的危险增加，建筑物结构受到加热损害，有发生坍塌的可能。

3. 熄灭阶段

火灾进入全面发展阶段后,随着燃烧的持续进行,可燃物数量逐渐减少,室内温度逐渐下降。当室内温度下降到最大值的 80% 时,即可认为火灾进入熄灭阶段。可燃物完全烧尽时,室内温度将逐渐恢复到常温。

(三)建筑火灾严重性影响因素

建筑火灾严重性是指在建筑中所发生火灾的规模和危害程度。火灾严重性取决于火灾达到的最高温度和在最高温度下火灾的持续时间,它表明了火灾对建筑结构或建筑造成破坏和对建筑中的人员、财产造成危害的程度。

火灾严重性与建筑的可燃物或可燃材料的数量、材料的燃烧性能以及建筑的类型、构造等有关。影响火灾严重性的因素大致有以下六个方面:

(1)可燃材料的燃烧性能 材料的燃烧性能可由燃烧热值、热释放速率、产烟速率等参数描述。这些参数越大,材料的燃烧温度越高,烟气浓度越大,因此,火灾对建筑物的破坏和对人员的危害越大。

(2)可燃材料的数量 房间内的可燃材料数量越大,火灾温度越高,持续时间越长。

(3)可燃材料的分布 发生火灾时,可燃材料的暴露面积越大,其表面接受的来自高温燃烧产物的热量越多,从而导致更多的材料受热分解燃烧。因此,可燃材料的分布对火灾的严重性具有重要影响。

(4)房间开口的面积和形状 房间开口的面积和形状影响火灾条件下通过开口进入房间的空气速度,从而影响火灾的燃烧速度和燃烧温度。

(5)着火房间的面积和形状 房间的面积和形状决定了房间的体积和固体壁面面积。体积越大,房间内的温度上升速度越小;固体壁面面积越大,高温烟气通过固体壁面散失的热量越多。

(6)墙壁、地板和顶棚的隔热性能 墙壁、地板和顶棚的隔热性能越好,室内烟气的温度上升越快,最终的平衡温度越高,从而增大了火灾的严重性。

(四)建筑火灾的蔓延

1. 火灾蔓延方式

(1)火焰接触 起火点的火焰直接点燃周围可燃物,并使之发生燃烧。这种蔓延方式多在近距离内出现。

(2)延燃 固体可燃物表面或易燃、可燃液体表面上的一点起火,通过导热升温点燃可燃物,使燃烧沿物体表面连续不断地向周围发展下去的燃烧现象。

(3)导热 间隔墙一侧起火或钢筋混凝土楼板下面起火或通过管道及其金属容器内部的高温,由墙、楼板、管壁(或器壁)的一侧表面传到另一侧表面,使靠近这些地点的可燃物品点燃,并造成火灾蔓延。

(4)热辐射 着火点附近的易燃、可燃物,在与火焰无法接触,又无中间导热物体作媒介的条件下起火,是热辐射造成的结果。

(5)热对流 房间内的热烟气和室外的新鲜空气的密度不同,热烟气的密度小,形成向上的浮羽流,由墙体开口的上部流出,室外的冷空气则由墙体开口的下部流入室内的燃烧区，并参与燃烧。这样就出现了冷热气体之间的对流，并导致火灾的蔓延。

2. 火灾蔓延的途径

在室内火灾的全面发展阶段，室内火灾可能通过下列途径从初始火灾的房间向建筑物的其他区域蔓延。

（1）门　当房门打开，或者房门被烧穿时，室内高温烟气或火焰从门洞流出，使火灾蔓延到走廊或其他房间。

（2）窗　当窗口开启，或者窗玻璃烧破时，从窗口喷出的高温烟气或火焰射流能引燃室外墙壁上的可燃物。当上下层窗间墙高度较低时，高温窗口射流可能点燃上层窗口内的窗帘等可燃物。

（3）楼梯间等竖向管井　当高温烟气进入楼梯间、电梯井等竖向管井时，将产生烟囱效应，使热烟气以 3~5m/s 的速度向上蔓延。

（4）隔墙　完整的隔墙可以阻止火灾蔓延，但隔墙一旦被烧坏，从隔墙开口处流出的高温烟气就可能点燃墙另一面的可燃物。

（5）吊顶　当隔墙高度仅达到吊顶下表面时，火灾会在吊顶内蔓延到隔墙的另一边。在建筑防火设计中，为防止火灾通过吊顶蔓延，要求隔墙高度必须延伸到与上层地板接触。

（6）缝隙与管道　火灾能够通过墙壁的裂缝、穿过墙壁的管道以及管道与墙体之间的缝隙，从一个房间蔓延到另一个房间。

火灾不仅在同一建筑物内部蔓延，还可以在建筑物之间蔓延。当两个建筑物之间的安全距离较小时，一个建筑物火灾可能由于飞火、辐射、火焰引燃等原因引燃相邻建筑物。

第二节　建筑特征与建筑消防安全

一、建筑特征

建筑特征包括建筑高度、地下层数和深度、建筑面积、建筑物之间的距离、火灾荷载、建筑物内人员数量、人员特征、建筑占用群体的状况、建筑物特殊设计等。

二、建筑特征对建筑防火的要求

不同的建筑物具有不同的建筑特征，而这些建筑特征直接影响建筑物的消防安全，因此，对建筑消防设计需提出特别的要求。

1. 建筑高度

建筑高度对建筑消防安全有如下影响：

1）高度越大，内部人员最大垂直疏散距离越大，因此，疏散难度越大。

2）高度越大，烟气沿垂直竖井蔓延速度越大，导致火灾蔓延速度增大。

3）建筑物高度决定灭火救援活动的难度，高度越大，灭火救援越困难。

由于上述影响，对医院、幼儿园、敬老院、影剧院等人员运动能力不足，或者人员聚集的场所，不宜在高层建筑的高层位置设置。

为了确保人员安全疏散，高层建筑内部应设置受保护的疏散楼梯，疏散楼梯通往各楼层；大厅的出口应设置常闭式防火门，以防烟雾进入疏散楼梯间。高层建筑内的人员疏散应采用分步疏散，而不宜同时疏散，以免疏散楼梯宽度过大。

当建筑物高度和规模过大时，无法从建筑物外围对高层内部进行灭火。在此情况下，应设置专门的消防通道。消防通道可为消防人员提供进出高层的安全通道，同时，内部可设置固定消防供水出口，以便消防人员就地取水灭火。

2. 地下空间

地下空间对建筑消防安全有如下影响：

1）燃烧产物和逃生人群可能使用相同的通道。

2）火灾产生的热量和烟气不易散失，因此，相对于地上建筑，地下空间内的火灾危害性更大。

3）地下空间不利于灭火救援。为了防止火灾对地下空间内人员的危害，地下室应设置排烟系统，并对地下空间进行防火分区和防烟分区。对高火灾荷载的地下空间，采用防排烟系统和水喷淋系统联动更加有利于火势控制。

理想情况下，应使人员运动和燃烧产物运动相互隔离，这可以通过在火源附近启动排烟系统，阻止烟气流向逃生通道来实现。发生火灾时，地上楼层的人员在寻找逃生口时应避免逃往地下层。

地下空间和地上建筑之间应利用适当的耐火分隔物进行分隔。在一定情况下，需要为消防人员设置正压送风通道，以便发生火灾时，消防人员进入地下空间开展灭火救援活动。

3. 建筑面积

建筑面积增大对建筑消防安全产生如下影响：

1）面积越大，建筑物内的火灾荷载越大。

2）建筑面积越大，人员逃生的水平运动距离越大。

3）建筑面积越大，灭火救援越困难。

解决上述问题的最有效方法之一是对建筑物进行防火分区，但防火分区面积过小又可能限制建筑功能。因此，应在保证消防安全的前提下最大限度地满足建筑功能的要求。防火分区的可能最大值至少受到两个方面的制约：一是从人员疏散角度看，过大的防火分区面积会使内部人员在紧急情况下无法辨认疏散出口；二是从灭火能力看，如果防火分区面积过大，现有的消防救援技术和装备无法有效扑救防火分区内的火灾。例如，如果防火分区的进深过大，则外部水枪喷射的水柱无法覆盖防火分区的所有部位。

在防火分区内设置自动灭火系统能有效控制火势的增长，为消防人员扑救火灾创造良好的条件。在防火分区内设置防排烟系统能降低高温烟气在室内空间的聚集速度，为人员疏散提高更充足的逃生时间，同时有利于外部救援力量内攻灭火。由此可知，在建筑物内设置自动灭火系统和防排烟系统可允许防火分区面积适当增大。

4. 与相邻建筑的距离

建筑物靠近相邻建筑时，可能造成火灾在建筑物之间蔓延。为了避免建筑物之间的火灾蔓延，需要采取以下消防控制措施：

1）使建筑物之间的距离大于一定的安全值——防火间距，保证火灾不得从一个建筑物向另一个建筑物蔓延。

2）对建筑物进行防火分区。当建筑物进行防火分区后，建筑火灾的规模较小，因此，从着火的防火分区向相邻建筑物的热量传递减弱，从而降低火灾在建筑物之间蔓延的可能性。

3）当划分防火分区与建筑物的使用功能相冲突时，可应用水喷淋系统限制火灾规模，从而达到相同的消防安全效果。

4）限制建筑物外表面未保护区域的面积。一是尽量减少面向相邻建筑物一侧的门窗数量和面积，或采取防火门窗，以限制室内火灾通过门窗向相邻建筑辐射热量。二是限制建筑物外墙可燃物的数量，防止外墙着火引起的火势扩大，引燃相邻建筑物。

5. 火灾荷载

为便于研究，常用火灾荷载来表示建筑物内可燃物的数量。这里，火灾荷载是指火灾范围内单位地板面积上的可燃物的等效可燃物量。某种可燃物的等效可燃物量是指与该可燃物具有相同燃烧热值的木材质量。

火灾荷载越大，进入全面燃烧阶段后的室内温度越高，火灾持续的时间越长，这些都可能导致建筑物结构因高温作用而毁损，严重时甚至导致建筑物受火倒塌。解决问题的方法是加强建筑构件的耐火保护，使建筑构件能够承受更长时间的高温作用。

火灾荷载还与火灾蔓延速度、发烟量和烟的毒性相关。建筑物内存在大量燃烧快、发热量与发烟量大的可燃物时，火灾蔓延迅速，并产生大量有毒有害的烟气，这些都严重威胁内部人员的生命安全。为了解决这些问题，对建筑物的内装修材料的燃烧性能和使用量应严格限制。

6. 人员数量

场所内人员数量越大，火灾发生时保证人员安全疏散的标准也越高。采用自动报警和应急广播等技术措施可为疏散人群选择正确的逃生路线提供更加可靠的信息。

7. 人员特征

处于睡眠状态的人员听到火灾警报时可能会迷失方向。处于睡眠状态时人员对警报声的反应受到人员对警报的警觉性和对建筑的熟悉程度的影响。因此，对宾馆酒店等供人休息，而人员流动性很大的居住类建筑，有必要增加报警、自动灭火、防排烟等消防措施。例如，为了惊醒人员，警报器需安装在适当的位置，且报警音量应足够大。

应充分考虑社会特殊群体的需求。研究表明，社会特殊群体聚集地是最常发生火灾的地方。社会特殊群体包括生理缺陷和心理缺陷人员、年幼群体和老年人、病残体弱人员、有醉酒倾向人员等。对上述特殊群体所在的建筑物应加强安全出口的设置，设置特殊人群安全出口时应参考有关标准。

8. 特殊部位设计

特殊部位包括中庭、管道与竖井、楼梯、建筑幕墙和地下空间等。

为了保护这些场所的人员安全，需要对特殊部位的消防安全问题进行认真的研究，并提出有针对性的解决方法。

第三节 建筑防火对策

一、建筑防火对策内容

(一) 加强消防管理,预防火灾发生

主要通过有关防火法规的贯彻执行、防火安全检查、防火安全教育、提高民众的防火意识等手段来达到目的。

(二) 加强防火设计,控制火灾损失

1. 耐火设计

建筑耐火是指建筑物在火灾产生的高温作用下保持建筑结构的完整性、隔热能力、稳定性的能力,建筑设计时通过选取结构用材、结构尺寸、结构保护等方法可以控制建筑耐受高温的时间。建筑耐火能力用结构耐火性能和建筑耐火等级表示。

2. 建筑总平面布局防火

建筑总平面布局防火包括建(构)筑群的选址、主体建筑和附属建筑、厂(库)区总平面布置、防火间距和消防车道等内容。其目的是通过建筑物的合理布局,使火灾不向其他建筑物蔓延,并有利于外部消防救援力量的进入和展开。

3. 建筑平面防火

建筑平面防火设计是相对于同一建筑物内部设计而言的,包括防火分区和建筑平面布置等内容。其中,防火分区包括水平防火分区和垂直防火分区,其目的是将火灾限定在建筑物内的一定范围内,减轻火灾对整个建筑物的影响。建筑平面防火布置则是使建筑物的平面布置符合规范要求,合理分隔建筑物内部空间,防止火灾在建筑内部蔓延扩大,确保人员生命安全,减少财产损失。

4. 安全疏散设计

安全疏散设计是根据建筑物的使用性质、火灾事故时人的心理状态与行为特点、火灾危险性大小、容纳人数、建筑面积大小等因素,合理布置疏散设施,为人员的疏散设计安全路线。

5. 建筑内部和外部装修防火设计

无论内部装修和外部装修,当装修材料具有可燃性质时,火灾就可能通过装修材料向外蔓延,同时,可燃装修材料会加剧火灾燃烧。因此,严格限定装修材料的燃烧性能和使用量,对于阻止火灾的蔓延具有重要作用。

6. 火灾自动报警系统应用

火灾自动报警系统能够自动探测建筑物内发生的火灾,并通过声响、视频等方式向建筑物内的人员发出火灾警报。除报警之外,火灾报警系统还能与固定灭火设施和防排烟设施等消防系统连接在一起,通过向这些设施传递火灾信息,从而控制这些消防设施的启动与关闭。因此,火灾自动报警系统是现代建筑消防系统的重要组成部分。

7. 建筑防排烟系统应用

高温烟气是火灾的致命杀手，同时，会降低建筑内部的能见度，阻碍内部人员疏散和消防队员灭火救援。建筑防排烟系统的作用就是在发生火灾时，按照设计要求控制烟气在建筑物内的流动，并将高温烟气及时从建筑物内部排出。

8. 工业建筑防爆设计

易燃易爆物质的生产和储存不当可能引起爆炸。因此，在进行工业建筑设计时，为了防止爆炸对建筑物主体结构产生破坏，应对建筑进行抗爆和泄压设计，从而保护建筑物主体结构不被爆炸破坏。

9. 建筑灭火设施应用

建筑灭火设施分为手动灭火设施和自动灭火设施。便携式灭火器和消火栓灭火系统是典型的手动灭火设施。常见的自动灭火设施包括自动喷水灭火系统、气体灭火系统、泡沫灭火系统和干粉灭火系统等。

二、建筑防火设计发展趋势

所谓"建筑防火设计"就是针对具体建筑对上述九个方面的全部或部分进行设计，以满足该建筑对消防安全的特殊需要。目前，建筑物防火设计分为"处方式"设计和"性能化"设计两种形式。

（一）"处方式"建筑防火设计

"处方式"防火设计是指依据火灾基本规律、火灾科学研究结果和对已有建筑类型过去防火设计的经验教训进行总结，提出建筑防火设计的具体规定和要求，形成"指令性"或"条文式"防火设计规范。在进行建筑防火设计时，设计者严格按照防火设计规范的要求选取设计参数，执行设计规定即可。在我国，《建筑设计防火规范》（GB 50016—2006）是进行建筑防火设计的通用规范。此外，还有相应的消防技术规范，对具体的消防技术应用进行具体规定。

"处方式"建筑防火设计的优点是简单易行，便于掌握，对使用者的专业知识和技能要求不高。在建筑防火设计时，设计者只需"照单抓药"即可。

"处方式"防火设计具有如下不足：

1）"处方式"防火设计规范反映了已有建筑类型过去防火设计的经验和教训，对类似的建筑物设计基本能够达到较好的消防安全水平。但当新建筑物与过去建筑物在结构与使用方面有较大的差距时，由于没有可资借鉴的防火设计规范，因此，基于过去经验和教训得到的建筑防火设计规范就无法满足这些新型建筑物的消防安全要求。由此可知，如果严格执行已有的"处方式"防火设计规范，则势必限制新型建筑物的设计。

2）即使对于同一类建筑物，由于建筑物结构的差异和使用条件的不同，按照"处方式"防火设计规范的设计结果可能导致安全效果有很大的差别。因此，由此得到的设计方案并不一定是最佳设计方案。

3）按照"处方式"防火设计的要求，每一种新技术和新材料出现后，都必须制定新的技术规范并获得权威部门批准后才能应用。而规范的制定和批准是一项十分繁琐费时的工作。因此，"处方式"防火设计不利于新技术、新材料的采用和技术进步。

（二）"性能化"防火设计

所谓"性能化"防火设计是以安全性能水平的形式规定建筑的总体安全目标或分项安

全目标，应用消防安全工程学方法和原理，从建筑物具体情况出发开展建筑防火设计，并对设计进行评估和优化调整，直至得到满足安全目标要求的建筑防火设计。

"性能化"防火设计的特点如下：

1) "性能化"防火设计规范并不规定达到某一安全目标所采取的具体措施，任何能够使建筑物达到消防安全目标的设计方案都是一个性能化消防设计方案。因此，"性能化"设计方案具有多样性，能够最大限度地发挥设计人员的创造性。

2) "性能化"防火设计规范可以更好地满足有特殊要求的工程设计，从而避免"处方式"设计对建筑物功能设计的限制。

3) "性能化"防火设计规范的评估方法以计算机火灾模拟技术、火灾风险评估技术、建筑结构工程学为基础，所以对使用者的防火设计专业水平有更高的要求。

4) "性能化"防火设计规范从建筑物的具体情况出发，因而其结论更为可靠。

5) "性能化"防火设计规范有利于新技术、新材料的采用和技术进步。

6) "性能化"防火设计规范的设计结果更易于得到最合适的设计方案。

7) "性能化"防火设计规范更有利于各项防火技术的优化组合和总体防火效果的发挥。

"性能化"防火设计能够明确防火设计达到的安全程度，因此，相对于"处方式"防火设计具有明显的优势。

综上所述，"性能化"防火设计相对于"处方式"防火设计具有设计方案多样、设计效果明确的优点，因此，"性能化"防火设计已成为建筑防火设计的未来发展方向。但由于消防科技和相关科技领域的发展还不能足以对火灾发展过程、火灾损害结果以及人的行为的所有方面进行准确描述，因此，"性能化"防火设计目前尚处于发展和完善过程中，它与"处方式"防火设计规范将相互补充，并可能长期共存。

自学指导

本章学习重点：建筑火灾的基本过程及建筑防火对策。

1) 建筑火灾的基本过程：初始阶段、全面发展阶段、熄灭阶段。

2) 建筑防火对策：消防管理、耐火设计、建筑总平面布局防火设计、建筑平面防火设计、建筑内部和外部装修防火设计、火灾自动报警系统应用设计、建筑防排烟系统应用设计、工业建筑防爆设计、建筑灭火设施应用设计。

本章学习难点：建筑防火对策。

建筑防火对策分为两类：一是通过防火管理预防火灾。二是通过防火设计和技术的运用控制火灾：通过防火、防爆措施防止火灾的发生；通过合理设计疏散通道、疏散设施和安全出口等措施，为人员逃生创造条件；通过安装自动报警、自动灭火系统，对建筑物进行总平面布局防火设计和建筑平面防火设计等措施，控制初期火灾，防止火灾在建筑内外蔓延；通过耐火设计提高构件的耐火极限和整栋建筑的耐火等级。

复习思考题

简答题

1. 建筑火灾的危害体现在哪些方面？
2. 简述室内火灾高温烟气聚集对燃烧的强化作用。

3. 简述室内火灾的发展过程。
4. 简述建筑火灾的蔓延方式和蔓延途径。
5. 增加建筑物高度对消防安全有何影响?
6. 建筑面积对建筑物消防安全有何影响?
7. 地下建筑的层数和深度对消防安全有何影响?
8. 建筑防火设计包括哪些内容?

第二章 建筑材料的高温性能

学习目标

1. 应了解、知道的内容
◇常见建筑材料的高温性能。
2. 应理解、清楚的内容
◇建筑材料的高温性能主要包括的内容。
◇木材的燃烧过程和阻燃机理。
3. 应掌握、会用的内容
◇钢材、混凝土的高温力学性能。
◇木材的阻燃方法。
4. 应熟练掌握的内容
◇建筑材料燃烧性能分级。

自学时数 6学时。

老师导学

本章概述了建筑材料高温性能主要包括的内容；重点阐述了建筑材料的燃烧性能分级、建筑钢材和混凝土的高温力学性能，木材的燃烧过程、阻燃机理、常用阻燃剂和阻燃方法；简要介绍了其他常见建筑材料的高温性能。自学过程中应重点掌握与实际工作密切相关的建筑材料高温性能主要包括的内容，建筑材料的燃烧性能分级，钢材、混凝土等各种常见建筑材料的高温性能。

第一节 概 述

建筑材料是指建筑工程中所应用的各种材料，是建筑工程的物质基础。建筑材料按用途分为结构材料、装修材料、功能材料。结构材料在建筑物中起承受各种荷载的作用；装修材料用于美化室内外环境，给人们创造一个良好的生活或工作环境；功能材料用于满足保温、防水、防火、隔声、密封等功能要求。

建筑材料品种繁多、性质各异，不同的建筑材料具有与其用途相适应的性质。建筑材料高温下的性能直接影响着建筑物的火灾危险性大小、发生火灾后火势蔓延扩大的速度、建筑物在火灾中是否会发生倒塌等后果。因此，必须研究建筑材料在火灾高温下的各种性能，在建筑防火设计中科学、合理地选用建筑材料，以预防火灾和减少火灾损失。

在建筑防火方面，建筑材料的高温性能主要包括材料的燃烧性能、力学性能、隔热性能、发烟性能、毒害性能等方面。

一、燃烧性能

建筑材料的燃烧性能是指材料燃烧或遇火时所发生的一切物理、化学变化。这项性能由材料的着火性和火焰传播性、发热、发烟、炭化、失重以及毒性生成物的产生等特性来衡量。其中着火的难易程度、火焰传播速度以及燃烧时的发热量，均对火灾的发生与发展有影响。

随着火灾科学和消防工程学科领域研究的不断深入和发展，燃烧特性的内涵也从单纯的火焰传播和蔓延，扩展到包括燃烧热释放速率、燃烧热释放量、燃烧烟密度以及燃烧物毒性等参数。

二、力学性能

这里主要研究在高温作用下材料的力学性能（强度、弹性模量等）随温度的变化规律。对于结构材料，在火灾高温作用下保持一定强度是至关重要的。

材料的强度是指材料在外力或应力作用下，抵抗破坏的能力，以破坏时的最大应力值表示。材料的实际强度通过标准试验来测定，根据受力方式不同分为抗压强度、抗拉强度、抗剪强度、抗弯强度等。

材料的强度值与测试条件有关，即与试件的形状、尺寸、表面状态、含水程度、温度及加载速度等因素有关。因此，国家规定了标准试验方法，测定强度时应严格遵守。

为了便于合理使用材料，对于以强度为主要指标的材料，通常按材料强度值的高低划分为若干个等级，称为材料的强度等级或标号，脆性材料主要以抗压强度来划分，塑性材料和韧性材料主要以抗拉强度来划分。如烧结多孔砖分为 MU30、MU25、MU20、MU15、MU10、MU7.5 六个强度等级，混凝土分为 C15、C20、C25、C30、…、C80 十四个强度等级。其中的数值是指抗压强度平均值，单位为 MPa。

三、隔热性能

在隔绝火灾产生的热量方面，材料的导热性和热容量是重要的影响因素。此外，材料的膨胀、收缩、变形、裂缝、熔化、粉化等也对隔热性能有较大影响。

材料传导热量的性质称为材料的导热性，用热导率，热导率又称热导系数表示。材料的热导率越小，材料的导热性能越差，隔热性能越好。影响材料热导率的因素是材料的组成和结构。金属材料的热导率最大，无机非金属材料次之，有机材料最小。相同组分的材料，晶体材料的组分的热导率大于非晶体材料。孔隙率越大，材料的热导率越小，细小的孔隙或封闭的孔隙有利于降低热导率。材料含水或含冰时，热导率剧增，水和冰的热导率大约分别为空气的 25 倍和 100 倍。一般说来，温度越高，材料的热导率越大（金属材料和混凝土除外）。

材料热容量是指材料受热时吸收热量，冷却时放出热量的性质。热容量的大小用比热容表示。材料的比热容是单位质量的材料在温度变化 1K 时，吸收或放出的热量。材料的比热容越大，吸收相同热量，温度升高越小，或者说升高相同温度，吸收热量越多，因此隔热性能越好。常用材料的热导率和比热容见表 2-1。

表 2-1 常用材料的热导率和比热容

材料	热导率 /[W/(m·K)]	比热容 /[J/(kg·K)]	材料	热导率 /[W/(m·K)]	比热容 /[J/(kg·K)]
钢材	58	0.48	泡沫塑料	0.035	1.30
花岗岩	3.49	0.92	水	0.58	4.19

(续)

材料	热导率/[W/(m·K)]	比热容/[J/(kg·K)]	材料	热导率/[W/(m·K)]	比热容/[J/(kg·K)]
混凝土	1.51	0.84	冰	2.33	2.05
黏土砖	0.80	0.88	密闭空气	0.023	1.00
松木	横纹 0.17 顺纹 0.35	2.5			

四、发烟性能

材料燃烧时会产生大量的烟气,其不仅对人身造成危害,还严重妨碍人员疏散和火灾扑救。在许多火灾中,很多死难者并非烧死,而是烟气窒息或中毒造成。

材料的发烟性能主要用发烟量和发烟速度来衡量。发烟量是指单位质量材料所产生的烟气量。一些常见材料的发烟量见表2-2。从表中可以看出,聚氨酯、聚乙烯等合成高分子材料的发烟量大。随着温度升高,各种材料的发烟量都有所减少。这主要是因为分解出的碳微粒在高温下又重新燃烧,且温度升高后减少了碳微粒的分解所致。

发烟速度是指单位时间、单位重量可燃材料的发烟量。由试验测得的一些常见材料的发烟速度见表2-3。木材类在温度超过350℃时,发烟速度一般随着温度的升高而降低,而高分子有机材料则恰好相反。同时,高分子材料的发烟速度比木材要大得多。

五、毒害性能

在烟气生成的同时,材料燃烧或热解中还产生一定毒性气体。火灾统计显示,建筑火灾中死亡人员中的80%是因烟气中毒而死。因此,对材料潜在毒性必须加以重视。

现代建筑中,高分子材料大量用于家具用品、建筑装修、管道及其保温、电缆绝缘等方面,一旦发生火灾,高分子材料不仅燃烧快,加快火势,扩大蔓延,还会产生大量有毒浓烟,其危害远远超过一般可燃物。

表2-2 常见材料的发烟量 ($C_s = 0.5$) (单位:m^3/g)

材料名称	300℃	400℃	500℃	材料名称	300℃	400℃	500℃
松	4.0	1.8	0.4	锯木屑板	2.8	2.0	0.4
杉木	3.6	2.1	0.4	玻璃纤维增强塑料	6.2	4.1	
普通胶合板	4.0	1.0	0.4	聚氯乙烯		4.0	10.4
难燃胶合板	3.4	2.0	0.4	聚苯乙烯		12.6	10.0
硬质纤维板	1.4	2.1	0.6	聚氨酯(人造橡胶)		14.0	4.0

表2-3 常见材料的发烟速度 [单位:$m^3/(s·g)$]

材料名称	加热温度/℃										
	225	230	235	260	280	290	300	350	400	450	500	550
针枞							0.72	0.80	0.71	0.38	0.17	0.17
杉木		0.17		0.25	0.28	0.61	0.72	0.71	0.53	0.13	0.31	
普通胶合板	0.03			0.19	0.25	0.26	0.93	1.08	1.10	1.07	0.31	0.24

(续)

材料名称	加热温度/℃										
	225	230	235	260	280	290	300	350	400	450	500	550
难燃胶合板	0.01		0.09	0.11	0.13	0.20	0.56	0.61	0.58	0.59	0.22	0.20
硬质板							0.76	1.22	1.19	0.19	0.26	0.27
微片板							0.63	0.76	0.85	0.19	0.15	0.12
苯乙烯泡沫板 A								1.58	2.68	5.92	6.90	8.96
苯乙烯泡沫板 B								1.24	2.36	3.56	5.34	4.46
聚氨酯									5.0	11.5	15.0	16.5
玻璃纤维增强塑料									0.50	1.0	3.0	0.5
聚氯乙烯									0.10	4.5	7.50	9.70
聚苯乙烯									1.0	4.95		2.97

研究建筑材料在高温下的性能时，要根据材料的种类、使用目的和作用等具体情况确定侧重研究的内容。如对于砖、石、混凝土、钢材等材料，由于它们同属无机材料，具有不燃性，因此研究重点应是高温下的力学性能及隔热性能。而对于塑料、木材等材料，由于其为有机材料，具有可燃性，且在建筑中主要用作装修和装饰材料，所以研究其高温性能时则应侧重于燃烧性能、发烟性能及潜在的毒害性能。

第二节 建筑材料的燃烧性能分级

一、我国建筑材料燃烧性能分级的历史演化

在工程实践中，为了方便进行材料防火性能评价、指导防火安全设计、实施消防安全监督管理、执行防火设计规范等工作，有必要对各种不同建筑材料的燃烧性能采用统一的标准来划分等级。

我国关于建筑材料燃烧性能分级的标准 GB 8624 于 1988 年首次发布，其后参照德国标准《建筑材料和构件的火灾特性第 1 部分：建筑材料分级的要求和试验》DN 4102-1：1981，对其进行了第 1 次修订，发布了修订版《建筑材料燃烧性能分级方法》（GB 8624—1997）。GB 8624—1997 将建筑材料的燃烧性能分为不燃材料、难燃材料、可燃材料和易燃材料四个级别，级别符号分别为 A、B_1、B_2、B_3。该标准在实施的十多年中，作为我国建筑材料及建筑物内部使用的部分特定用途材料燃烧性能分级的准则，对进行材料防火性能评价、指导防火安全设计、实施消防安全监督、执行防火设计规范发挥了重要作用。

随着欧盟的成立，2002 年欧盟标准委员会（EN）制定并颁布了欧盟统一的材料燃烧性能分级标准，即《建筑制品和构件的火灾分级第 1 部分：用对火反应试验数据的分级》（EN 13501-1：2002），以此统一了建筑制品对火反应燃烧性能分级的程序。该标准实施后，欧盟成员国原各自的材料分级标准（包括 DIN 4102-1）同时废止，即现行的 GB 8624—1997 依据的国外标准已不复存在。因此，2006 年，我国参照 EN13501-1 对 GB 8624 进行了第 2 次全面修订，发布了《建筑材料及制品燃烧性能分级》（GB 8624—2006）。与 GB 8624—1997 相比，GB 8624—2006 在建筑材料及制品燃烧性能分级及其判据方面发生了较大变化，燃烧性能分级变为 A1、A2、B、C、D、E、F 七级。

在 GB 8624—2006 实施过程中，存在燃烧性能分级过细，与我国当前工程建设实际不相匹配等问题。2012 年，为增强标准的应用性和协调性，对 GB 8624 进行了第 3 次修订，发布了《建筑材料及制品燃烧性能分级》（GB 8624—2012）。GB 8624—2012 明确了建筑材料及制品燃烧性能的基本分级仍为 A、B_1、B_2、B_3，同时建立了与欧盟标准分级 A1、A2、B、C、D、E、F 的对应关系，并采用了欧盟标准 EN 13501-1：2007 的分级判据。

二、建筑材料及制品燃烧性能分级

《建筑材料及制品燃烧性能分级》（GB 8624—2012）中，建筑材料及制品燃烧性能分为不燃材料（制品）、难燃材料（制品）、可燃材料（制品）和易燃材料（制品）四个级别，级别符号分别为 A、B_1、B_2、B_3。

一般情况下，不燃材料在火灾发生时不起火、不微燃、不炭化，即使烧红或熔融也不会发生燃烧现象，如砖瓦、玻璃、石材、钢材等。难燃材料，在火灾发生时难起火、难微燃、难炭化，可推迟发火时间或延缓火灾蔓延，当火源移走后燃烧会立即停止，如阻燃后的胶合板、纤维板、塑料板等。可燃材料，在火灾发生时立即起火或微燃，且当火源移走后仍能继续燃烧，如木材及大部分有机材料。易燃材料，在火灾发生时立即起火，且火焰传播速度很快，如有机玻璃、赛璐珞、泡沫塑料等。

三、建筑材料及制品燃烧性能分级判据

建筑材料燃烧性能等级的判定，不是通过简单的肉眼观察材料在火灾时的反应就可以确定的。需要严格按照标准的试验方法，由国家专业检测机构检测，满足相应分级判据，才能最终判定建筑材料燃烧性能的等级。

涉及的标准试验方法主要有：《建筑材料不燃性试验方法》（GB/T 5464—2010），《建筑材料可燃性试验方法》（GB/T 8626—2007）、《铺地材料燃烧性能测定辐射热源法》（GB/T 11785—2005）、《建筑材料燃烧热值试验方法》（GB/T 14402—2007）、《建筑材料或制品的单体燃烧试验》（GB/T 20284—2006）等。

GB 8624—2012 和 EN 13501-1：2007 分级的对应关系见表 2-4。

表 2-4　GB 8624—2012 和 EN 13501-1：2007 分级的对应关系

标准	燃烧性能分级			
GB 8624—2012	A	B_1	B_2	B_3
EN 13501-1：2007	A1、A2	B、C	D、E	F

除了建筑材料本身的理化性质以外，建筑材料的形状、使用部位、使用性质对材料在火灾中的反应状况影响很大。因此，材料的形状、使用部分、使用性质不同，分级判据也不同。GB 8624—2012 不仅对平板状建筑材料、铺地材料、管状绝热材料等建筑材料的燃烧性能等级判定的试验方法和分级判据分别做了规定，还对建筑用制品的燃烧性能等级判定的试验方法和分级判据分别做了规定。建筑制品主要包括四大类：窗帘幕布、家具制品装饰用织物；电线电缆套管、电气设备外壳及附件；电器、家具制品用泡沫塑料；软质家具和硬质家具。

以平板状建筑材料及制品为例，其燃烧性能等级和分级判据见表 2-5。对墙面保温泡沫

塑料，除符合表2-5规定外应同时满足以下要求：B_1级氧指数值OI≥30%，B_2级氧指数值OI≥26%。试验依据标准为GB/T 2406.2。

表2-5　平板状建筑材料及制品的燃烧性能等级和分级判据（GB 8624—2012）

燃烧性能等级		试验方法	分级判据
A	A1	GB/T 5464① 且	炉内温升 $\Delta T \leq 30℃$ 质量损失率 $\Delta m \leq 50\%$ 持续燃烧时间 $t_f = 0$
		GB/T 14402	总热值 $PCS \leq 2.0 MJ/kg$①,②,③,⑤ 总热值 $PCS \leq 1.4 MJ/m^2$④
	A2	GB/T 5464① 或 　　　　　　且 GB/T 14402	炉内温升 $\Delta T \leq 50℃$ 质量损失率 $\Delta m \leq 50\%$ 持续燃烧时间 $t_f \leq 20s$ 总热值 $PCS \leq 3.0 MJ/kg$①,⑤； 总热值 $PCS \leq 4.0 MJ/m^2$②,④
B_1	B	GB/T 20284	燃烧增长速率指数 $FIGRA_{0.2MJ} \leq 120 W/s$ 火焰横向蔓延未到达试样长翼边缘 600s的总放热量 $THR_{600s} \leq 7.5 MJ$
	B_1	GB/T 20284 且	燃烧增长速率指数 $FIGRA_{0.2MJ} \leq 120 W/s$ 火焰横向蔓延未到达试样长翼边缘 600s的总放热量 $THR_{600s} \leq 7.5 MJ$
		GB/T 8626 点火时间 30s	60s内焰尖高度 $F_s \leq 150mm$ 60s内无燃烧滴落物引燃滤纸现象
B_2	C	GB/T 20284 且	燃烧增长速率指数 $FIGRA_{0.4MJ} \leq 250 W/s$ 火焰横向蔓延未到达试样长翼边缘 600s的总放热量 $THR_{600s} \leq 15 MJ$
		GB/T 8626 点火时间 30s	60s内焰尖高度 $F_s \leq 150mm$ 60s内无燃烧滴落物引燃滤纸现象
	D	GB/T 20284 且	燃烧增长速率指数 $FIGRA_{0.4MJ} \leq 750 W/s$
		GB/T 8626 点火时间 30s	60s内焰尖高度 $F_s \leq 150mm$ 60s内无燃烧滴落物引燃滤纸现象
	E	GB/T 8626 点火时间 15s	20s内的焰尖高度 $F_s \leq 150mm$ 20s内无燃烧滴落物引燃滤纸现象
B_3	F		无性能要求

① 匀质制品或非匀质制品的主要组分。
② 非匀质制品的外部次要组分。
③ 当外部次要组分的 $PCS \leq 2.0 MJ/m^2$ 时，若整体制品的 $FIGRA_{0.2MJ} \leq 20 W/s$，LFS < 试样边缘，$THR_{600s} \leq 4.0 MJ$ 并达到s1和d0级，则达到A1级。
④ 非匀质制品的任一内部次要组分。
⑤ 整体制品。

第三节　建筑钢材

建筑钢材是指用于钢结构的各种型材（如圆钢、角钢、工字钢等）、钢板、钢管和用于钢筋混凝土中的各种钢筋、钢丝等。常用建筑钢材主要是普通低碳钢和低合金钢。钢材虽然属于不燃性材料，但耐火性能很差。在火灾高温下建筑钢材的物理力学性能发生明显变化。

一、强度

在高温下钢材强度随温度升高而降低，降低的幅度因钢材温度的高低和钢材种类而不同。

普通低碳钢的高温力学性能如图2-1所示。抗拉强度在250~300℃时达到最大值；温度超过350℃时，强度开始大幅度下降，在温度为500℃时约为常温时的1/2，600℃时约为常温时的1/3。普通低碳钢应力-应变曲线随温度升高，曲线形状发生很大变化。如图2-2所示，在室温下钢材屈服平台明显，并呈现锯齿状；温度升高，屈服平台降低，且原来呈现的锯齿状逐渐消失；当温度超过400℃时，低碳钢特有的屈服点消失，一般用条件屈服极限 $\sigma_{0.2}$ 作为屈服强度。

普通低合金钢在高温下的强度变化与普通碳素钢基本相同，在250~300℃的温度范围内强度增加，当温度超过300℃后，强度逐渐降低。

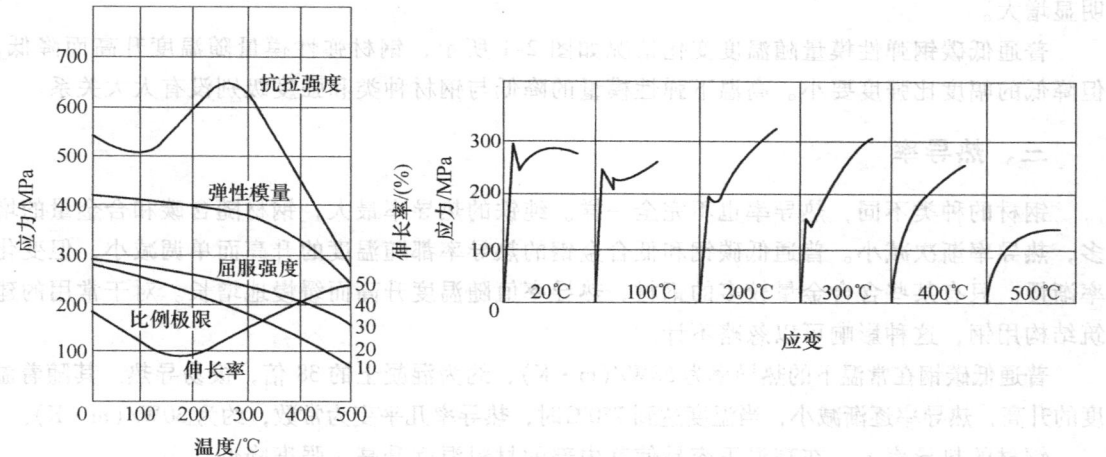

图2-1 普通低碳钢的高温力学性能　　图2-2 普通低碳钢高温下的应力-应变曲线

钢材在高温下强度降低是影响钢结构和钢筋混凝土结构耐火性能的重要因素。如钢构件，火灾时在荷载作用下截面应力值是常温设计强度的0.7倍。若该构件在火灾条件受到加热作用，则随着钢材温度的升高，强度降低，当强度下降到常温的0.7倍时，该构件就发生塑性变形而破坏。

在工程实践中，提出钢结构的临界温度的概念，它是指构件在火灾有效荷载作用下，遭受火烧达到极限状态时的温度。临界温度与构件承受的有效荷载的大小、形式、作用位置和构件的截面形式、受力状态、约束条件等有关。

冷加工钢筋是普通钢筋经过冷拉、冷拔、冷轧等加工强化过程得到的钢材，其内部晶格构架发生畸变，强度增加而塑性降低。这种钢材在高温下，内部晶格的畸变随着温度升高而逐渐恢复正常，冷加工所提高的强度也逐渐减少和消失，塑性得到一定恢复。因此，在相同温度下，冷加工钢筋强度降低值比未加工钢筋大很多。当温度达到300℃时，冷加工钢筋强度降低约30%；400℃时强度急剧下降，降低约50%；500℃左右时，其极限屈服强度接近甚至小于未冷加工钢筋在相应温度下的强度。

高强钢丝用于预应力钢筋混凝土结构。它属于硬钢，没有明显的屈服极限。在高温下，高强钢丝的抗拉强度的降低比其他钢筋更快。当温度在150℃以内时，强度不降低；温度达到350℃时，强度降低约50%；400℃时强度下降约60%；500℃时强度下降80%以上。

预应力钢筋混凝土构件由于所用的冷加工钢筋和高强钢丝，在火灾高温下强度降低明显大于普通低碳钢筋和低合金钢筋，因此，耐火性能远低于非预应力钢筋混凝土。

二、变形

钢材的伸长率和截面收缩率随着温度升高总的趋势是增大的，表明高温下钢材的塑性性能增大，易于产生变形。

钢材在一定温度和应力作用下，随时间推移，会发生缓慢变形，这种现象称为蠕变。蠕变在较低温度时就会产生，在温度高于一定值时比较明显，对于普通低碳钢这一温度为300~350℃，对于低合金钢为400~450℃，温度越高，蠕变现象越明显。蠕变不仅受温度的影响，而且也受应力大小的影响，当应力超过了钢材在某一温度下的屈服强度时，蠕变会明显增大。

普通低碳钢弹性模量随温度变化情况如图2-1所示，钢材弹性模量随温度升高而降低，但降低的幅度比强度要小。高温下弹性模量的降低与钢材种类和强度级别没有太大关系。

三、热导率

钢材的种类不同，热导率也不完全一样。纯铁的热导率最大，钢材随含碳和合金量的增多，热导率渐次减小。普通低碳钢和低合金钢的热导率都随温度的升高而单调减小，但变化率渐慢。只有某些含合金量较多的钢材，热导率值随温度升高而缓慢地增长。对于常用的建筑结构用钢，这种影响可以忽略不计。

普通低碳钢在常温下的热导率为58W/(m·K)，约为混凝土的38倍，极易导热。其随着温度的升高，热导率逐渐减小，当温度达到750℃时，热导率几乎变为常数，约为30W/(m·K)。

钢材的热导率大，在高温下容易使其内部的材料温度升高，强度降低。

综上所述，钢材在高温下随温度升高强度迅速降低、塑性性能增大、弹性模量降低而易于产生变形，热导率比较大，所以建筑钢材耐火性能差。

第四节 混 凝 土

混凝土是由胶凝材料和水及粗、细骨料按适当比例配合，拌制成拌合物，经一定时间硬化而成的人造石材。最常见的混凝土是以水泥为胶凝材料的普通混凝土，即以水泥、砂、石子和水为基本组成材料，根据需要掺入化学外加剂或矿物外加剂，经拌合制成具有可塑性、流动性的浆体，浇筑到模型中去，经过一定时间硬化后形成的具有固定形状和较高强度的人造石材。混凝土在宏观上是颗粒状的骨料均匀地分散在连续的水泥浆体中的分散体系，在细观上是不连续的非均质材料，而在微观上是多孔、多相、高度无序的非均质材料。

普通的水泥混凝土中粗、细骨料占容积的70%~80%，骨料比较坚硬，体积稳定性好，在混凝土中起骨架作用。而水泥和水构成的水泥浆尽管只占容积的20%~30%,但其作用十分重要,新拌状态下的水泥浆,赋予混凝土整体流动性和可塑性,硬化后的水泥石本身具有强度,同时具有粘结性,把细骨料和粗骨料粘结在一起。

一、混凝土的热学性质

混凝土构件在火灾条件下的升温速度及内部的温度分布,取决于混凝土的热学性质和构件的截面尺寸、形状等。

(一) 热导率

大量试验结果表明,普通混凝土在常温下的热导率约为1.63W/(m·K),随着温度的升高,热导率减小,在500℃时其为常温的80%,在1000℃时其只有常温的50%。

(二) 比热容

混凝土在温度升高时比热容缓慢增大,在火灾高温下混凝土的比热容可取值为921J/(kg·K)。

(三) 密度

在升温条件下,混凝土由于内部水分的蒸发和发生热膨胀,密度降低。试验研究得出普通混凝土密度随其温度变化的关系为

$$\rho = 2400 - 0.56T$$

式中 ρ——普通混凝土在高温下的密度(kg/m³);
T——混凝土温度(℃)。

二、混凝土的高温力学性能

(一) 抗压强度

混凝土抗压强度随温度升高而变化的情况如图2-3所示。混凝土在温度低于300℃的情况下,温度升高对强度影响不大,甚至出现高于常温强度的现象。在高于300℃时,强度随温度升高明显降低。当温度为600℃时,强度降低约50%,800℃时降低约80%。大量试验结果表明,混凝土在热作用下,当温度超过300℃以后,抗压强度基本成直线下降。混凝土抗压强度下降主要是由于混凝土各组成材料的热膨胀不同,水泥石内部产生一系列物理化学变化,骨料内部的不均匀膨胀和热分解等原因造成的。

影响混凝土高温情况下抗压强度的因素有:

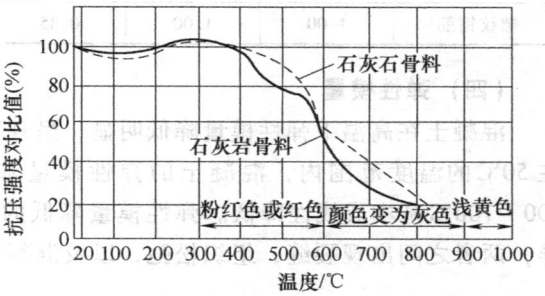

图2-3 混凝土抗压强度随温度升高而变化的情况

(1) 加热温度 混凝土所受加热温度越高,抗压强度下降幅度越大。

(2) 混凝土的组成材料 骨料在混凝土组成中占绝大部分。骨料的种类不同,性质也不同,直接影响混凝土的高温强度。用膨胀性小、性能较稳定、粒径较小的骨料配制的混凝土在高温下抗压强度保持较好。

此外,采用高强度等级水泥、减少水泥用量、减少含水量也有利于保持混凝土在高温下

的强度。

（3）消防射水　火灾时消防用水急骤地射到高温混凝土结构表面时，会使结构产生严重破坏。在火灾高温作用下，当混凝土结构表面温度达到300℃左右时，其内部深层温度依然较低，消防水射到混凝土结构表面，急剧冷却会使表面混凝土中产生很大的收缩应力，因而构件表面出现很多由外向内的裂缝。当混凝土温度超过500℃以后，从中游离的CaO遇到喷射的水流，发生水化，体积迅速膨胀，造成混凝土强度急剧下降。射水冷却后混凝土剩余抗压强度相对值见表2-6。

表2-6　射水冷却后混凝土剩余抗压强度相对值

温度/℃	常温	100	200	300	400	500	600	700	800
剩余抗压强度相对值	1	0.75~0.98	0.76~0.97	0.75~0.94	0.71~0.81	0.51~0.64	0.41~0.59	0.21~0.28	0.12~0.18

（二）抗拉强度

在火灾高温条件下，混凝土的抗拉强度随着温度升高而明显下降，下降幅度比抗压强度大10%~15%。当温度超过600℃后，混凝土抗拉强度则基本丧失。混凝土抗拉强度下降是由于高温下水泥石中微裂缝造成的。

（三）粘结强度

对于钢筋混凝土结构而言，在火灾高温作用下钢筋和混凝土之间粘结强度变化对其承载力影响很大。钢筋混凝土结构受热时，其中的钢筋膨胀，由于水泥石中产生的微裂缝和钢筋的轴向错动，导致钢筋与混凝土之间的粘结强度下降。螺纹钢筋表面凹凸不平，与混凝土间机械咬合力较大，因此，在升温过程中粘结强度下降较少。高温下混凝土与钢筋之间粘结强度相对值见表2-7。

表2-7　高温下混凝土与钢筋之间粘结强度相对值

温度/℃	100	200	300	400	500	600	700
光圆钢筋	0.7	0.55	0.4	0.32	0.05		
螺纹钢筋	1.00	1.00	0.85	0.65	0.45	0.28	0.10

（四）弹性模量

混凝土在高温下弹性模量降低明显，呈现明显的塑性状态，形变增加。试验结果表明，在50℃的温度范围内，混凝土的弹性模量基本没有下降，之后到200℃之间下降明显，200~700℃基本成线性降低。弹性模量降低的主要原因是：水泥石与骨料在高温时产生差异，两者之间出现裂缝，组织松弛，以及混凝土发生脱水现象，使内部孔隙率增加。

三、混凝土的爆裂

在火灾初期，混凝土构件受热面层发生的块状爆炸性脱落现象，称为混凝土的爆裂。爆裂具有突发性，并伴随着不同大小的响声，可发生在局部，也可能涉及较大面层。

影响爆裂的因素有混凝土的含水率、密实性、骨料的性质、加热的速度、构件施加预应力的情况以及约束条件等。根据耐火试验发现在下列情况下容易发生爆裂：耐火试验初期，升温速度快时；混凝土含水率大时；预应力混凝土结构；周边约束的钢筋混凝土板；厚度小的构件；梁或柱的棱角处及工字型梁的腹板处。

混凝土的爆裂在很大程度上决定着钢筋混凝土结构的耐火性能，尤其是预应力混凝土结构。混凝土的爆裂会导致构件截面减小和钢筋直接暴露于火中，造成构件承载力迅速降低，甚至失去支持能力，发生倒塌破坏。此外，会使薄壁混凝土构件出现穿透性裂缝或孔洞，导致失去隔火作用。根据混凝土构件爆裂发生的条件，可采取如下措施防止爆裂：

1）在混凝土表面设置隔火屏障。
2）在混凝土表面喷涂涂料，或涂抹水泥砂浆（在其内设置钢丝网）。
3）尽量避免使用石英骨料，且粒径不宜过大。
4）尽量避免构件断面突变，在构件突变的部位应采取喷涂涂料等保护措施。
5）降低水灰比。

第五节 木 材

木材是天然生长的有机材料，主要化学成分是碳、氢和氧元素，还有少量的氮和其他元素。长期处于室内气干状态下的木材其含水量接近环境空气的平均湿度，当气干木材含水量为13%时，木材的组成成分为：水（13%）、碳（43.5%）、氢（5.2%）、氧（38.3%）。

木材具有重量轻、热导率小、容易加工、装饰性好及取材广泛等优点，作为一种重要的建筑材料得到了广泛的应用。木材的最大缺点是容易燃烧，在火灾高温下的性能主要表现为燃烧性能和发烟性能。

一、木材的热分解和燃烧

（一）热分解过程

木材受热后在一定温度发生热分解，其中复杂的高分子化合物的化学键相继断开，分解出简单的低分子化合物。木材被加热到100℃时，其所含水分蒸发，木材呈干燥状态，化学组成无明显变化。加热到100～260℃时，木材中不稳定的纤维素和木质素发生热分解，但分解速度缓慢。分解的产物有可燃性气体（CO、CH_4、C_2H_4、H_2、有机酸、醛等）与不燃性气体（水蒸气、CO_2）。此时木材的化学组成明显改变，颜色逐渐变黑，在260℃左右，如遇明火，便开始燃烧。加热到260～450℃时，热分解加剧，因分解产物大量放出，失重明显，释放出大量的热。温度达到420～460℃时，即使没有火源，木材也会自行着火。

（二）燃烧过程

木材的燃烧可分为两个阶段，即可燃气体产物的有焰燃烧阶段和木炭的无焰燃烧阶段。在有焰燃烧阶段，木材表面的木炭处于灼热状态，但不燃烧，因为挥发出的可燃气体的燃烧阻隔空气中的氧扩散到木炭表面。这个阶段温度高，时间短，火势发展蔓延快。在有焰燃烧接近尾声时，空气开始向木炭表面和内部扩散、渗透，有焰燃烧和无焰燃烧并存。此后，经过一段时间转入木炭的无焰燃烧，无焰燃烧阶段温度低，时间较长，对火势发展作用较小。木材的燃烧过程如图2-4所示。

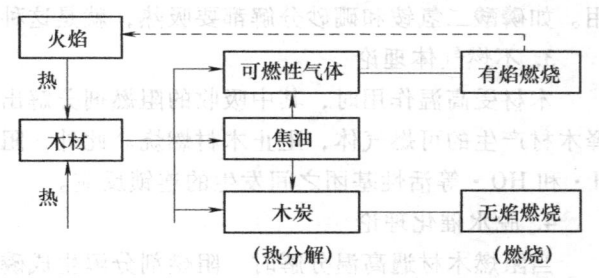

图2-4 木材的燃烧过程

(三) 着火

木材起火燃烧有两种基本方式，一种是明火点燃，另一种是加热自燃。

1. 明火点燃

当木材被加热到一定温度时，分解出的可燃性气体浓度达到燃烧（或爆炸）极限范围内，一接触火焰，便发生燃烧。此时木材的最低温度称为木材的燃点。木材的燃点介于 240~270℃。

2. 自燃

木材加热到一定温度，在不接触明火的情况下，木材就会自行起火燃烧。此时木材的最低温度称为自燃点。木材的自燃点为 400~470℃。

3. 受辐射起火

木材受辐射热起火燃烧必须达到一定的辐射热强度。对于某种材料，经过理论上无限长时间的热辐射作用，刚好能使其起火燃烧的辐射强度称为临界辐射强度。木材的临界辐射强度分点燃临界辐射强度和自燃临界辐射强度。试验测得，软质纤维板的点燃临界辐射强度和自燃临界辐射强度分别为 $0.42W/cm^2$、$2.39W/cm^2$，黄杨木的点燃临界辐射强度和自燃临界辐射强度分别为 $1.47W/cm^2$、$2.55W/cm^2$。

(四) 燃烧速度

木材的燃烧速度是指单位时间内木材的炭化深度。一般情况下，木材的平均燃烧速度可取 $0.6mm/min$。影响木材燃烧速度的因素有木材的密度、含水量、木材的形状和尺寸、受火方式等。由木材的燃烧速度可知，在火灾条件下，截面尺寸较大的木构件，在短时间仍可保持一定的承载力。

二、木材的阻燃

木材为可燃性材料，在建筑中使用木材时有必要进行阻燃处理，以改变燃烧性能。木材的阻燃处理方法有表面涂敷和浸注处理两种。前者是在木材表面涂刷一层防火涂料，后者是将具有阻燃作用的化学药剂浸入或压入木材中。

(一) 阻燃机理

1. 覆盖层理论

当发生火灾时，阻燃剂受热熔融成一种固熔体，覆盖在木材表面，隔绝了燃烧所需的氧气，从而阻止了燃烧。

2. 吸热理论

阻燃剂受热分解，脱水吸热，使得木材周围的温度低于其燃烧所需的温度，起到阻燃作用。如磷酸二氢铵和硼砂分解都要吸热，就是这种阻燃机理在起作用。

3. 不燃气体理论

木材受高温作用时，其中吸收的阻燃剂分解出大量不燃性气体（如 CO_2、H_2O 等），稀释木材产生的可燃气体，阻止木材燃烧。此外，阻燃成分中的卤素还能够抑制可燃气体中的 H·和 HO·等活性基团之间发生的连锁反应。

4. 脱水催化理论

当阻燃木材遇高温分解时，阻燃剂分解生成磷酸等化合物，起强烈的脱水作用，促进纤维素炭化，同时生成大量水分，阻止木材着火。

一种阻燃剂往往具有几种阻燃机理在起作用,但其中只有一种或两种机理的作用比较突出,故木材阻燃剂的配方中一般都选用两种以上的复合成分,两种以上成分互相作用增强阻燃效果。

(二)常用阻燃剂

1. 磷-氮系阻燃剂

磷-氮系阻燃剂包括磷酸铵[$(NH_4)_3PO_4$]、磷酸氢二铵[$(NH_4)_2HPO_4$]、磷酸二氢铵[$(NH_4)H_2PO_4$]、聚磷酸铵、磷酸双氰胺($H_3PO_4 \cdot C_2H_4N_4$)、三聚氰胺、甲醛-磷酸树脂等。

磷-氮系阻燃剂能提高材料的成炭率,特别是对木材尤其如此。成炭意味着较少的物质被燃烧,其次是成炭伴随着生成水蒸气可稀释可燃气体;再次是成炭反应有时是吸热的,且炭层具有保护下层材料的作用。这些都有助于提高材料的阻燃性。

2. 硼系阻燃剂

硼系阻燃剂是指含硼及结晶水的酸和盐类,如硼酸(H_3BO_3)、硼砂($Na_2B_4O_7 \cdot 10H_2O$)、硼酸锌($2ZnO \cdot 3B_2O_3 \cdot 3.5H_2O$)、五硼酸铵($NH_4B_5O_8 \cdot 4H_2O$)等。

带结晶水的硼化物遇热放出水蒸气,稀释氧气及可燃气体浓度,同时吸收热量,抑制气相燃烧。含硼化合物在高温下膨胀熔融成玻璃状熔体覆盖在木材表面,抑制固相燃烧。

3. 卤素阻燃剂

卤素阻燃剂有卤化铵盐(如NH_4Cl、NH_4Br)、氯化石蜡($C_{24}H_{29}Cl_{21}$)等。

卤化物分解生成卤化氢稀释可燃气体,并与燃烧反应的游离基作用,切断燃烧的连锁反应,抑制气相燃烧。

4. 含铝、镁、锑等金属氧化物和氢氧化物阻燃剂

水合氧化铝($Al_2O_3 \cdot 3H_2O$)、氢氧化镁[$Mg(OH)_3$]、三氧化二锑(Sb_2O_3)是该类阻燃剂的代表。

水合氧化铝和氢氧化镁遇热析出水蒸气同时吸收热量,并具有消烟作用。

5. 其他阻燃剂

其他阻燃剂还有无机铵盐如碳酸铵、硫酸铵、硅酸钠和水玻璃等。

(三)木材阻燃的浸注处理方法

浸注处理有常压和加压之分。浸注前要将木材充分气干,并初步加工成型,以免由于锯、刨等加工手段将木料中浸有阻燃剂的部分去掉。

1. 常压浸注

浸泡法:在常压、常温或加温状态下将木料浸泡在黏度较低的阻燃剂药液中。浸泡的时间根据木材的性质及所需吸收的药剂量而定。此方法简便易行,成本低廉,适用于薄木板、容易浸注的木材或对阻燃要求不高的木材。

热-冷浸注法:在常压下先将木材放在热的阻燃剂药液中浸泡数小时,使木材内所含气体膨胀。然后再放到冷的阻燃剂药液中浸泡数小时,或将热的药液直接冷却,使木材内剩余的空气压缩而造成真空状态,借大气压将阻燃剂压到木材中去。温差越大,木材吸收的阻燃剂越多。热药液温度依所吸收药剂量以及阻燃达到的热稳定性而定,最高可达105℃。浸注时间也要依所吸收的药剂量和被浸注木材的性质而定。

2. 加压浸注

这种方法是将木材及阻燃剂药液放入密闭的高压容器中，在一定的压力下将阻燃剂压入木材细胞。

经阻燃处理后的木材除了应具有所要求的阻燃性能外，还应保持木材原有的物理力学性质，如外观、力学强度、吸潮性、表面的油漆性能等。

第六节 其他建筑材料

一、有机材料

有机材料大都具有可燃性，为此，主要研究其燃烧性能。由于有机材料在300℃以前会发生炭化、燃烧、熔融等变化，因此在热稳定方面一般比无机材料差。有机材料的特点是重量轻、隔热性好、不易发生裂缝和爆裂等。有机材料的燃烧以热分解的形式进行，即在受热时，它先发生热分解，分解出 CO、H_2、C_nH_m 等可燃气体，并与空气中的 O_2 混合而发生燃烧。

建筑材料中常用的有机材料除木材外，还有塑料、胶合板、纤维板、刨花板等。

（一）塑料

塑料是一种以天然树脂或人工合成树脂为主要原料，加入填充剂、增塑剂、润滑剂和颜料等制成的一种高分子有机物。它具有可塑性好、相对密度小、强度大、耐油浸、耐腐蚀、耐磨、隔声、绝缘、绝热、易切削等优良性能，因此，广泛用作建筑材料。大部分塑料制品容易燃烧，燃烧时温度高、发烟量大、毒性大，给火灾中人员逃生和消防人员扑救火灾带来很大困难。塑料的燃烧特性见表2-8。

表2-8 塑料的燃烧特性

	塑料名称	燃烧难易程度	离开火焰后是否燃烧	火焰的状态	表面变化	燃烧时的气味
热塑性塑料	聚氯乙烯	难燃	不燃	黄色、外边绿色	软化	盐酸气味
	聚乙烯	易燃	燃烧	蓝色、上端黄色	熔融滴落	石蜡气味
	聚丙烯	易燃	燃烧	蓝色、上端黄色	膨胀滴落	石油气味
	聚苯乙烯	易燃	燃烧	橙黄色、浓黑烟、向空中喷出黑炭末	软化	特殊气味
	尼龙	缓燃	缓熄	蓝色火焰、上端黄色	熔融滴落	烧羊毛味
	有机玻璃	易燃	燃烧	黄色、上端蓝色	软化	香味
	赛璐珞	剧烈燃烧	燃烧	黄色	全烧完	无味
热固性塑料	酚醛塑料（无填料）	难燃	不燃	黄色火花	裂纹、变深色	甲醛味
	酚醛塑料（木粉填料）	缓燃	缓熄	黄色、黑烟	膨胀、裂缝	木材和甲醛味
	脲醛塑料	难燃	不燃	黄色、上端蓝色	膨胀、裂纹发白	甲醛味
	三聚氰胺塑料	难燃	不燃	淡黄色	膨胀、裂纹发白	甲醛味

对塑料进行阻燃处理的技术手段是在塑料中添加各种阻燃剂。阻燃剂分有机型和无机型两大类，有机型阻燃剂主要有：氯化石蜡、氯化聚乙烯、六溴苯、十溴联苯醚、磷脂酸等；无机阻燃剂主要有：三氧化二锑（Sb_2O_3）、水合氧化铝（$Al_2O_3 \cdot 3H_2O$）、硼酸锌（$2ZnO \cdot 3B_2O_3 \cdot 3.5H_2O$）等。这些阻燃剂的阻燃作用是：有的受热时释放出大量的水蒸气或其他不燃性气体，吸收热量并稀释可燃气体；有的促进成炭，减少热分解可燃气体的生成；有的形成玻璃状的隔热层，隔绝燃烧所需的氧气和热；有的分解出自由终止剂，中断燃烧反应。

常用阻燃塑料建材有难燃硬聚氯乙烯（PVC-U）管、难燃 PVC-U 可弯电线套管、难燃 PVC-U 门窗、难燃 PVC-U 装修型材、阻燃 PVC 卷材地板、阻燃 PVC 地板砖、阻燃 PVC 壁纸等。

（二）胶合板

胶合板的燃烧性能与胶粘剂有关。使用酚醛树脂、三聚氰胺树脂作胶粘剂的，防火性能好，不易燃烧。使用尿素树脂作胶粘剂的，因其中掺有面粉，所以防火性能差，易燃烧。难燃胶合板，是用磷酸铵、硼酸等阻燃剂浸泡过的薄板制造的板材，其防火性能好，但仍能燃烧。

（三）纤维板

纤维板的燃烧性能取决于胶粘剂。使用无机胶粘剂，纤维板属难燃材料。使用各种树脂作胶粘剂，则随着树脂的不同，纤维板可燃或难燃。

（四）难燃刨花板

难燃刨花板是具有一定防火性能的木质刨花人造板材，是以木质刨花板或木质纤维（如木片、木屑等）为原料，掺加胶粘剂、阻燃剂、防腐剂和防水剂等组料经压制而成的。该种板材由于阻燃剂的阻燃作用，属于难燃性的建筑材料，此种板材广泛用于建筑物的隔墙、墙裙和吊顶等。

二、无机材料

建筑中使用的无机材料在高温性能方面存在的问题是变形、爆裂、强度降低、组织疏松等，这些问题往往是由于高温时的受热膨胀收缩不一致引起的。此外，铝材、花岗岩、大理石、钠钙玻璃等建筑材料在高温时要考虑软化、熔融等现象的出现。

（一）石材

石材是一种不燃性建筑材料，其抗压强度随着温度升高而降低，在温度超过 500℃ 以后，强度显著降低，含石英质的岩石还会发生爆裂。石材的抗压强度随温度升高的变化情况如图 2-5 所示。

（二）黏土砖

黏土砖是由黏土制成砖坯，经过干燥，然后入窑烧至 900~1000℃ 而成的。黏土砖经过高温煅烧，耐火性能良好。

对于用黏土砖和 1∶1∶3 混合砂浆砌成的砖柱和墙，按照标准火灾升温曲线升温进行耐火试验时观测到：在试验开始 1h 以后，灰缝及砖内水分析出，冒水蒸气；继续升温，砖内应

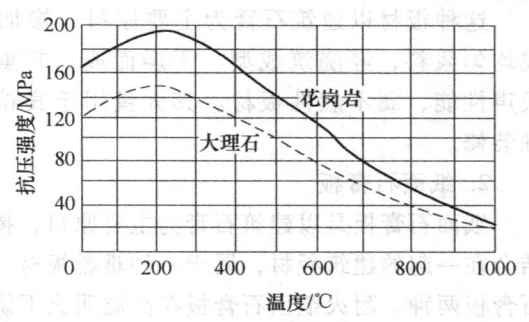

图 2-5 石材的抗压强度随温度升高的变化情况

力分布不均，产生细小裂缝；当炉内温度达到1100℃左右时，受火面砖开始熔化；当砌体倒塌破坏时，砂浆变得疏松，砌体失去整体性，产生纵向裂缝。砖砌体受火后发生破坏主要是砌筑砂浆在温度超过600℃以后强度迅速下降，发生粉化所致。通过耐火试验得出，非承重240mm厚砖墙可耐火8h，承重240mm厚砖墙可耐火5.5h，可见砖砌体有良好的耐火性能。

（三）砂浆

砂浆是由无机胶凝材料（水泥、石灰）、细骨料（砂）和水拌和而成的，有时也掺入某些掺和材料。砂浆是建筑工程中用量最大、用途最广的建筑材料之一。它常用于砌筑砌体（如砖、石、砌块）结构，建筑物内外表面（如墙面、地面、顶棚）的抹面，大型墙板、砖石墙的勾缝以及装饰材料的粘结。用于砌筑砖石砌体的砂浆称为砌筑砂浆，起着传递荷载的作用，是砌体中的重要组成部分。凡涂抹在建筑物或建筑构件表面的砂浆，统称为抹面砂浆。根据抹面砂浆的功能不同分为普通抹面砂浆、装饰砂浆和具有某些特殊功能的砂浆（如防水、绝热、吸声、耐酸砂浆等）。

由于砂浆骨料细、含水量少，凝结硬化后受高温的影响不如混凝土那样显著。砂浆在400℃以下，强度不降低，甚至有所增大；在超过400℃时，强度明显降低，且在冷却后强度更低。这是由于砂浆中含有较多的石灰，石灰在加热时会分解出CaO，冷却过程中CaO吸湿消解为$Ca(OH)_2$，体积急剧增大，引起组织疏松，造成强度降低。

从砖砌体的耐火试验观测到，当炉内温度达到1100℃左右时，砌体内距受火表面80mm深的砌筑砂浆（1:1:3混合砂浆）已变得疏松，实际上已丧失强度。

抹面砂浆的功能在于保护墙体、顶棚、地面不受风雨及有害杂质的侵蚀，提高防潮、防腐蚀、抗风化能力，增强耐久性；同时可使建筑物达到表面平整、清洁和美观的效果。抹面砂浆作为结构的保护层，在火灾高温条件下，易发生剥落现象，但当与结构表面结合牢固并具有一定厚度时，可以很好地改变结构构件的燃烧性能（对于可燃材料制作的构件）和提高构件的耐火时间。

（四）石膏

建筑石膏凝结硬化后的主要成分是二水石膏（$CaSO_4 \cdot 2H_2O$），其在高温时发生脱水，要吸收大量的热，而且产生的水蒸气能阻碍火势的蔓延，达到防火作用。同时，石膏制品的热导率小，传热慢，具有良好的隔热性能。但是二水石膏在受热脱水时会产生收缩变形，因而石膏制品容易开裂，失去隔火作用。此外，石膏制品在遇到水时也容易发生破坏。

1. 装饰石膏板

这种板材以建筑石膏为主要原料，掺加适量纤维增强材料和外加剂，与水一起搅拌成均匀浆料，经浇筑成型、干燥而成。它重量轻、安装方便，具有良好的防火、隔热和吸声性能，属不燃性板材。其大量用于宾馆、住宅、办公、车站等建筑的室内墙面和顶棚装修。

2. 纸面石膏板

纸面石膏板是以建筑石膏为主要原料，掺入纤维和外加剂构成芯材，并与护面纸牢固地结合在一起的建筑板材，属于一种难燃板材。按耐火性能其分为普通纸面石膏板和耐火纸面石膏板两种。耐火纸面石膏板在高温明火下烧烤时，具有保持不断裂的性能，这种遇火稳定性是区分普通纸面石膏板的重要技术指标。

纸面石膏板重量轻，强度高，易于加工，具有耐火、隔热和抗振等特点，常用于室内非承重的隔墙和吊顶。

（五）石棉水泥材料

石棉水泥材料是以石棉加入水泥浆中硬化后制成的人造石材。石棉水泥材料根据用途可分为屋面材料（小块石棉瓦、大块波形石棉瓦）、墙壁材料（加压平板、大型波板）、管材（压力管、外压力管和通风管）、电气绝缘板等四种。

石棉水泥材料虽属于不燃材料，但在火灾高温下容易发生爆裂现象，在3min左右即破裂失去隔火作用，并且温度达到500~600℃时强度急剧下降，在高温时遇水冷却便立即发生破坏。造成这种现象的原因是石棉在500~600℃释放出结晶水，发生分解，导致制品强度急剧下降。

影响石棉水泥材料发生爆裂的因素有：含水量、水泥和石棉的配合比例、密实程度以及制品的厚度等。含水量越大、石棉所占比例越高、密实度越高以及制品的厚度越大则越容易发生爆裂。

石棉水泥瓦、板除具有重量轻、耐水、不燃烧的特性外，还具有一定的强度和脆性，因而是爆炸危险性建筑的轻质泄压屋盖和墙体的理想材料。

（六）玻璃

玻璃是以石英砂、纯碱、长石和石灰石等为原料，在1550~1600℃高温下烧至熔融，再经急冷而得到的一种无定形硅酸盐物质。

1. 普通平板玻璃

这种玻璃大量用于建筑的门窗，虽属于不燃材料，但耐火性能很差，在火灾高温作用下，由于温差会很快破碎。门、窗上的玻璃在火灾条件下大多在250℃左右会发生破碎。

2. 防火玻璃

防火玻璃按照结构分为复合防火玻璃和单片防火玻璃。复合防火玻璃是由两层或两层以上玻璃复合而成或由一层玻璃和有机材料复合而成，并满足相应耐火性能要求的特种玻璃。这种玻璃在正常使用时和普通玻璃一样具有透光性和装饰性；发生火灾后，随着温度升高，防火胶粘剂不但能将炸裂的玻璃碎片牢固地粘结在一起而不脱落，而且受热膨胀发泡，厚度增大8~10倍，形成致密的蜂窝状防火隔热层，阻止火焰和热量向外穿透，从而起到阻火隔热作用。防火玻璃主要用于防火门、窗和防火隔墙，此外也用于楼梯间、电梯间的某些部位。复合防火玻璃起防火隔热作用的主要是胶粘剂。胶粘剂由粘料、固化剂、溶剂和其他添加剂等组成。它必须满足正常情况下是透明的，对玻璃有一定的粘结作用；火灾高温作用时能发泡膨胀，而且发泡致密，起隔热作用，并具有一定的强度，对玻璃仍有一定的粘结作用，能防止破裂的玻璃脱落。单片防火玻璃是由单层玻璃构成，并满足相应耐火性能要求的特种玻璃。目前常见的有单片铯钾防火玻璃，它是通过特殊化学处理在高温状态下进行20多h的离子交换，替换了玻璃表面的金属钠，形成低膨胀硅酸盐玻璃，具有一定的膨胀系数，具备高效的抗热性能。同时，通过物理处理后，玻璃表面形成高强的压应力，大幅提高了抗冲击强度，当玻璃破碎时呈现微小颗粒状态，减少对人体造成伤害。单片铯钾防火玻璃的强度是普通玻璃的6~12倍，是钢化玻璃的1.5~3倍。

防火玻璃按照耐火性能分为隔热型防火玻璃（A类）和非隔热型防火玻璃（C类）。隔热型防火玻璃是指耐火性能同时满足耐火完整性、耐火隔热性要求的防火玻璃。非隔热型防火玻璃是指耐火性能仅满足耐火完整性要求的防火玻璃。

防火玻璃按照耐火性能分为5个等级，耐火时间分别为0.5h、1h、1.5h、2h、3h。

三、复合材料

建筑中常用的建筑材料除上面介绍的有机材料和无机材料外，还有将有机材料和无机材料结合起来的复合材料，例如复合板材。复合板材是根据质轻、隔热、高强度及经济等条件，设计制造的一类新型板材。芯材一般为有机纤维板、泡沫塑料或无机纤维等材料。面材可根据强度和硬度的要求，选用金属板、石棉水泥板、塑料板等。从防火要求来说，面材应用耐火、难燃及导热性差的板材；芯材最好选用难燃、耐高温的材料。

（一）复合钢板

复合钢板是用泡沫塑料作芯材、用钢板作面材制成的夹芯板材。由于选用泡沫塑料的种类不同，其耐火性能也不同。芯材选用的泡沫塑料一般有如下几种：

1. 聚氨基甲酸酯泡沫塑料

聚氨基甲酸酯泡沫塑料由聚醚树脂与异氰脂加入发泡剂，经聚合发泡形成。其表观密度约为$30\sim65kg/m^3$，热导率为$0.035\sim0.042W/(m\cdot K)$，最高使用温度为120℃，最低使用温度为-60℃，可用于屋面、墙面绝热，还可用于吸声、包装及衬垫材料。

2. 聚苯乙烯泡沫塑料

聚苯乙烯泡沫塑料由聚苯乙烯树脂加发泡剂经加热发泡形成。其表观密度约为$20\sim50kg/m^3$，热导率为$0.038\sim0.047W/(m\cdot K)$，最高使用温度为70℃。聚苯乙烯泡沫塑料的特点是强度较高，吸水性较小，但其自身可以燃烧，需加入阻燃材料。其可用于屋面、墙面绝热，也可用于包装减振材料。

3. 聚氯乙烯泡沫塑料

聚氯乙烯泡沫塑料由聚氯乙烯为原料，采用发泡剂分解法、溶剂分解法和气体混入法等制得。其表观密度约为$12\sim72kg/m^3$，热导率为$0.031\sim0.045W/(m\cdot K)$，最高使用温度为70℃。聚氯乙烯塑料遇火自行熄灭，故该泡沫塑料可用安全较高的设备保温。又由于其低温性能良好，故可将其用于低温保冷方面。

由于复合钢板具有重量轻、强度高、施工安装方便、隔热性能好的特点，使用范围不断扩大，但其耐火性能较差，由于钢材的热导率大，在火灾高温作用下，其中的泡沫塑料的温度会很快升高，会燃烧、分解、熔融，而使构件强度降低，造成破坏。同时，还会释放出大量有毒烟气，对人体造成危害。

（二）水泥刨花板

将刨出的刨花用质量分数为5%的氯化钙水溶液进行处理后，与水泥拌和，再经过压模，养护而成。表观密度一般为$350\sim500kg/m^3$，热导率为$0.0837\sim0.15W/(m\cdot K)$。

水泥刨花板为难燃烧材料，在火灾高温情况下一般不传播火焰，具有隔热、重量轻、强度高的特点，可用于外围护隔热墙，也用于建筑物内隔墙。

随着科学技术的进步，为满足各种功能的需要，新的复合材料不断出现，如铝塑、钢塑等金属与塑料复合而成的材料已广泛用于建筑物的门、窗等，复合材料高温性能取决于组成材料的性能和比例，燃烧性能采用试验方法确定，多数复合材料的燃烧性能等级为B_1级，属难燃烧材料。

自学指导

本章学习重点：建筑材料高温性能主要包括的内容；建筑材料的燃烧性能分级；钢材、混凝土、木材等各种常见建筑材料的高温性能。

1）建筑材料高温性能主要包括：燃烧性能、力学性能、隔热性能、发烟性能、毒害性能等方面。

2）建筑材料的燃烧性能分级：《建筑材料及制品燃烧性能分级》（GB 8624—2006）将材料燃烧性能等级划分为：A1、A2、B、C、D、E、F 七个级别；《建筑材料燃烧性能分级》（GB 8624—2012）将建筑材料的燃烧性能分为不燃材料、难燃材料、可燃材料和易燃材料四个级别，级别符号分别为 A、B_1、B_2、B_3。

3）混凝土的爆裂：在火灾初期，混凝土构件受热面层发生的块状爆炸性脱落现象。

4）木材的阻燃方法：表面涂敷；浸注：常压浸注，加压浸注。

本章学习难点：GB 8624—2012 和 EN 13501-1：2007 对建筑材料及制品燃烧性能分级的对应关系，钢材的高温力学性能，预应力钢筋混凝土构件的高温力学性能。

1）GB 8624—2012 和 EN 13501-1：2007 对建筑材料及制品燃烧性能分级的对应关系见表 2-4。

2）钢材的高温力学性能：强度随温度升高而降低；塑性增强，易于产生变形，弹性模量随温度升高而降低；热导率大。

3）预应力钢筋混凝土构件由于所用的冷加工钢筋和高强钢丝，在火灾高温下强度降低明显大于普通低碳钢筋和低合金钢筋，因此，耐火性能远低于非预应力钢筋混凝土。

复习思考题

一、名词解释

1. 混凝土的爆裂
2. 复合防火玻璃

二、简答题

1. 建筑材料高温性能主要包括哪几个方面？
2. 建筑材料按照燃烧性能是如何分级的？
3. 普通钢构件为什么不耐火？
4. 预应力钢筋混凝土构件为什么不耐火？
5. 木材的阻燃方法有哪些？

第三章　建筑物耐火设计

学习目标
1. 应了解、知道的内容
   ◇常用建筑构件的耐火极限。
   ◇影响建筑物耐火等级选定的因素。
2. 应理解、清楚的内容
   ◇建筑构件耐火极限的确定原则。
3. 应掌握、会用的内容
   ◇耐火极限的概念。
   ◇建筑构件的耐火极限的判定标准。
   ◇钢构件耐火保护方法。
   ◇耐火等级与生产的火灾危险性类别之间的一般对应关系。
4. 应熟练掌握的内容
   ◇通过建筑物的功能和特征选定建筑物的耐火等级。
   ◇通过建筑物的耐火等级确定建筑构件的耐火极限。

自学时数　6 学时

老师导学

本章首先从建筑构件的燃烧性能和耐火极限入手介绍建筑构件的耐火性能，提出了影响耐火极限的主要因素和提高耐火极限的措施；然后分析了裸露钢结构的耐火性能和钢构件耐火保护的必要性，介绍了钢结构的耐火保护方法：截流法和疏导法；最后着重介绍了建筑物的耐火等级分级标准和工业建筑与民用建筑的耐火等级选定方法。本章的学习，重点在于建立构件的耐火极限和建筑物的耐火等级的概念，理顺建筑物各类构件耐火极限的大小关系，弄清建筑物的类型、生产和储存的火灾危险性类别与耐火等级之间的对应关系。

火灾能烧毁或损坏建筑构件，削弱其承载能力，并可能导致建筑物倒塌。建筑物耐火设计的目的在于通过设计赋予建筑构件一定的耐火性能，使建筑物达到要求的耐火等级，从而具备一定的抵御火烧损毁的能力。

第一节　建筑构件的耐火性能

建筑构件的耐火性能是指建筑构件抵抗火烧的能力，包括两个方面的内容，一是建筑构件的燃烧性能，二是建筑构件的耐火极限。

一、建筑构件的燃烧性能

《建筑设计防火规范》（GB 50016—2006）把建筑构件按其材料的燃烧性能分为三种类

型：不燃烧体、难燃烧体和燃烧体。

（一）不燃烧体

用不燃烧性材料构成的建筑构件统称为不燃烧体。如各类钢结构、钢筋混凝土结构、砌体结构构件。

不燃烧性材料是指在空气中受到火烧或高温作用时不起火、不微燃、不炭化的材料。如钢材、混凝土、砖、石、砌块、石膏板、陶瓷等。

（二）难燃烧体

用难燃烧性材料构成的建筑构件，或用可燃材料制作而表面用非燃烧材料作保护层的构件统称为难燃烧体。如用阻燃木材、阻燃塑料制作的构件、木板板条抹灰墙等。

难燃烧材料是指在空气中受到火烧或高温作用时难起火、难微燃、难炭化，在点火源移走后燃烧或微燃立即停止的材料。如沥青混凝土、经阻燃处理后的木材、塑料、刨花板等。

（三）燃烧体

用可燃烧性材料构成的建筑构件统称为燃烧体。

燃烧性材料是指在空气中受到火烧或高温作用时立即起火或微燃，且火源移走后仍继续燃烧或微燃的材料。如木材、竹子、刨花板、保利板、塑料等。

二、建筑构件的耐火极限

耐火极限是建筑构件耐火性能的主要指标，按照《建筑构件耐火试验方法 第1部分：通用要求》（GB/T 9978.1—2008）试验确定。

（一）耐火极限的定义

在标准耐火试验条件下，建筑构件、配件或结构从受到火的作用时起，至失去承载能力或完整性被破坏或失去隔热作用时止，这段抵抗火的作用时间称为耐火极限，用小时（h）表示。

失去承载能力是指构件在试验中失去支持能力或抗变形能力。此条件主要针对承重构件。判定承载能力的参数是变形量和变形速率。具体地讲：

对抗弯构件：

墙——试验过程中发生坍塌，则表明试件失去承载能力。

梁或板——试验过程中发生坍塌，则表明试件失去承载能力。

试验时，当试件的弯曲变形量达到极限弯曲变形量$\frac{L^2}{400d}$（mm）或弯曲变形速率达到极限弯曲变形速率$\frac{L^2}{9000d}$（mm/min）时，表明试件失去承载能力。其中L是试件的净跨度，单位为mm；d是试件截面上抗压点与抗拉点之间的距离，单位为mm。

对轴向承重构件：

柱——试验过程中发生坍塌，则表明试件失去承载能力。

试验时，当试件的轴向压缩变形量达到极限轴向压缩变形量$h/100$（mm）或轴向压缩变形速率达到极限轴向压缩变形速率$3h/1000$（mm/min）时，表明试件失去承载能力。其中h为试件的初始高度，单位为mm。

失去完整性是指分隔构件当其一面受火作用时，在试验过程中，构件出现穿透性裂缝或穿火孔隙，火焰穿过构件，使其背火面可燃物燃烧起火。这时，构件失去阻止火焰和高温气体穿透或阻止其背火面出现火焰的性能。因此，认为构件失去完整性。

失去隔热能力是指分隔构件失去隔绝过量热传导的性能。在试验中，试件背火面测点测得的平均温度超过初始温度140℃，或背火面任一测点温度超过初始温度180℃时，均认为构件失去隔热能力。

（二）耐火极限的判定

耐火极限的判定对象分为分隔构件、承重构件以及具有承重与分隔双重作用的承重分隔构件。

分隔构件，如隔墙、吊顶、门窗等，当构件失去完整性或隔热性时，构件达到其耐火极限。也就是说，这类构件的耐火极限由完整性和隔热能力两个条件共同控制。

承重构件，如梁、柱、屋架等，此类构件不具备隔断火焰和过量热传导的功能，所以由失去承载能力单一条件来控制是否达到其耐火极限。

承重分隔构件，如承重墙、楼板、屋面板等，此类构件具有承重分隔双重功能，所以当构件在试验中失去承载能力、完整性和隔热能力任何一条时，构件即达到其耐火极限。它的耐火极限由三个条件共同控制。

三、构件耐火极限的影响因素

完整性、隔热能力和承载能力是构件耐火极限的判定条件。影响判定条件的所有因素都是构件耐火极限的影响因素。

（一）完整性影响因素

根据试验结果，凡易发生爆裂、局部破坏穿洞、构件接缝等都可能影响构件的完整性。当构件混凝土含水量较大时，构件受火易于发生爆裂，使构件局部穿透，失去完整性。当构件有接缝、穿管密封处不严密或填缝材料不耐火时，构件也易于在这些地方形成穿透性裂缝而失去完整性。

（二）隔热能力影响因素

影响构件隔热能力的因素主要有两个：材料的热导率和构件厚度。

（1）材料热导率　材料热导率越大，热量越易于传到背火面，所以隔热能力差。反之，构件的隔热能力好。由于金属的热导率比混凝土和砖的大得多，所以当墙体和楼板有金属管道穿过时，热量会由管道传向背火面而导致失去隔热能力。

（2）构件厚度　由于热量是逐层传播的，所以当构件厚度较大时，背火面达到某一温度的时间就长，隔热能力则好。

（三）承载能力影响因素

失去承载能力主要发生于钢结构建筑火灾。凡影响构件高温承载力的因素都会影响构件的承载能力。

（1）构件材料的燃烧性能　可燃构件材料由于本身发生燃烧，因此，当构件燃烧时，横截面不断减小，承载力不断降低。当构件自身承载能力小于有效荷载作用下的内力时，构件破坏而失去承载能力。所以木材承重构件的稳定性总是比钢筋混凝土构件差。

(2) 有效荷载量值　所谓有效荷载是指试验时所承受的实际重力荷载。有效荷载大时，产生的内力大，构件失去承载力的时间短，所以耐火性差。反之，耐火性好。

(3) 钢材品种　不同的钢材，在温度作用下强度降低系数不同。普通低合金钢优于普通碳素钢，普通碳素钢优于冷加工钢，而高强钢丝最差。所以，配置16Mn钢的构件承载能力较好，而预应力构件（多配冷拉钢筋和高强钢丝）最差。

(4) 实际材料强度　钢材和混凝土的强度受多种因素影响，是一个随机变量。构件材料实际的测定强度高，耐火性好。反之则差。

(5) 截面形状与尺寸　矩形截面上热量为二维导热，温度较高，耐火性差；而圆形构件截面上为一维传热，温度较低，耐火性较好。同为矩形截面，截面周长与面积之比大者，截面接受热量多，内部温度高，耐火性较差；反之则好。

(6) 配筋方式　当截面双层配筋或大直径钢筋配于中部，小直径钢筋配于角部，则里面或中部钢筋温度低，强度高，耐火性好；反之则差。

(7) 配筋率　柱子配筋率高者，耐火性差。因钢材强度降低幅度大于混凝土。

(8) 表面保护　当构件表面有非燃性保护层时，如抹灰、喷涂防火涂料等，构件温度低，耐火性好。

(9) 受力状态　轴心受压柱耐火性优于小偏心受压柱，小偏心受压柱优于大偏心受压柱。原因是钢材和混凝土在温度作用下强度降低系数不同。

(10) 支承条件和计算长度　连续梁或框架梁受火后会产生塑性变形内力重分布现象，所以耐火性大大优于简支梁。柱子计算长度越大，纵向弯梁作用越明显，耐火性越差；反之则好。

四、钢结构的耐火保护方法

相对于混凝土结构，钢结构具有重量轻、强度大的特点，在建筑中得到了广泛应用。但不经耐火保护的钢结构在火灾高温作用下强度下降迅速，因此，为了提高钢结构抵抗火灾损毁的能力，必须对钢结构进行耐火保护。目前，人们开发研究了多种钢结构耐火保护方法。这些保护方法从原理上来说分为两类，即截流法和疏导法。

（一）截流法

截流法的原理是截断或阻滞火灾产生的热流量向构件的传输，从而使构件在规定的时间内温升不超过其临界温度而保证稳定。具体做法是在构件表面设置一层保护材料，火灾高温首先传给这些保护材料，再由保护材料传给钢构件。由于所选保护材料的热导率较小，所以能很好地阻滞热流向构件的传输，从而起到保护作用。截流法又分为喷涂法、包封法和屏蔽法等。

1. 喷涂法

喷涂法是用喷涂机具将防火涂料直接喷涂在构件表面，形成保护层。喷涂的涂料厚度必须达到设计厚度，节点部位应适当加厚。喷涂场地要求、构件表面处理、接缝填补、涂料配制、喷涂次数、质量控制及验收等均应符合《钢结构防火涂料》（GB 14907—2002）的规定。

当遇到下列情况之一时，涂层内应设置与构件连接的钢丝网，以确保涂层牢固。

1) 承受冲击振动的梁。
2) 设计涂层厚度大于40mm时。
3) 涂料粘结强度小于0.05MPa。
4) 腹板高度大于1.5m的梁。

喷涂法适用范围最为广泛，可用于任何一种钢构件的耐火保护。

2. 包封法

包封法是用防火材料把构件包裹起来。包封材料有防火板材、混凝土或砖、钢丝网抹耐火砂浆等。板材包封法适合于梁、柱、压型钢板楼板的保护。

图3-1所示为梁的板材包封示意图。图3-2所示为压型钢板楼板包封示意图。

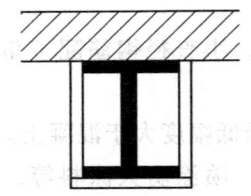 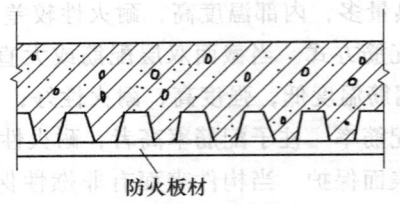

图3-1 梁的板材包封示意图　　　　图3-2 压型钢板楼板包封示意图

对于柱，也可采用混凝土包封（图3-3）或砖包封。当采用混凝土包封时，混凝土中应布置一些细钢筋或钢网片以防爆裂。对梁或柱，也可用钢丝网外抹耐火砂浆进行保护，如图3-4所示。

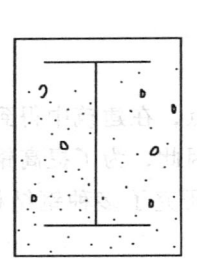 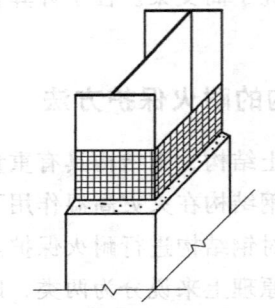

图3-3 混凝土包封　　　　图3-4 钢丝网抹耐火砂浆包封

板材包封法适用于梁、柱和压型钢板楼板的保护。

3. 屏蔽法

屏蔽法是把钢构件包藏在耐火材料组成的墙体或吊顶内，主要适用于屋盖系统的保护。吊顶的接缝、孔洞处应严密，防止窜火。

4. 水喷淋法

水喷淋法是在结构顶部设喷淋供水管网，发生火灾时，自动启动（或手动）开始喷淋，构件表面形成一层连续流动的水膜，从而起到保护作用。

上述这些方法的共同特点是设法减小传到钢构件上的热流量，因而称为截流法。

（二）疏导法

与截流法不同，疏导法允许热流量传到构件上，然后设法把热量导走或消耗掉，同样可使构件温度升高但不至于超过其临界温度，从而起到保护作用。

疏导法目前仅有充水冷却保护这一种方法。该方法是在空心封闭截面中（主要是柱）充满水，火灾时构件把从火场中吸收的热量传给水，依靠水的蒸发消耗热量或通过循环把热量导走，构件温度便可维持在100℃左右。从理论上来说，这是钢结构耐火保护最有效的方法。该系统工作时，构件相当于盛满水被加热的容器，像烧水锅一样工作。只要补充水源，维持足够水位，由于水的比热容和汽化热均较大，构件吸收的热量将源源不断地被耗掉或导走。

水冷却保护法示意图如图3-5所示。冷却水可由高位水箱或供水管网提供，也可由消防车补充。水蒸气由排水口排出。当柱高度较大时，可分成几个循环系统，以防止水压过大。为防止锈蚀或水的冻结，水中应添加防锈剂和防冻剂。

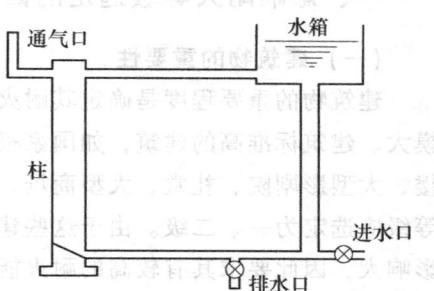

图3-5 水冷却保护法示意图

水冷却法既可单根柱自成系统，又可多根柱连通。前者仅依靠水的蒸发耗热，或者既能蒸发耗热，又能借水的温差形成循环，把热量导向非火灾区温度较低的柱内。

五、提高混凝土构件耐火极限的措施

1）处理好构件接缝构造，防止发生穿透性裂缝。
2）使用热导率低的材料，或加大构件厚度以提高构件隔热能力。
3）使用非燃性材料。
4）使用T形、花篮形和十字形截面梁。
5）改多跨简支梁为连续梁。
6）适当加大主筋保护层厚度。
7）采用低合金钢。
8）改配较细的钢筋，双排配置，并把较粗的钢筋配于截面中部和上层，较细的钢筋配于截面角部和下层。
9）增大截面，主要增大截面宽度，降低配筋率。
10）构件表面抹灰并验收厚度。
11）可能时在柱侧面布置墙体以屏蔽热量。
12）采用截面长宽接近的矩形。
13）对轴心受压和小偏心受压柱提高混凝土强度等级。
14）可能时减小柱偏心距。

第二节 建筑物耐火等级

耐火等级是衡量建筑物耐火程度的分级标准。规定建筑物的耐火等级是建筑设计防火技术措施中最基本的措施之一。对于不同类型、性质的建筑物提出不同的耐火等级要求，可做到既有利于消防安全，又有利于节约基本建设投资。

建筑物具有较高的耐火等级，可以起到以下几方面作用：在建筑物发生火灾时，确保其

在一定的时间内不破坏，不传播火灾，延缓和阻止火势的蔓延；为人员安全疏散提供必要的疏散时间，保证建筑物内人员安全脱险；为消防人员扑救火灾创造条件；为建筑物火灾后修复重新使用提供可能。

一、影响耐火等级选定的因素

（一）建筑物的重要性

建筑物的重要程度是确定其耐火等级的重要因素。对于性质重要，功能、设备复杂，规模大、建筑标准高的建筑，如国家机关重要的办公楼、中心通信枢纽大楼、中心广播电视大楼、大型影剧院、礼堂、大型商场、重要的科研楼、藏书楼、档案楼、高级旅馆等，其耐火等级应选定为一、二级。由于这些建筑一旦发生火灾，往往经济损失大、人员伤亡大、政治影响大，因此要求其有较高的耐火能力是完全必要的。

（二）火灾危险性

建筑物的火灾危险性大小对选定其耐火等级影响很大，特别是对工业建筑。对火灾危险性大的建筑，应选定较高的耐火等级。

（三）建筑物高度

建筑物越高，火灾时人员疏散和火灾扑救越困难，损失也越大。对高度较高的建筑物选定较高的耐火等级，提高其耐火能力，可以确保其在火灾条件下不发生倒塌破坏，给人员安全疏散和消防扑救创造有利条件。

（四）火灾荷载

火灾荷载大的建筑物发生火灾后，火灾持续燃烧时间长，燃烧猛烈，火灾温度高，对建筑结构的破坏作用大。为了保证火灾荷载较大的建筑物在发生火灾时建筑构件的安全，应相应地提高这种建筑的耐火等级，使建筑构件具有较高的耐火极限。

二、民用建筑耐火等级

（一）民用建筑分类

民用建筑可分为高层民用建筑、单层民用建筑和多层民用建筑，而高层民用建筑又可分为一类高层民用建筑和二类高层民用建筑。具体分类见表3-1。表3-1中未列入的建筑，其类别应根据该表类比确定。除另有规定外，宿舍、公寓等非住宅类居住建筑的防火要求，应符合建筑防火规范有关公共建筑的规定；裙房的防火要求应符合《建筑设计防火规范》有关高层民用建筑的规定。

（二）民用建筑物耐火等级的确定

民用建筑的耐火等级可分为四级。民用建筑的耐火等级应根据其建筑高度、使用功能、重要性和火灾扑救难度等确定，并应符合下列规定：

1）地下或半地下建筑（室）和一类高层建筑的耐火等级不应低于一级。
2）单、多层重要公共建筑和二类高层建筑的耐火等级不应低于二级。

（三）民用建筑构件的燃烧性能和耐火极限要求

建筑物耐火等级是由组成建筑物的墙、柱、梁、楼板、屋顶承重构件和吊顶等主要建筑构件的燃烧性能和耐火极限决定的。建筑物所要求的耐火等级确定之后，除有特殊规定外，其构件的燃烧性能和耐火极限不应低于表 3-2 的规定。

表 3-1 民用建筑的分类

名称	高层民用建筑		单、多层民用建筑
	一类	二类	
住宅建筑	建筑高度大于 54m 的住宅建筑（包括设置商业服务网点的住宅建筑）	建筑高度大于 27m，但不大于 54m 的住宅建筑（包括设置商业服务网点的住宅建筑）	建筑高度不大于 27m 的住宅建筑（包括设置商业服务网点的住宅建筑）
公共建筑	1. 建筑高度大于 50m 的公共建筑 2. 任一楼层建筑面积大于 1000m² 的商店、展览、电信、邮政、财贸金融建筑和其他多种功能组合的建筑 3. 医疗建筑、重要公共建筑 4. 省级及以上的广播电视和防灾指挥调度建筑、网局级和省级电力调度 5. 藏书超过 100 万册的图书馆、书库	除住宅建筑和一类高层公共建筑外的其他高层民用建筑	1. 建筑高度大于 24m 的单层公共建筑 2. 建筑高度不大于 24m 的其他民用建筑

表 3-2 不同耐火等级建筑相应构件的燃烧性能和耐火极限 （单位：h）

构件名称		耐火等级			
		一级	二级	三级	四级
墙	防火墙	不燃性 3.00	不燃性 3.00	不燃性 3.00	不燃性 3.00
	承重墙	不燃性 3.00	不燃性 2.50	不燃性 2.00	难燃性 0.50
	非承重外墙	不燃性 1.00	不燃性 1.00	不燃性 0.50	可燃性
	楼梯间、前室的墙，电梯井的墙，住宅建筑单元之间的墙和分户墙	不燃性 2.00	不燃性 2.00	不燃性 1.50	难燃性 0.50
	疏散走道两侧的隔墙	不燃性 1.00	不燃性 1.00	不燃性 0.50	难燃性 0.25
	房间隔墙	不燃性 0.75	不燃性 0.50	难燃性 0.50	难燃性 0.25
柱		不燃性 3.00	不燃性 2.50	不燃性 2.00	难燃性 0.50
梁		不燃性 2.00	不燃性 1.50	不燃性 1.00	难燃性 0.50
楼板		不燃性 1.50	不燃性 1.00	不燃性 0.50	可燃性
屋顶承重构件		不燃性 1.50	不燃性 1.00	可燃性 0.50	可燃性
疏散楼梯		不燃性 1.50	不燃性 1.00	不燃性 0.50	可燃性
吊顶（包括吊顶搁栅）		不燃性 0.25	难燃性 0.25	难燃性 0.15	可燃性

1. 构件耐火极限值的确定原则

在建筑结构中，楼板直接承受着人和物品等的重量，并将之传给梁、墙、柱等构件，是一个最基本的承重构件。因此，在划分建筑物耐火等级时是选择楼板的耐火极限作基准的。将各耐火等级建筑物中楼板的耐火极限确定以后，其他建筑构件的耐火极限则根据其在建筑结构中的地位，与楼板相比较而确定，在建筑结构中所占的地位比楼板重要者，如梁、柱、承重墙等，其耐火极限高于楼板；比楼板次要者，如隔墙、吊顶等，其耐火极限低于楼板。

楼板耐火极限值的选定，是以我国火灾发生的实际情况和建筑构件构造特点为依据的。火灾统计表明，我国95%的火灾的延续时间均在2.00h以内，在1.00h以内扑灭的火灾约占80%，在1.50h以内扑灭的火灾约占90%。此外，建筑物中大量使用的普通钢筋混凝土空心楼板，保护层多为10mm，其耐火极限约为1.00h；现浇钢筋混凝土整体式梁板的耐火极限大都在1.50h以上。因此，将二级耐火等级建筑物的楼板的耐火极限选定为1.00h；一级耐火等级的选定为1.50h；三级耐火等级的选定为0.50h；而四级耐火等级的楼板可由可燃性材料构造，因此，对耐火极限不做要求。其他建筑构件的耐火极限，以二级耐火等级建筑物为例。楼板由梁来支承，梁的耐火极限应比楼板高，选定为1.50h；而梁又由柱或墙来支承，所以它们的耐火极限应比梁高，选定为2.50~3.00h。其他依此类推。

2. 构件燃烧性能特点

对各耐火等级的建筑物，建筑构件的燃烧性能要求见表3-2。概括地说，一级耐火等级建筑物的主要建筑构件全部为不燃烧体；二级耐火等级建筑物的主要建筑构件，除吊顶为难燃烧体外，其余为不燃烧体；三级耐火等级建筑物的屋顶承重构件为燃烧体，房间隔墙和吊顶为难燃烧体，其余为不燃烧体；四级耐火等级建筑物除防火墙为不燃烧体外，其余构件为难燃烧体和燃烧体。

根据各级耐火等级中建筑构件的燃烧性能和耐火极限特点，可大致判定不同结构类型建筑物的耐火等级。一般来说，钢筋混凝土结构和钢筋混凝土砖石结构建筑可基本定为一、二级耐火等级；砖木结构建筑可基本定为三级耐火等级；以木柱、木屋架承重及以砖石等非燃烧或难燃烧材料为墙的建筑可定为四级耐火等级。

3. 建筑构件耐火极限和燃烧性能的特殊规定

根据《建筑设计防火规范》的规定，在确定建筑构件的耐火极限和燃烧性能时需要执行以下特殊规定：

1）住宅建筑构件的耐火极限和燃烧性能可按《住宅建筑规范》（GB 50368—2005）的规定执行。

2）建筑高度大于100m的民用建筑，其楼板的耐火极限不应低于2.00h。

一、二级耐火等级建筑的上人平屋顶，其屋面板的耐火极限分别不应低于1.50h和1.00h。

3）一、二级耐火等级建筑的屋面板应采用不燃材料，但屋面防水层可采用可燃材料。

4）二级耐火等级建筑内采用难燃性墙体的房间隔墙，其耐火极限不应低于0.75h；当房间的建筑面积不大于100m²时，房间的隔墙可采用耐火极限不低于0.50h的难燃性墙体或耐火极限不低于0.30h的不燃性墙体。

二级耐火等级多层住宅建筑内采用预应力钢筋混凝土的楼板，其耐火极限不应低于 0.75h。

5）二级耐火等级建筑内采用不燃材料的吊顶，其耐火极限不限。

三级耐火等级的医疗建筑、中小学校的教学建筑、老年人建筑及托儿所、幼儿园的儿童用房和儿童游乐厅等儿童活动场所的吊顶，应采用不燃材料；当采用难燃材料时，其耐火极限不应低于 0.25h。

二、三级耐火等级建筑中门厅、走道的吊顶应采用不燃材料。

6）建筑内预制钢筋混凝土构件的节点外露部位，应采取防火保护措施，且节点的耐火极限不应低于相应构件的耐火极限。

7）除《建筑设计防火规范》另有规定外，以木柱承重且墙体采用不燃材料的建筑，其耐火等级应按四级确定。

三、工业建筑耐火等级的选定

工业建筑的耐火等级主要是根据生产的火灾危险性分类和储存物品的火灾危险性分类确定的。此外，还考虑了建筑物的规模和高度等。

（一）生产的火灾危险性分类

生产的火灾危险性分类是按照生产过程中使用或产生物质的火灾危险性进行分类的，共分为甲、乙、丙、丁、戊五个类别，见表 3-3。

表 3-3 生产的火灾危险性分类

生产的火灾危险性类别		火灾危险性特征
甲	生产时使用或产生的物质特征	1. 闪点小于 28℃ 的液体 2. 爆炸下限小于 10% 的气体 3. 常温下能自行分解或在空气中氧化能导致迅速自燃或爆炸的物质 4. 常温下受到水或空气中水蒸气的作用，能产生可燃气体并引起燃烧或爆炸的物质 5. 遇酸、受热、撞击、摩擦、催化以及遇有机物或硫黄等易燃的无机物，极易引起燃烧或爆炸的强氧化剂 6. 受撞击、摩擦或与氧化剂、有机物接触时能引起燃烧或爆炸的物质 7. 在密闭设备内操作温度不小于物质本身自燃点的生产
乙		1. 闪点不小于 28℃，但小于 60℃ 的液体 2. 爆炸下限不小于 10% 的气体 3. 不属于甲类的氧化剂 4. 不属于甲类的易燃固体 5. 助燃气体 6. 能与空气形成爆炸性混合物的浮游状态的粉尘、纤维，闪点不小于 60℃ 的液体雾滴
丙		1. 闪点不小于 60℃ 的液体 2. 可燃固体
丁	生产特征	1. 对不燃烧物质进行加工，并在高温或熔化状态下经常产生强辐射热、火花或火焰的生产 2. 利用气体、液体、固体作为燃料或将气体、液体进行燃烧作其他用的各种生产 3. 常温下使用或加工难燃烧物质的生产
戊		常温下使用或加工不燃烧物质的生产

实际生产过程中，同一座厂房或厂房的任一防火分区内可能有不同火灾危险性质的生产，此时，厂房或防火分区内的生产火灾危险性类别应按火灾危险性较大的部分确定；当生

产过程中使用或产生易燃、可燃物的量较少，不足以构成爆炸或火灾危险时，可按实际情况确定；当符合下述条件之一时，可按火灾危险性较小的部分确定：

1）火灾危险性较大的生产部分占本层或本防火分区面积的比例小于5%或丁、戊类厂房内的油漆工段小于10%，且发生火灾事故时不足以蔓延至其他部位或火灾危险性较大的生产部分采取了有效的防火措施。

2）丁、戊类厂房内的油漆工段，当采用封闭喷漆工艺，封闭喷漆空间内保持负压、油漆工段设置可燃气体探测报警系统或自动抑爆系统，且油漆工段占其所在防火分区面积的比例不大于20%。

（二）储存物品的火灾危险性分类

库房存放物品的火灾危险性是按物品储存过程中的火灾危险性进行分类的，共分为甲、乙、丙、丁、戊五个类别，见表3-4。

表3-4　储存物品的火灾危险性分类

储存物品的火灾危险性类别	储存物品的火灾危险性特征
甲	1. 闪点小于28℃的液体 2. 爆炸下限小于10%的气体，受到水或空气中水蒸气的作用能产生爆炸下限小于10%气体的固体物质 3. 常温下能自行分解或在空气中氧化能导致迅速自燃或爆炸的物质 4. 常温下受到水或空气中水蒸气的作用,能产生可燃气体并引起燃烧或爆炸的物质 5. 遇酸、受热、撞击、摩擦以及遇有机物或硫黄等易燃的无机物，极易引起燃烧或爆炸的强氧化剂 6. 受撞击、摩擦或与氧化剂、有机物接触时能引起燃烧或爆炸的物质
乙	1. 闪点不小于28℃，但小于60℃的液体 2. 爆炸下限不小于10%的气体 3. 不属于甲类的氧化剂 4. 不属于甲类的易燃固体 5. 助燃气体 6. 常温下与空气接触能缓慢氧化，积热不散引起自燃的物品
丙	1. 闪点不小于60℃的液体 2. 可燃固体
丁	难燃烧物品
戊	不燃烧物品

当同一座仓库或仓库的任一防火分区内储存不同火灾危险性物品时，仓库或防火分区的火灾危险性应按火灾危险性最大的物品确定。

丁、戊类储存物品仓库的火灾危险性，当可燃包装重量大于物品本身重量1/4或可燃包装体积大于物品本身体积的1/2时，应按丙类确定。

（三）厂房和仓库耐火等级选定

厂房和仓库的耐火等级可分为四级。

1）使用或储存特殊贵重的机器、仪表、仪器等设备或物品的建筑，其耐火等级应为一级。

2）高层厂房，甲、乙类厂房的耐火等级不应低于二级，建筑面积不大于300m^{2}的独立甲、乙类单层厂房可采用三级耐火等级的建筑。

3）单、多层丙类厂房，多层丁、戊类厂房的耐火等级不应低于三级。

4）使用或产生丙类液体的厂房和有火花、赤热表面、明火的丁类厂房，其耐火等级均不应低于二级；当为建筑面积不大于 $500m^2$ 的单层丙类厂房或建筑面积不大于 $1000m^2$ 的单层丁类厂房时，可采用三级耐火等级的建筑。

5）锅炉房的耐火等级不应低于二级，当为燃煤锅炉房且锅炉的总蒸发量不大于 4t/h 时，可采用三级耐火等级的建筑。

6）油浸变压器室、高压配电装置室的耐火等级不应低于二级，并应符合现行《火力发电厂和变电站设计防火规范》（GB 50229—2006）等标准的规定。

7）高架仓库、高层仓库、甲类仓库和多层乙类仓库的耐火等级不应低于二级。

8）单层乙类仓库，单、多层丙类仓库和多层丁、戊类仓库的耐火等级不应低于三级。

9）粮食筒仓的耐火等级不应低于二级，二级耐火等级的粮食筒仓可采用钢板仓。

10）粮食平房仓的耐火等级不应低于三级，二级耐火等级的散装粮食平房仓可采用无防火保护的金属承重构件。

（四）厂房和仓库建筑构件的耐火极限和燃烧性能要求

除下述特殊规定外，不同耐火等级的厂房和仓库建筑构件的燃烧性能和耐火极限，不应低于表 3-5 的规定。

1）甲、乙类厂房和甲、乙、丙类仓库内的防火墙，其耐火极限应按表 3-5 的规定增加 1.00h。

2）一、二级耐火等级单层厂房（仓库）的柱，其耐火极限分别不应低于 2.50h 和 2.00h。

3）采用自动喷水灭火系统全保护的一级耐火等级单、多层厂房（仓库）的屋顶承重构件，其耐火极限不应低于 1.00h。

除一级耐火等级的建筑外，设置自动灭火系统的多层丙类厂房的屋顶承重构件和下列建筑的梁、柱、屋顶承重构件可采用无防火保护的金属结构，其中能受到甲、乙、丙类液体或可燃气体火焰影响的部位应采取外包覆不燃材料或其他防火保护措施。

① 设置自动灭火系统的单层丙类厂房。

② 单、多层丁、戊类厂房（仓库）。

4）除甲、乙类仓库和高层仓库外，一、二级耐火等级建筑的非承重外墙，当采用不燃性墙体时，其耐火极限不应低于 0.25h；当采用难燃性墙体时，不应低于 0.50h。

对于 4 层及 4 层以下的一、二级耐火等级丁、戊类地上厂房（仓库）的非承重外墙，当采用不燃性墙体时，其耐火极限不限；当采用难燃性轻质复合墙体时，其表面材料应为不燃材料、内填充材料的燃烧性能不应低于 B2 级。材料的燃烧性能分级应符合现行《建筑材料及制品燃烧性能分级》（GB 8624—2012）的规定。

5）二级耐火等级厂房（仓库）内的房间隔墙，当采用难燃性墙体时，其耐火极限应提高 0.25h。

6）二级耐火等级多层厂房和多层仓库中采用预应力钢筋混凝土的楼板，其耐火极限不应低于 0.75h。

7）一、二级耐火等级厂房（仓库）的上人平屋顶，其屋面板的耐火极限分别不应低于 1.50h 和 1.00h。

8) 一、二级耐火等级厂房（仓库）的屋面板应采用不燃材料，但屋面防水层和绝热层可采用可燃材料；当为4层及4层以下的丁、戊类厂房（仓库）时，屋面板可采用难燃性轻质复合板，但板材的表面材料应为不燃材料，内填充材料的燃烧性能不应低于B2级。

9) 二级耐火等级建筑采用不燃材料的吊顶，其耐火极限不限。

表3-5 不同耐火等级厂房和仓库建筑构件的燃烧性能和耐火极限　　（单位：h）

构件名称		耐火等级			
		一级	二级	三级	四级
墙	防火墙	不燃性 3.00	不燃性 3.00	不燃性 3.00	不燃性 3.00
	承重墙	不燃性 3.00	不燃性 2.50	不燃性 2.00	难燃性 0.50
	楼梯间、前室的墙，电梯井的墙	不燃性 2.00	不燃性 2.00	不燃性 1.50	难燃性 0.50
	疏散走道两侧的隔墙	不燃性 1.00	不燃性 1.00	不燃性 0.50	难燃性 0.25
	非承重外墙房间隔墙	不燃性 0.75	不燃性 0.50		难燃性 0.25
柱		不燃性 3.00	不燃性 2.50	不燃性 2.00	难燃性 0.50
梁		不燃性 2.00	不燃性 1.50	不燃性 1.00	难燃性 0.50
楼板		不燃性 1.50	不燃性 1.00	不燃性 0.75	难燃性 0.50
屋顶承重构件		不燃性 1.50	不燃性 1.00	不燃性 0.50	可燃性
疏散楼梯		不燃性 1.50	不燃性 1.00	不燃性 0.75	可燃性
吊顶（包括吊顶搁栅）		不燃性 0.25	难燃性 0.25	难燃性 0.15	可燃性

自学指导

本章学习重点：建筑构件耐火极限主要内容及钢结构耐火保护方法。

1) 建筑构件耐火极限主要内容：建筑构件的燃烧性能、建筑构件的耐火极限、构件耐火极限影响因素、提高构件耐火极限的措施。

2) 钢结构耐火保护方法：截流法与疏导法。其中，截流法包括喷涂法、包封法、屏蔽法和水喷淋法四种形式。

本章学习难点：建筑物耐火等级选定。

建筑物耐火等级选定包括工业建筑耐火等级选定和民用建筑耐火等级选定两个部分。选定工业建筑耐火等级，首先必须确定生产或储存的火灾危险类别，其次要对照有关表格确定建筑物耐火等级；选定民用建筑耐火等级，首先必须确定民用建筑的类别，之后根据类别确定耐火等级。如果是一类高层民用建筑，则耐火等级为一级。如果是二类，则耐火等级为不低于二级。裙房耐火等级不低于二级，高层建筑的地下室的耐火等级为一级。对重要的一般民用建筑，耐火等级为一、二级，其他则选定三级或四级。

复习思考题

一、选择题

1. 下列建筑构件中，其耐火极限应比楼板耐火极限小的构件是（　　）。
   A. 梁　　　　　　　B. 柱　　　　　　　C. 隔墙　　　　　　D. 吊顶
2. 为保证建筑物达到要求的耐火等级，《建筑设计防火规范》（GB 50016—2006）规定的楼板、梁、柱的耐火极限的相对大小次序应为（　　）。
   A. 楼板、梁、柱　　B. 梁、楼板、柱　　C. 楼板、柱、梁　　D. 柱、楼板、梁
3. 某科研楼属于二类高层建筑，其耐火等级可选（　　）。
   A. 一级　　　　　　B. 二级　　　　　　C. 三级　　　　　　D. 四级

二、简答题

1. 《建筑设计防火规范》（GB 50016—2006）按照燃烧性能对建筑构件是如何分类的？
2. 何为建筑构件的耐火极限？
3. 裸露钢构件的耐火极限约为 15min，为什么？
4. 钢构件的截面系数对其耐火极限有何影响？
5. 简述钢构件耐火保护的截流法和疏导法。
6. 简述钢构件耐火保护的喷涂法工作原理。
7. 建筑物耐火等级的确定有何意义？
8. 在划分建筑物的耐火等级时，为什么选择楼板的耐火极限作为基准？
9. 影响建筑物耐火等级选定的因素有哪些？
10. 简述厂房的耐火等级与生产的火灾危险性类别之间的一般对应关系。

第四章　建筑总平面布局防火

学习目标

1. 应了解、知道的内容
◇厂址选择应考虑的因素。
◇高层民用建筑的选址应考虑的因素。
2. 应理解、清楚的内容
◇国家规范对高层建筑裙房的高度和进深有关规定的目的。
◇高层建筑和厂区消防车道的有关规定。
◇厂区划分防火区域的意义。
3. 应掌握、会用的内容
◇防火间距不足时的各种应变措施。
◇确定消防车操作空间的有关规定。
4. 应熟练掌握的内容
◇确定各类建筑物之间的防火间距。

自学时数　6 学时

老师导学

　　本章首先介绍防火间距的影响因素和确定原则，给出了各类建筑物和厂房的防火间距，提出了防火间距不足时的应变措施。其次，介绍了消防车道设计的一般原则，给出了建筑物周边消防车道的设计规定，提出了设置消防车操作空间应注意的问题。最后，对高层民用建筑和工业建筑的总平面防火布局进行了简要介绍。学习本章内容时，应把握建筑总平面布局防火的根本目的：防止火灾在建筑物之间蔓延，为灭火救援行动的展开提供条件。在此基础上，弄清防火间距、消防车道、建筑选址、厂区选址、厂区平面布局等在实现上述目标时的意义和基本要求。

　　建筑总平面布局防火的对象是建筑及其周围环境，包括建筑物的选址、主体建筑与附属建筑、厂区总平面布置、建筑物之间的防火间距和消防车道等方面的内容。建筑总平面布局防火设计的目的是防止火灾在建筑物之间蔓延，为灭火救援行动的展开提供有利条件。

第一节　防火间距

　　防火间距是防止着火建筑在一定时间内引燃相邻建筑，便于消防扑救的建筑物之间的间隔距离。通过对建筑物进行合理布局和设置防火间距，可以防止火灾在相邻建筑物之间相互蔓延，合理利用和节约土地，并为人员疏散和灭火救援提供条件，减小失火对邻近建筑及其居住（或使用）者的热辐射和烟气影响。

一、影响防火间距的因素及确定防火间距的原则

（一）影响防火间距的因素

影响防火间距的因素很多，如热辐射、热对流、风向、风速、外墙材料的燃烧性能及其开口面积的大小、室内堆放的可燃物种类及数量、相邻建筑物的高度、室内消防设施情况、着火时的气温及湿度、消防车到达的时间及扑救情况等，对防火间距的设置都有一定影响。

（1）热辐射　辐射热是影响防火间距的主要因素。当火焰温度达到最高数值时，其辐射强度最大，也最危险，如伴有飞火则更危险。

（2）热对流　无风时，因热对流的温度在离开窗口以后会大幅降低，所以热对流对相邻建筑物的影响不大。通常不足以构成威胁。

（3）建筑物外墙门窗洞口的面积　许多火灾实例表明，当建筑物外墙开口面积较大时，发生火灾后，在可燃物的种类和数量都相同的条件下，由于通风好、燃烧快、火焰温度高，因而热辐射增强，使相邻建筑物接受的热辐射也多，当达到一定程度时便会很快被烤着起火。

（4）建筑物的可燃物种类和数量　可燃物种类不同，在一定时间内燃烧火焰的温度也有差异。如汽油、苯、丙酮等易燃液体，燃烧速度比木材快，发热量也比木材大，因而热辐射也比木材强。在一般情况下，可燃物的数量与发热量成正比关系。

（5）风速　风能够加强可燃物的燃烧，促使火灾加快蔓延。露天火灾中，风能使燃烧的颗粒和燃烧着的碎片等飞散到数十米远的地方，强风时则更远。风对火灾的扑救带来困难。

（6）相邻建筑物的高度　一般地说，较高的建筑物着火对较低的建筑物威胁小，反之，则较大。特别是当屋顶承重构件毁坏塌落、火焰穿出房顶时，威胁更大。据测定，较低建筑物着火时对较高建筑物着火时辐射角在30°~45°时，辐射强度最大。

（7）建筑物内消防设施　建筑物内设有火灾自动报警装置和较完善的其他消防设施时，能将火灾扑灭在初期阶段。这样不仅可以阻止火灾对建筑物造成较大的损失，而且很大程度上减少了火灾蔓延到附近其他建筑物的条件。可见，在防火条件和建筑物防火间距大体相同的情况下，设有完善消防设施的建筑物比消防设施不完善的建筑物的安全性要高。

（8）灭火时间　建筑物发生火灾后，其温度通常随着火灾延续时间的长短而变化。火灾延续时间越长，则火场温度相应增高，对周围建筑物的威胁增大。只有当可燃物数量逐渐减少时，火场温度才开始逐渐降低。

（二）确定防火间距的基本原则

影响防火间距的因素很多，在实际工程中不可能都考虑到。通常根据以下原则确定建筑物的防火间距：

（1）考虑热辐射的作用　火灾实例表明，一、二级耐火等级的低层民用建筑，保持7~10m的防火间距，有消防队扑救的情况下，一般不会蔓延到相邻建筑物。

（2）考虑灭火作战的实际需要　建筑物的高度不同，救火使用的消防车也不同。对低层建筑，普通消防车即可；而对高层建筑，则要使用曲臂、云梯等登高消防车。防火间距应满足消防车的最大工作回转半径的需要。最小防火间距的宽度应通过一辆消防车，一般宜为4m。

（3）有利于节约用地　在有消防队扑救的条件下，以能够阻止火灾向相邻建筑物蔓延

为原则。

(4) 防火间距计算　防火间距应按相邻建筑物外墙的最近距离计算，如外墙有凸出的可燃结构，则应从其凸出部分外缘算起；如为储罐或堆场，则应从储罐外壁或堆场的堆垛外缘算起。

(5) 其他　两座相邻建筑较高的一面外墙作为防火墙时，其防火间距不限。

二、厂房的防火间距

1) 除下述特别规定外，厂房之间及其与乙、丙、丁、戊类仓库，民用建筑之间的防火间距不应小于表4-1的规定：

① 乙类厂房与重要公共建筑的防火间距不宜小于50m；与明火或散发火花地点的防火间距不宜小于30m。单、多层戊类厂房之间及与戊类仓库的防火间距可按表4-1的规定减少2m，与民用建筑的防火间距可按民用建筑之间的防火间距的规定执行。为丙、丁、戊类厂房服务而单独设置的生活用房应按民用建筑确定，与所属厂房的防火间距不应小于6m。必须相邻布置时，应符合以下规定。

a. 两座厂房相邻较高一面外墙为防火墙时，防火间距不限，但甲类厂房之间不应小于4m。两座丙、丁、戊类厂房相邻两面外墙均为不燃性墙体，当无外露的可燃性屋檐，每面外墙上的门、窗、洞口面积之和各不大于外墙面积的5%，且门、窗、洞口不正对开设时，防火间距可按表4-1的规定减少25%。办公室、休息室等不应设置在甲、乙类厂房内，必须贴邻本厂房时，其耐火等级不应低于二级，并应采用耐火极限不低于3.00h的防爆墙与厂房分隔和设置独立的安全出口。除此之外，甲、乙类厂房（仓库）不应与其他建筑贴邻。

b. 两座一、二级耐火等级的厂房，当相邻较低一面外墙为防火墙且较低一座厂房的屋顶无天窗，屋顶的耐火极限不低于1.00h，或相邻较高一面外墙的门、窗等开口部位设置甲级防火门、窗或防火分隔水幕或按《建筑设计防火规范》的规定设置防火卷帘时，甲、乙类厂房之间的防火间距不应小于6m；丙、丁、戊类厂房之间的防火间距不应小于4m。

② 发电厂内的主变压器，其油量可按单台确定。

③ 耐火等级低于四级的既有厂房，其耐火等级可按四级确定。

④ 当丙、丁、戊类厂房与丙、丁、戊类仓库相邻时，应符合①中a、b的规定。

2) 甲类厂房与重要公共建筑的防火间距不应小于50m，与明火或散发火花地点的防火间距不应小于30m。

3) 散发可燃气体、可燃蒸气的甲类厂房与铁路、道路等的防火间距不应小于表4-2的规定，但当甲类厂房所属厂内铁路装卸线设有安全措施时，防火间距可不受表4-2规定的限制。

4) 丙、丁、戊类厂房与民用建筑的耐火等级均为一、二级时，丙、丁、戊类厂房与民用建筑的防火间距可适当减小，但应符合下列规定：

①当较高一面外墙为无门、窗、洞口的防火墙，或比相邻较低一座建筑屋面高15m及以下范围内的外墙为无门、窗、洞口的防火墙时，其防火间距可不限。

② 当相邻较低一面外墙为防火墙，且屋顶无天窗、屋顶耐火极限不低于1.00h，或相邻较高一面外墙为防火墙，且墙上开口部位采取了防火措施时，其防火间距可适当减小，但不应小于4m。

表 4-1 厂房之间及与乙、丙、丁、戊类仓库，民用建筑等的防火间距（单位：m）

名称		甲类厂房 单、多层 一、二级	乙类厂房(仓库) 单、多层 一、二级	乙类厂房(仓库) 单、多层 三级	乙类厂房(仓库) 高层 一、二级	丙、丁、戊类厂房(仓库) 单、多层 一、二级	丙、丁、戊类厂房(仓库) 单、多层 三级	丙、丁、戊类厂房(仓库) 四级	丙、丁、戊类厂房(仓库) 高层 一、二级	民用建筑 裙房，单、多层 一、二级	民用建筑 裙房，单、多层 三级	民用建筑 裙房，单、多层 四级	民用建筑 高层 一类	民用建筑 高层 二类
甲类厂房	一、二级	12	12	14	13	12	14	16	13	25			50	
乙类厂房	一、二级	12	10	12	13	10	12	14	13	25			50	
	三级	14	12	14	15	12	14	16	15					
	高层 一、二级	13	13	15	13	13	15	17	13					
丙类厂房	一、二级	12	10	12	13	10	12	14	13	10	12	14	20	15
	三级	14	12	14	15	12	14	16	15	12	14	16	25	20
	四级	16	14	16	17	14	16	18	17	14	16	18		
	高层 一、二级	13	13	15	13	13	15	17	13	13	15	17	20	15
丁、戊类厂房	一、二级	12	10	12	13	10	12	14	13	10	12	14	15	13
	三级	14	12	14	15	12	14	16	15	12	14	16	18	15
	四级	16	14	16	17	14	16	18	17	14	16	18		
	高层 一、二级	13	13	15	13	13	15	17	13	13	15	17	15	13
室外变压器、配电站 变压器总油量/t	≥5,≤10	25	25	25	25	12	15	20	12	15	20	25	20	20
	>10,≤50					15	20	25	15	20	25	30	25	25
	>50					20	25	30	20	25	30	35	30	30

表4-2 散发可燃气体、可燃蒸气的甲类厂房与铁路、道路等的防火间距（单位：m）

名称	厂外铁路线中心线	厂内铁路线中心线	厂外道路路边	厂内道路路边	
				主要	次要
甲类厂房	30	20	15	10	5

5）厂房外附设的化学易燃物品的设备，其外壁与相邻厂房室外附设设备的外壁或相邻厂房外墙的防火间距，不应小于前述第1）条的规定。用不燃材料制作的室外设备，可按一、二级耐火等级建筑确定。

总容量不大于 $15m^3$ 的丙类液体储罐，当直埋于厂房外墙外，且面向储罐一面 4m 范围内的外墙为防火墙时，其防火间距可不限。

6）同一座 U 形或山形厂房中相邻两翼之间的防火间距，不宜小于第1）条的规定，但当厂房的占地面积小于《建筑设计防火规范》中规定的每个防火分区最大允许建筑面积时，其防火间距可为 6m。

7）除高层厂房和甲类厂房外，其他类别的数座厂房占地面积之和小于《建筑设计防火规范》中规定的防火分区最大允许建筑面积（按其中较小者确定，但防火分区的最大允许建筑面积不限者，不应大于 $10000m^2$）时，可成组布置。当厂房建筑高度不大于 7m 时，组内厂房之间的防火间距不应小于 4m；当厂房建筑高度大于 7m 时，组内厂房之间的防火间距不应小于 6m。

组与组或组与相邻建筑的防火间距，应根据相邻两座中耐火等级较低的建筑，按表 4-1 的规定确定。

8）一级汽车加油站、一级汽车液化石油气加气站和一级汽车加油加气合建站不应布置在城市建成区内。

9）汽车加油、加气站和加油加气合建站的分级，汽车加油、加气站和加油加气合建站及其加油（气）机、储油（气）罐等与站外明火或散发火花地点、建筑、铁路、道路之间的防火间距以及站内各建筑或设施之间的防火间距，应符合《汽车加油加气站设计与施工规范》（GB 50156—2012）的规定。

10）电力系统电压为 35~500kV 且每台变压器容量不小于 10MV·A 的室外变、配电站以及工业企业的变压器总油量大于 5t 的室外降压变电站，与其他建筑的防火间距不应小于表 4-1 和关于仓库的防火间距的有关规定，见表 4-3。

11）厂区围墙与厂区内建筑的间距不宜小于 5m，围墙两侧建筑的间距应满足相应建筑的防火间距要求。

三、仓库的防火间距

除下述特别规定外，甲类仓库之间及与其他建筑、明火或散发火花地点、铁路、道路等的防火间距不应小于表 4-3 的规定：

1）甲类仓库之间的防火间距，当第 3、4 项物品储量小于或等于 2t，第 1、2、5、6 项物品储量小于或等于 5t 时，不应小于 12m，甲类仓库与高层仓库的防火间距不应小于 13m。

2）设置装卸站台的甲类仓库与厂内铁路装卸线的防火间距，可不受表 4-3 规定的限制。

表 4-3　甲类仓库之间及与其他建筑、明火或散发火花地点、铁路、道路等的防火间距（单位：m）

名　称		甲类仓库（储量/t）			
		甲类储存物品第3、4项		甲类储存物品第1、2、5、6项	
		≤5	>5	≤10	>10
高层民用建筑、重要公共建筑		50			
裙房、其他民用建筑、明火或散发火花地点		30	40	25	30
甲类仓库		20	20	20	20
厂房和乙、丙、丁、戊类仓库	一、二级	15	20	12	15
	三级	20	25	15	20
	四级	25	30	20	25
电力系统电压为35～500kV且每台变压器容量不小于10MV·A的室外变、配电站,工业企业的变压器总油量大于5t的室外降压变电站		30	40	25	30
厂外铁路线中心线		40			
厂内铁路线中心线		30			
厂外道路路边		20			
厂内道路路边	主要	10			
	次要	5			

除下述特别规定外，乙、丙、丁、戊类仓库之间及与民用建筑的防火间距，不应小于表4-4的规定。

表 4-4　乙、丙、丁、戊类仓库之间及与民用建筑的防火间距（单位：m）

名　称			乙类仓库			丙类仓库				丁、戊类仓库			
			单、多层		高层	单、多层			高层	单、多层			高层
			一、二级	三级	一、二级	一、二级	三级	四级	一、二级	一、二级	三级	四级	一、二级
乙、丙、丁、戊类仓库	单、多层	一、二级	10	12	13	10	12	14	13	10	12	14	13
		三级	12	14	15	12	14	16	15	12	14	16	15
		四级	14	16	17	14	16	18	17	14	16	18	17
	高层	一、二级	13	15	13	13	15	17	13	13	15	17	13
民用建筑	裙房、单、多层	一、二级	25			10	12	14	13	10	12	14	13
		三级	25			12	14	16	15	12	14	16	15
		四级	25			14	16	18	17	14	16	18	17
	高层	一类	50			20	25	25	20	15	18	18	15
		二类	50			15	20	20	15	13	15	15	13

1）单、多层戊类仓库之间的防火间距，可按表4-4减少2m。

2）当两座仓库的相邻外墙均为防火墙时，防火间距可以减小，但丙类不应小于6m，丁、戊类不应小于4m。两座仓库相邻较高一面外墙为防火墙，且总占地面积不大于《建筑设计防火规范》规定的一座仓库的最大允许占地面积规定时，其防火间距不限。

除乙类第 6 项物品外的乙类仓库，与民用建筑的防火间距不宜小于 25m，与重要公共建筑的防火间距不应小于 50m，与铁路、道路等的防火间距不宜小于表 4-3 中甲类仓库与铁路、道路等的防火间距。

3）丁、戊类仓库与民用建筑的耐火等级均为一、二级时，仓库与民用建筑的防火间距可适当减小，但应符合下列规定：

① 当较高一面外墙为无门、窗、洞口的防火墙，或比相邻较低一座建筑屋面高 15m 及以下范围内的外墙为无门、窗、洞口的防火墙时，其防火间距可不限。

② 当相邻较低一面外墙为防火墙，且屋顶无天窗或洞口、屋顶耐火极限不低于 1h，或相邻较高一面外墙为防火墙，且墙上开口部位采取了防火措施时，其防火间距可适当减小，但不应小于 4m。

四、民用建筑的防火间距

除下述特别规定外，民用建筑之间的防火间距不应小于表 4-5 的规定。

表 4-5　民用建筑之间的防火间距　　　　　　　　　　（单位：m）

建筑类别		高层民用建筑	裙房和其他民用建筑		
		一、二级	一、二级	三级	四级
高层民用建筑	一、二级	13	9	11	14
裙房和其他民用建筑	一、二级	9	6	7	9
	三级	11	7	8	10
	四级	14	9	10	12

1）相邻两座单、多层建筑，当相邻外墙为不燃性墙体且无外露的可燃性屋檐，每面外墙上无防火保护的门、窗、洞口不正对开设且面积之和不大于外墙面积的 5% 时，其防火间距可按表 4-5 规定减少 25%。

2）两座建筑相邻较高一面外墙为防火墙，或高出相邻较低一座一、二级耐火等级建筑的屋面 15m 及以下范围内的外墙为防火墙时，其防火间距可不限。

3）当相邻两座高度相同的一、二级耐火等级建筑中相邻任一侧外墙为防火墙时，其防火间距可不限。

4）当相邻两座建筑中较低一座建筑的耐火等级不低于二级，相邻较低一面外墙为防火墙且屋顶无天窗，屋顶的耐火极限不低于 1.00h 时，其防火间距不应小于 3.5m；对于高层建筑，不应小于 4m。

5）当相邻两座建筑中较低一座建筑的耐火等级不低于二级且屋顶无天窗，相邻较高一面外墙高出较低一座建筑的屋面 15m 及以下范围内的开口部位设置甲级防火门、窗，或设置符合《自动喷水灭火系统设计规范》（GB 50084—2001）规定的防火分隔水幕或规范第 6.5.3 条规定的防火卷帘时，防火间距不应小于 3.5m；对于高层建筑，不应小于 4m。

6）通过底部的建筑物、连廊或天桥等连接的相邻建筑，其防火间距不应小于表 4-5 的规定。

7）与耐火等级低于四级的既有建筑的防火间距，应按四级耐火等级的要求确定。

8）民用建筑与单独建造的终端变电站、单台蒸汽锅炉的蒸发量不大于 4t/h 或单台热水锅炉额定热功率不大于2.8MW的燃煤锅炉房的防火间距，可根据变电站或锅炉房的耐火等级按表4-5的规定确定。

民用建筑与单独建造的其他变电站的防火间距，应符合表4-1有关室外变、配电站的规定。

民用建筑与燃油或燃气锅炉房、蒸发量或额定热功率大于本条规定的燃煤锅炉房的防火间距，应符合表4-1有关丁类厂房的规定，与10kV及以下的预装式变电站的防火间距不应小于3m。

9）除高层民用建筑外，数座一、二级耐火等级的住宅建筑或办公建筑，当建筑物的占地面积总和小于或等于2500m²时，可成组布置，但组内建筑物之间的间距不宜小于4m。组与组或组与相邻建筑物的防火间距不应小于表4-5的规定。

10）民用建筑与燃气调压站、液化石油气气化站或混气站、城市液化石油气供应站瓶库等的防火间距，应符合《城镇燃气设计规范》（GB 50028—2008）的规定。

11）建筑高度大于100m的民用建筑与相邻建筑的防火间距，当符合《建筑设计防火规范》规定的允许减小的条件时，不应减小。

五、防火间距不足时的应变措施

防火间距因场地等各种原因无法满足国家规范规定的要求时，可依具体情况采取一些相应措施：

1）改变建筑物内的生产和使用性质，尽量减小建筑物的火灾危险性；改变房屋部分的耐火性能，提高建筑物的耐火等级。

2）调整生产厂房的部分工艺流程和减少库房储存物品的数量；调整部分构件的耐火性能和燃烧性能。

3）将建筑物的普通外墙改造成有防火能力的墙，如开设门窗，应采用防火门窗。

4）拆除部分耐火等级低、占地面积小、使用价值低的影响新建建筑物安全的相邻原有建筑物。

5）设置独立的室外防火墙等。

第二节　消防车道与消防车操作空间

一、消防车道设计的一般原则

消防车道是供消防车灭火时通行的道路，其通行能力应满足消防车辆使用的需要。通常，消防车道应符合下述要求：

1）消防车道一般按单行线考虑，其净宽度和净高度均不应小于4m。为便于消防车顺利通行，消防车道上空4m以下范围内不应有障碍物。供消防车停留的空地，其坡度不宜大于3%。

2）消防车道下的管道和暗沟等，应能承受消防车辆的满载轮压，不致塌陷。

3）为保证火灾时消防车能够顺利、迅速地接近水源或水池，并便于取水。供消防车取水的天然水源和消防水池，应设有消防车道，消防车道可与其他交通道路合用，但合用道路应满足消防车的通行与停靠需要。

4) 消防车道与建筑物间，不应设置妨碍登高消防车操作的树木、架空管道等。

5) 建筑物的封闭内院或天井，如其短边长度超过24m时，宜设有进入内院的消防车道。

6) 尽头式消防车道应设有回车场或回车道。回车道面积不应小于12m×12m，供大型车辆使用的回车场不应小于18m×18m。

7) 一般消防车道应尽量短捷，并避免与铁路正线平交，如必须平面交叉时，应设备用车道，且两车道之间的距离不应小于一列火车的长度。

8) 当建筑物的沿街部分长度超过150m或总长度超过220m时，均应设置穿过建筑物的消防车道。消防车穿过或进入建筑物的门洞，其净高和宽均不应小于4m；门垛之间的净宽不应小于3.5m。需使用大型消防车辆时，其宽度和高度应适当增加。

二、单、多层建筑消防车道的布置

单、多层建筑的消防车道主要考虑生产厂房、仓库以及大型公共建筑的消防车灭火需要。

在厂房、库房两侧如无消防车道，应沿其两个长边设置宽度不小于6m的平坦空地。对一些大型厂房、库房，如占地面积超过3000m²的甲、乙、丙类厂房和占地面积超过1500m²的乙、丙类库房，宜设置环行车道。对于特大型厂房，如钢铁、造船、汽车制造等工厂和飞机库，还应在厂房内设消防车道。消防车道穿过建筑物的门洞时，其净高和净宽不应小于4m；门垛之间的净宽不应小于3.5m。

对于大型公共建筑，如超过3000个座位的体育馆、超过2000个座位的会堂及占地面积超过3000m²的展览馆等，宜在建筑物周围设置环形车道。建筑物的封闭内院，如其短边长度超过24m时，宜设有进入内院的消防车道。

规模较大的封闭式商业街、购物中心、游乐场所等，进入院内的消防车道出入口不应小于2个，且院内道路宽度不应小于6m。

三、高层建筑消防车道的布置

（一）环形消防车道

高层建筑的平面布置、空间造型和使用功能往往复杂多样，给消防扑救带来不便。如大多数高层建筑的底部建有相连的裙房等，设计中如果对消防车道考虑不周，火灾时消防车无法靠近建筑主体，往往延误灭火战机，造成损失。为了使消防车辆能迅速靠近高层建筑，展开有效的救助活动，高层建筑周围应设置环形消防车道。沿街的高层建筑，其街道的交通道路，可作为环形车道的一部分，如图4-1所示。

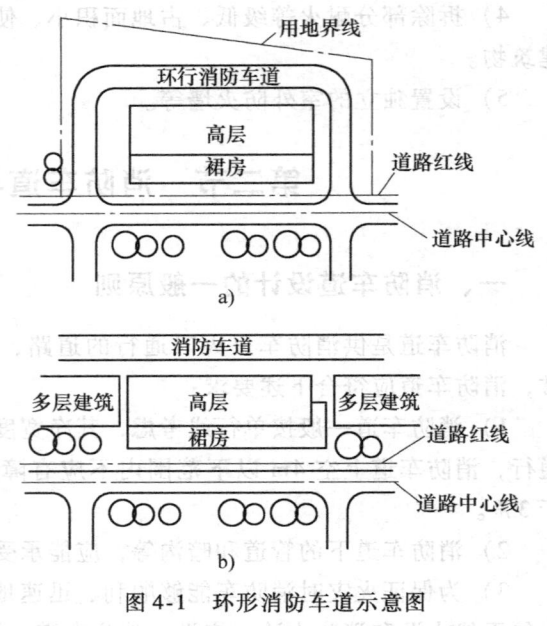

图4-1 环形消防车道示意图
a) 环行消防车道 b) 环形车道的一部分

对于一些使用功能多、面积大、建筑长度大的建筑，如U形、L形、口形建筑，当沿街长度超过150m或总长超过220m时，应在适当位置设置穿过高层建筑，进入后院的消防车道。穿越建筑物的消防车道其净高与净宽不应小于4m，门垛之间的净宽不应小于3.5m，如图4-2所示。在穿过建筑物或进入建筑物内院的消防车道两侧，不应设置影响消防车通行或人员安全疏散的设施。

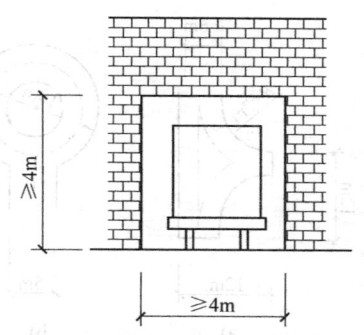

图4-2 穿过建筑物的过街楼洞口尺寸

有封闭内院或天井的建筑物沿街，应设置连通街道和内院的人行通道（可利用楼梯间），其间距不宜大于80m，如图4-3所示。

为了通风与采光、庭院绿化等需要，高层建筑通常设有面积较大的内院或天井。这种内院或天井一旦发生火灾，如果消防车进不去，就难于扑救。所以，为了消防车进入内院或天井扑救火灾，且消防车辆在内院有回旋掉头余地，当内院或天井短边长度超过24m时，宜加设消防车道，如图4-4所示。

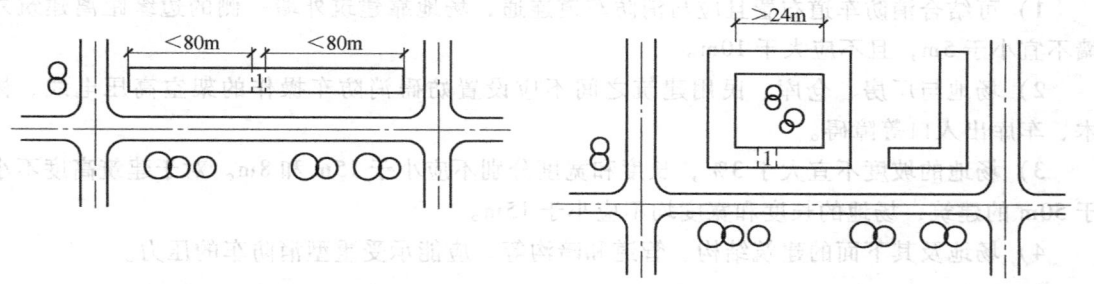

图4-3 穿过建筑物的人行通道示意图　　图4-4 穿越建筑物进入内庭院的消防车道示意图

（二）水源地消防车道

发生火灾时，高层建筑高位消防水箱的水只够供水10min，消防车内的水也维持不了多长时间。许多工业与民用建筑可燃物多，火灾持续时间长。所以，一旦火灾进入全面发展阶段，就要考虑持续供水的问题。对于设在高层建筑附近的消防水池或天然水源（如：江、河、湖、水渠等）应设消防车道。消防车道边缘距离取水点不宜大于2m。

（三）尽头式回车场

目前，在我国经济发展较快的大中城市，超高层建筑（高度大于100m）也有所发展。为此，引进了一些大型消防车。对需要大型消防车救火的区域，应从实际情况出发设计消防车道路，还应注意设置尽头式消防车回车场。如图4-5所示，尽头式消防车道应设置回车道或回车场，回车场的面积不应小于12m×12m；对于高层建筑，回车场不宜小于15m×15m；供重型消防车使用时，不宜小于18m×18m。

四、消防车登高操作场地

云梯车等登高车辆，灭火时要靠近建筑物。城市规划及建筑设计时，应考虑云梯作业用的空间，使云梯车能够接近建筑主体。为此，高层建筑应至少沿一条长边或周边长度的1/4

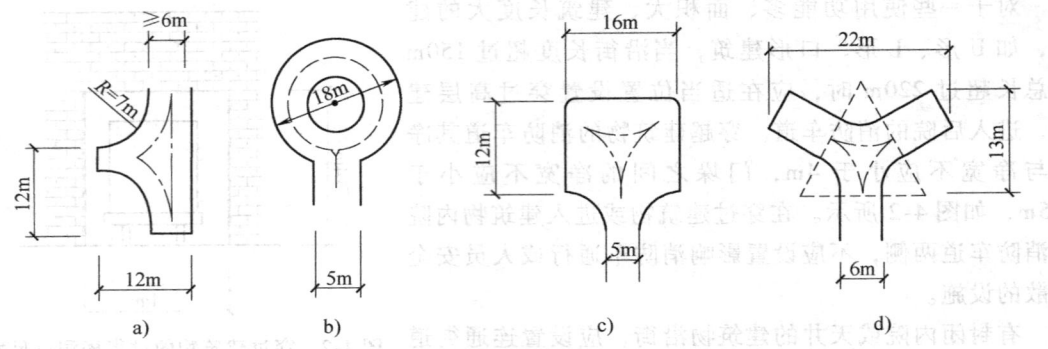

图 4-5 消防车回车场示意图

且不小于一条长边长度的底边连续布置消防车登高操作场地,该范围内的裙房进深不应大于 4m,高度不应大于 5m。

建筑高度不大于 50m 的建筑,连续布置消防车登高操作场地有困难时,可间隔布置,但间隔距离不宜大于 30m,且消防车登高操作场地的总长度仍应符合上述规定。

消防车登高操作场地应符合下列规定:

1)可结合消防车道布置且应与消防车道连通,场地靠建筑外墙一侧的边缘距离建筑外墙不宜小于 5m,且不应大于 10m。

2)场地与厂房、仓库、民用建筑之间不应设置妨碍消防车操作的架空高压电线、树木、车库出入口等障碍。

3)场地的坡度不宜大于 3%,长度和宽度分别不应小于 15m 和 8m。对于建筑高度不小于 50m 的建筑,场地的长度和宽度均不应小于 15m。

4)场地及其下面的建筑结构、管道和暗沟等,应能承受重型消防车的压力。

第三节 高层民用建筑总平面防火设计

一、高层民用建筑的选址

高层民用建筑的选址是一个涉及城市规划、市政建设及消防管理等诸多因素的根本性问题。高层民用建筑的具体位置如果选择适当,将有助于高层民用建筑自身及相邻建(构)筑物的安全。从消防角度分析,选择高层民用建筑具体位置,应注意以下几点:

(一)应受到城市消防站的有效保护

高层建筑不论设在市区或郊区,都应与消防站保持近便的联系,以便在发生火灾时消防队能迅速到达并有效地组织扑救。消防站的布局,应以接到报警后 5min 内到达责任区最远点为原则,据实测,我国城市中消防车的时速为 30~60km,通过计算可以得出城市消防站的责任区面积应为 4~7km^2。高层建筑在布点时宜按低限考虑。

(二)不宜布置在易燃、易爆建(构)筑物附近

城市中常设有易燃、易爆的建(构)筑物,它们对相邻的其他建筑具有极大的威胁。例如我国某液化石油气储配站发生爆炸并引起火灾,造成附近钢筋混凝土结构建筑被毁、伤亡近百人的重大恶性事故。又如美国一丙烷仓库爆炸起火,不仅烧毁了库区内的主要办公大

楼及库房，大火还吞没了相邻的建材公司大楼，损失异常惨重，此类火灾案例不胜枚举。因此，高层建筑在选址时应远离这类火灾危险性很大的建（构）筑物。

（三）与周围建（构）筑物保持足够的防火间距

建筑物起火后，火势在内部迅速扩大主要是因热对流、热辐射和热传导的综合作用，而热辐射又是引起周围建筑着火的主要因素。火场的辐射热强度主要受火势大小、距离远近等因素影响，火势越大，距离越小，危害越大。因此，高层建筑与周围建（构）筑物必须保持一定的防火间距。

（四）应设有消防车道及消防水源

高层建筑宜与城市干道有机相连，使消防车能在最短时间内到达火场，并投入灭火战斗。

消防用水可以采用城市给水管网，水源丰富地区还可以采用天然水源，但枯水季节天然水源仍应能满足灭火需要。

二、主体建筑与裙房

高层建筑由于规模庞大，功能复杂，以常见的各种办公楼、商厦、宾馆、医院等建筑而论，其基本布置往往是将办公、客房及病房等部分设在标准层内，并形成高耸的主楼，而将公共厅堂及后勤等部分用房设置于主体的下部，以利于内外联系及大量人流、货流的集散。因公共厅堂种类繁多，面积庞大，如营业厅、展销厅、会议厅等，其面积经常达上千平方米，故常向主体建筑下部楼层四周凸出，并形成裙房。近年来较多采用的中庭空间，也常依附于主体之侧。

这种主体高耸、底盘扩大的处理方式，不仅能满足功能要求，还使建筑的造型丰富多彩。不过，从火灾扑救的角度来看，凸出的裙房则很可能妨碍消防车的靠拢及云梯车的架设。《建筑设计防火规范》规定：高层建筑应至少沿一条长边或周边长度的1/4且不小于一条长边长度的底边连续布置消防车登高操作场地，该范围内的裙房进深不应大于4m；建筑物与消防车登高操作场地相对应的范围内，应设置直通室外的楼梯或直通楼梯间的入口。上述几个方面的有机结合，即可构成建筑物外部扑救火灾的据点。发生火灾时消防车赶到此部位后，一方面从室外对建筑上部进行扑救，并接应由楼梯疏散到室外的人员，另一方面迅速进驻消防指挥中心，同时由消防电梯登上高层从内部进行扑救。

三、高层建筑的附属建筑

（一）锅炉房

锅炉为高温、高压设备。产品质量差、安全保护设备失灵或操作不慎等原因都可能导致锅炉爆炸。特别是燃油、燃气的锅炉，更容易发生爆炸事故。故不宜在高层建筑中设置锅炉房，即锅炉房宜离开高层建筑并单独设置。

如因条件限制而必须在高层建筑或其裙房内设置锅炉房时，锅炉的总蒸发量不应超过6t/h，并应符合有关规范的要求。

（二）油浸电力变压器室和设有充油电器设备的配电室

可燃油油浸电力变压器发生故障产生电弧时，将使变压器内的绝缘油迅速分解，并析出氢气、甲烷、乙烯等可燃气体，使压力剧增，造成外壳爆裂大量喷油，或者析出的可燃气体与空气混合形成爆炸混合物，在电弧或火花的作用下引起燃烧爆炸。变压器爆裂后，高温的变压器油流到哪里就会烧到哪里，致使火势蔓延。充有可燃油的高压电容器、多油断路器等，也有较大的火灾危险性。故可燃油油浸电力变压器和充有可燃油的高压电容器、多油断路器等不宜布置在高层民用建筑裙房内。

当因条件限制而必须在高层建筑裙房内设置可燃油油浸电力变压器时，总容量不应超过1260kV·A，单台容量不应超过630kV·A，并应符合有关规范的要求。

第四节　工业建筑总平面防火设计

一、厂（库）址选择

选择厂（库）址是根据城市总体工业布局进行的。在不违背城市总体规划和生产自身规律的前提下，从消防角度分析，应注意以下几点：

（一）周围环境

选择厂（库）址时首先要注意周围环境，总的原则是既要保证本身的安全，又要保证相邻企事业单位及居住区的安全。根据这一原则，严禁靠近企事业单位和居民区布置易燃、易爆的生产单位；反之，在易燃、易爆的生产单位附近，也不应再安排火灾危险性很大，或发生火灾后社会影响大、经济损失大、人员伤亡大的企事业单位和居住区。

（二）地形条件

在选择厂（库）址时还要充分考虑和利用当地的自然地形及地势条件。

散发可燃气体、蒸汽、粉尘的厂（库）宜布置在通风条件较好的平坦地带或山坡地段，而不要布置在山谷地区的窝风地段，因为山谷中的窝风地段不利于有害物质的扩散，而有害物质浓度增加不仅会造成环境的严重污染，而且还大大增加了该企业的火灾危险性，这类厂（库）如布置在山丘的背风坡，则会受翻山风引起的涡流的影响，造成更加严重的污染。

在选择爆炸性物品厂（库）地址时，应注意使其远离居民点和其他企事业单位，如地形条件允许，应尽量将爆炸性物品厂（库）布置在山凹地带，利用山丘作防爆的天然屏障，以减缓爆炸冲击波的破坏作用。

储存甲、乙、丙类液体的储罐宜布置在地势较低的地带，不宜选择在山顶或半山坡上，以防止发生事故时使液体向下流淌，形成大面积火灾。

（三）主导风向

具有易燃、易爆危险的厂（库）应远离企事业单位和居住区，且应布置在企事业单位和居住区的常年主导风向的下风侧，避免在发生火灾时因飞火而促使火灾蔓延扩大。据有关资料介绍，发生火灾时，起火建筑物喷出的火焰和热气流能使火星高飞并抛向远方，火星所到之处如果有易燃物，就会形成新的起火点，引起次生火灾。风速越大，发生飞火的可能性就越大，飞火的飞行距离就越远，在风的作用下，飞火可抵达1000m以外的区域。

（四）消防车道

所选厂（库）址应有便利的运输条件，使消防车能在最短时间内安全、迅速到达火场，投入灭火战斗，防止出现隔岸观火、可望而不可及的场面。

当消防车道与铁路平交时，应有备用车道可以通过，以防被列车堵截。

（五）消防用水

消防用水可以采用城市管网供水和天然水源。城市管网供水应满足灭火用水的水量和水压的要求，天然水源在枯水季节应仍能满足灭火需要。

大型工企单位应尽可能接近水源地，水源地应保证水量充沛、水质良好、供水安全，以保证生产、生活用水及消防用水的需要。

在选择易燃材料堆场时，应特别注意消防用水的水源条件，因扑救堆垛火灾需要大量用水，且用水时间也很长。

（六）工企供电

有些特殊用电单位，如国防工业、石油化工、冶金等，应考虑不间断供电，否则将会发生难以预料的各种严重事故。对这些单位应考虑两路供电，并设有备用电源和自动切换装置。

高压架空线应避免从厂（库）区上空穿越。

二、厂（库）区总平面布置

厂（库）址选定以后在进行总平面布置时必须遵循以下几点：

（一）防火措施必须满足生产工艺要求

满足生产或储存的需要，是进行厂区或库区总平面布置的前提条件。

生产工艺流程表示产品制造的整个过程，即将原材料制成半成品，再经过加工制造、装配等程序，完成新产品生产的全过程，它反映了各类生产车间、辅助生产车间的相互关系。工厂有生产工艺流程，仓库也有其自身的内部物资流通规律，两者之间大同小异。生产工艺流程及储存物品的内部流通规律是进行工业企业总平面设计的主要技术依据，防火要求也不应违背这一设计原则。

（二）划分防火区域

工厂或仓库，一般都是由生产车间（或库房）、辅助用房及服务于生产或储存的设施组成。各种建（构）筑物，根据其使用性质的不同，分别具有不同的火灾危险性，如果不管其火灾危险性大小，把它们杂乱无章地布置在一起，那么就有可能会因某种原因而发生火灾。划分防火区域是控制火灾发生、发展的一种有效措施。

在进行总平面布置时，首先根据厂区或库区的生产性质、生产规模、自然条件等因素，将厂区或库区划分成生产、生活、行政等几个区域，然后在生产或储存区域内部，再根据火灾危险性的大小及其他许多因素，划分成若干防火区域，把那些火灾危险性大的车间或库房相对集中，并划出特定的禁火范围，以便在该范围内采取相应的安全技术措施。在划分防火区域时需要注意：

1）在火灾危险性较大的防火区域内不应布置两者之间一经作用即能引起火灾或增加火灾危险性的生产或储存设施，如在乙炔站周围不宜布置氧气站，因为两者之间一旦相遇容易引起火灾爆炸事故。

2）使用不同灭火剂的厂房或库房也不宜布置在同一防火区域内，以防发生火灾时因用错灭火剂而引起更大的事故。

3）运输量大的车间应布置在厂区的主要干线附近，工人多的车间及生活设施应靠近主要人流方向布置，尽量避免人流、货流相互交叉，防止发生火灾时消防车辆难以正常通行。

4）风能改变燃烧过程中火焰的流动方向及长度，同时抛出飞火，加速火焰的传播，造成大面积火灾。因此在布置生产车间时应注意常年主导风向的作用，将火灾危险性较大的防火区域或使用明火的作业置于本单位或本地区全年最小频率风向的上风侧。

5）在进行总平面布置时还需注意与相邻企事业单位的关系，即火灾危险性比较大的防火区域，一定要离开相邻企事业单位的要害部位，两者之间切不可相互毗连。

（三）注意建筑物的朝向及体量

对同一座建筑物来讲，纵向刚度通常要比横向刚度大，横向外墙面积要比纵向外墙面积小，刚度大，外墙面积小，当然抵挡爆炸冲击波的能力就强，就越不容易被破坏。为此，石油化工露天生产装置周围的建筑物应以山墙朝向容易发生爆炸的生产部位为宜。

为确保发生爆炸事故时，建筑物不被外来冲击波摧垮，除妥善处理好建筑物的朝向以外，在满足生产要求的前提下，建筑物宜小不宜大，尤其是不适宜建造高大建筑物。

（四）设置防火间距

为防止建筑物间的火势蔓延，应在建（构）筑物之间设置防火间距。设置防火间距是厂（库）区总平面防火设计的一个重要措施，可根据生产和储存物品的火灾危险性类别和建筑物的耐火等级，并按照现行防火规范的要求设置防火间距。

三、管线（管道）综合布置

（一）管线的种类及敷设方式

1. 管线种类

（1）给水管　给水管是指由水厂经加压后送至用户的管路。管材常用铸铁管、钢管，多为埋地敷设。

（2）排水管　排水管是指由用户将使用后的污、废水经管道排入污水净化设施，多为自流和埋地敷设的管道，排水管一般采用钢筋混凝土管。

（3）热力管线　蒸汽管、热水管均为热力管线，是指将锅炉产生的蒸汽或热水输送给用户的管道。一般采用钢管，为减少热损失常需在管外包石棉水泥等保温材料。热力管线可架空、管沟或直接埋地敷设。

（4）电力线路　电力线路是指将电能从发电厂或变电所输送到用户的线路。有架空线和电缆两种，电缆为埋地敷设。

（5）弱电线路　弱电线路一般是指电话、广播等线路。可用裸导线、绝缘导线或电缆，采用明设或暗设的方式。

（6）天然气或煤气管线　天然气或煤气管线是指由城市分配站和调压站将天然气或煤气压力调整后输送给用户的管线。多采用钢管，埋地或架空敷设。

（7）氧气、乙炔管线　氧气或乙炔管线是从氧气站或乙炔站输送氧气或乙炔到用户的动力管线，其管材一般用钢管，可架空或埋地敷设。

（8）压缩空气管线　压缩空气管线是指从压缩空气站输送压缩空气至用户的动力管线，管材用钢管，可架空或埋地敷设。

其他还有输油管、运送酸碱等介质的生产工艺管线等。

2. 管线的敷设方式

（1）管线直接埋入地下　这种敷设方式施工较简便，投资也小。地下管线一般布置在道路与建筑物之间的空地下，检修较少的管线（如上、下水管线）也可布置在道路一侧的下面，以便检修时仍能通车，管线的埋设深度应满足防冻、防压的需要，并考虑地形、地势等条件的影响；当多种管线埋地敷设时，其管线的水平间距应考虑施工、检修的要求及管线相互间的干扰及污染的影响。

（2）管沟敷设、地下综合管沟敷设　按照沟内的净空高度大小，分为通行地沟、半通行地沟和不通行地沟等。设地下综合管沟可少占土地，日后检修也方便，但要增加基建投资，地下管沟还应解决防水、排水、通风及安全等方面的问题。

（3）架空敷设　即采用高支架、低支架、墙架或管桥等进行敷设的方式。

（二）管线敷设的防火要求

1）直接埋入地下的可燃气体管线，一旦因外界或自身的作用而破坏时，可燃气体就会通过土层向外扩散，情况十分危险。为此，严禁将发生炉煤气、水煤气、半水煤气、高炉煤气、转炉煤气等可燃气体管线直接埋入地下敷设。

2）为防止热力管道的高温热表面引起火灾爆炸事故，热力管线严禁与输送易燃、可燃液体及可燃气体的管线敷设在同一管沟内，同时也不应穿越电石库等由于汽、水泄漏将会引起火灾事故的场所。

3）为防止电力线路、弱电线路发生故障出现电火花、电弧时引燃（或引爆）可燃气体、可燃蒸气，电力线路、弱电线路不应与输送易燃、可燃液体及可燃气体的管线敷设在同一管沟内。

4）氧气管道严禁与易燃、可燃液体管道共沟敷设。架空敷设的氧气管道不宜与易燃、可燃液体管道共架敷设，如必须共架敷设时，氧气管道宜布置在易燃、可燃液体管道的上面，且净距不应小于0.5m。

5）乙炔管道严禁穿过生活间、办公室以及不使用乙炔的建筑物和房间。乙炔管道架空敷设时不应与导电线路（不包括乙炔管道专用的导电线路）敷设在同一支架上。乙炔管道在地下敷设时，严禁通过下列地点：

① 烟道、通风地沟和直接靠近高于50℃的热表面。

② 建（构）筑物和露天堆场的下面。

6）为防止发生事故，各种工艺管线不应穿越与其没有产生联系的设备或建（构）筑物。

7）各种工艺管线架空敷设时，应尽量避免与厂（库）内各种道路交叉，如不可避免时，宜与道路成直角通过，并与路面保持足够的高度，见表4-6。

8）为了减小火灾爆炸事故的危害，易燃、易爆生产单位的管沟应设阻火分隔设施，如在穿越防火墙、防爆墙处用干砂或碎石填满地沟，以防止易燃、可燃液体或可燃气体、粉尘扩散。

表4-6　厂区架空管道与交通道路的净距　　　　　　　　　　（单位：m）

名称		压缩空气管	热力管	乙炔管	氧气管	煤气管
人行道路面		2.2	2.2	2.2	2.2	2.2
道路路面		4.5	4.5	4.5	4.5	4.5
标准轨距铁路	非电气化铁路轨面	5.5	5.5	5.5	5.5	5.5
	电气化铁路轨面	6.55	6.55	6.55	6.55	6.55

四、消防车道

厂（库）区内的消防车道除应满足消防车道的一般设置要求外，还应满足以下要求：

1）厂房、库房的两侧应设有可供消防车通行的道路，如其两侧没设可供消防车通行的道路时，可沿其两侧全长设置宽度不小于6m的平坦空地，以供消防车通行及停靠。

2）可燃材料堆场，液化石油气储罐区及甲、乙、丙类液体储罐区，一旦发生火灾、燃烧速度极快，其火势汹涌，难以扑救。为此，其四周应设置环形车道，以供消防车通行，如不设环形车道时，可沿其四周设置宽度不小于6m的平坦空地，以供消防车通行及停靠。

3）为保证消防车辆通行无阻，供消防车通行的道路宽度不应小于3.5m，路面应坚固、可靠，道路上空如遇有管架、栈桥等障碍物时，其净空高度不应小于4m，以满足所有消防车的通行需要。

自学指导

本章学习重点：防火间距确定方法及高层民用建筑总平面布局防火内容。

1）防火间距确定方法：对民用建筑，先确定其建筑类型，再确定防火间距；对库房，先确定库房火灾危险性类别，再确定防火间距。

2）高层民用建筑总平面布局防火内容：高层民用建筑选址，对裙房高度与进深的特殊要求，附属建筑的布置，防火间距与消防车道。

本章学习难点：对裙房高度和进深的特殊要求。

从火灾扑救的角度来看，凸出的裙房可能妨碍消防车的靠拢及云梯车的架设。《高层民用建筑设计防火规范》（GB 50045—1995）规定："高层建筑的底边至少有一个长边或周边长度的1/4且大于或等于一个长边的长度，不应布置高度大于5m，进深大于4m的裙房，且在此范围内必须设有直通室外的楼梯或直通楼梯间的出口。"上述几个方面的有机结合，即可构成建筑物外部扑救火灾的据点。发生火灾时消防车赶到此部位后，一方面从室外对建筑上部进行扑救，并接应由楼梯疏散到室外的人员，另一方面迅速进驻消防指挥中心，同时由消防电梯登上高层从内部进行扑救。

复习思考题

简答题

1. 何为防火间距？
2. 防火间距不足时可采取哪些应变措施？
3. 消防车道宽度的确定主要考虑了哪些因素的影响？
4. 高层民用建筑的选址应主要考虑哪些因素的影响？
5. 从消防角度分析，厂址选择应考虑哪些因素？
6. 厂区划分防火区域意义何在？

第五章　防火分区与防烟分区

学习目标

1. 应了解、知道的内容
◇ 防火分区的作用。
◇ 防火分区的划分原则及影响因素。
◇ 木结构建筑防火分区的设计要求。
2. 应理解、清楚的内容
◇ 设备用房的防火分隔设计要求。
◇ 防烟分区的划分原则和要求。
3. 应掌握、会用的内容
◇ 防火墙设置的构造要求。
◇ 民用建筑、厂房、库房防火分区划分的面积要求。
◇ 中庭、玻璃幕墙的防火设计要求。
4. 应熟练掌握的内容
◇ 各种功能区域分隔设计要求。
◇ 防火门、防火卷帘、防火阀的设置要求。

自学时数　8 学时。

老师导学

　　本章首先明确了防火分区的作用及划分原则，阐述了不同的场所划分防火分区时的面积要求，并针对不同的功能区域给出了防火分隔的具体做法，然后对防火分隔构件的设置要求进行了讲述，最后讲述了防烟分区的划分原则和要求。自学过程中应首先理解防火分区的概念，掌握防火分隔构件的设置要求及不同类型建筑的防火分区的设置要求，学会分析不同功能场所防火分隔的设置。

　　现代建筑通常规模大、空间大、功能综合性强、可燃物数量多，一旦起火，火场温度高、火势蔓延迅速，造成重大的经济损失和人身伤亡。因此，有效地阻止火灾在建筑物的水平及垂直方向蔓延，将火灾限制在一定范围之内是十分必要的。在建筑物内划分防火分区，可有效地控制火势的蔓延，有利于人员安全疏散和扑救火灾，从而达到减少火灾损失的目的。

第一节　防　火　分　区

一、防火分区的定义与类型

　　防火分区是指采用具有较高耐火极限的墙和楼板等构件作为一个区域的边界构件划分出的，能在一定时间内阻止火势向同一建筑的其他区域蔓延的防火单元。防火分区的面积大小应根据建筑物的使用性质、高度、火灾危险性、消防扑救能力等因素确定，既要从限制火势蔓延、减少损失方面考虑，又要结合建筑功能分区情况，便于平时使用管理，节省投资。不同类别的建筑，其防火分区的划分有不同的标准。

防火分区按照其作用，可分为水平防火分区和竖向防火分区。水平防火分区用以防止火灾在水平方向扩大蔓延，竖向防火分区用以防止多层或高层建筑层与层之间的竖向火灾蔓延，如图 5-1 所示。

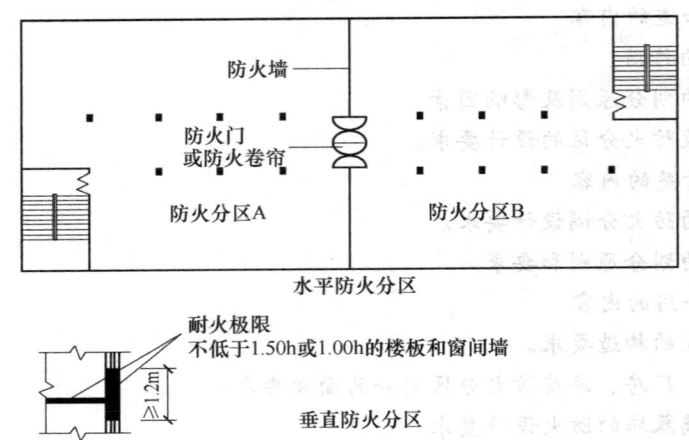

图 5-1　防火分区划分示意图

划分防火分区时应遵循以下几个原则：

1）必须满足防火规范中规定的面积及构造要求。
2）作避难通道使用的楼梯间、前室和某些避难功能的走廊，必须受到完全保护，保证其不受火灾侵害。
3）同一建筑物内，不同的危险区域之间、不同用户之间、办公用房和生产车间之间，应进行防火分隔处理。
4）高层建筑中的各种竖向井道，如电缆井、管道井等，其本身应是独立的防火单元。应保证井道外部火灾不得传入井道内部，井道内部火灾也不得传到井道外部。
5）高层建筑在垂直方向应以每个楼层为单元划分防火分区。
6）所有建筑物的地下室，在垂直方向应以每个楼层为单元划分防火分区。
7）设有自动喷水灭火设备的防火分区，其允许面积可以适当扩大。
8）有特殊防火要求的建筑，在防火分区之内应设置更小的防火区域。

二、厂房的防火分区

根据不同的生产火灾危险性类别，合理确定厂房的层数和建筑面积，可以有效防止火灾蔓延扩大，减少损失。

甲类生产具有易燃、易爆的特性，容易发生火灾和爆炸，疏散和救援困难，如层数多则更难扑救，严重者对结构有严重破坏。因此，甲类厂房除因生产工艺需要外，应尽量采用单层建筑。

为适应生产发展需要而建设大面积厂房和布置连续生产线工艺时，防火分区采用防火墙分隔比较困难。对此，除甲类厂房外，规范允许采用防火分隔水幕或防火卷帘等进行分隔。

厂房的防火分区面积应根据其生产的火灾危险性类别、厂房的层数和厂房的耐火等级等因素确定。各类厂房的防火分区面积应符合表5-1的要求。

表5-1 各类厂房的防火分区面积

生产的火灾危险性类别	厂房的耐火等级	最多允许层数	每个防火分区的最大允许建筑面积/m²			
			单层厂房	多层厂房	高层厂房	地下或半地下厂房（包括地下或半地下室）
甲	一级	宜采用单层	4000	3000	—	—
	二级		3000	2000	—	—
乙	一级	不限	5000	4000	2000	—
	二级	6	4000	3000	1500	—
丙	一级	不限	不限	6000	3000	500
	二级	不限	8000	4000	2000	500
	三级	2	3000	2000	—	—
丁	一、二级	不限	不限	不限	4000	1000
	三级	3	4000	2000	—	—
	四级	1	1000	—	—	—
戊	一、二级	不限	不限	不限	6000	1000
	三级	3	5000	3000	—	—
	四级	1	1500	—	—	—

对于一些特殊的工业建筑，防火分区的面积可适当扩大，但必须满足规范规定的相关要求。厂房内的操作平台、检修平台，当使用人数少于10人时，平台的面积可不计入所在防火分区的建筑面积内。

自动灭火系统能及时控制和扑灭防火分区内的初起火灾，有效地控制火势蔓延。运行维护良好的自动灭火设施，能较大地提高厂房的消防安全性。因此，厂房内设置自动灭火系统时，每个防火分区的最大允许建筑面积可按表5-1的规定增加1倍。当丁、戊类的地上厂房内设置自动灭火系统时，每个防火分区的最大允许建筑面积不限。厂房内局部设置自动灭火系统时，其防火分区的增加面积可按该局部面积的1倍计算。

三、仓库的防火分区

仓库物资储存比较集中，可燃物数量多，一旦发生火灾，灭火救援难度大，常造成严重的经济损失。因此，防火分区之间的水平分隔必须采用防火墙分隔，不能采用其他分隔方式替代。甲、乙类物品着火后蔓延快、火势猛烈，甚至可能发生爆炸，危害大。因此甲、乙类仓库内的防火分区之间应采用不开设门窗洞口的防火墙分隔，且甲类仓库应采用单层结构。对于丙、丁、戊类仓库，在实际使用中确因物流等用途需要开口的部位，需采用与防火墙等效的措施，如甲级防火门、防火卷帘分隔，开口部位的宽度一般控制在6m以内，高度宜控制在4m以下，以保证该部位分隔的有效性。

设置在地下、半地下的仓库，火灾时室内气温高，烟气浓度比较高，热分解产物成分复杂、毒性大，而且威胁上部仓库的安全，因此甲、乙类仓库不应附设在建筑物的地下室和半地下室内。

仓库的层数和面积应符合表5-2的规定。

表 5-2 仓库的层数和面积 （单位：m²）

贮存物品的火灾危险性类别		仓库的耐火等级	最多允许层数	每座仓库的最大允许占地面积和每个防火分区的最大允许建筑面积						
				单层仓库		多层仓库		高层仓库		地下或半地下仓库（包括地下或半地下室）
				每座仓库	防火分区	每座仓库	防火分区	每座仓库	防火分区	防火分区
甲	3、4 项	一级	1	180	60	—	—	—	—	—
	1、2、5、6 项	一、二级	1	750	250	—	—	—	—	—
乙	1、3、4 项	一、二级	3	2000	500	900	300	—	—	—
		三级	1	500	250	—	—	—	—	—
	2、5、6 项	一、二级	5	2800	700	1500	500	—	—	—
		三级	1	900	300	—	—	—	—	—
丙	1 项	一、二级	5	4000	1000	2800	700	—	—	150
		三级	1	1200	400	—	—	—	—	—
	2 项	一、二级	不限	6000	1500	4800	1200	4000	1000	300
		三级	3	2100	700	1200	400	—	—	—
丁		一、二级	不限	不限	3000	不限	1500	4800	1200	500
		三级	3	3000	1000	1500	500	—	—	—
		四级	1	2100	700	—	—	—	—	—
戊		一、二级	不限	不限	不限	不限	2000	6000	1500	1000
		三级	3	3000	1000	2100	700	—	—	—
		四级	1	2100	700	—	—	—	—	—

仓库内设置自动灭火系统时，除冷库的防火分区外，每座仓库的最大允许占地面积和每个防火分区的最大允许建筑面积可按表 5-2 的规定增加 1 倍。冷库的防火分区面积应符合《冷库设计规范》（GB 50072—2010）的规定。

四、民用建筑的防火分区

当建筑面积过大时，室内容纳的人员和可燃物的数量相应增大，为了减少火灾损失，对建筑物防火分区的面积按照建筑物耐火等级的不同给予相应的限制。单、多层民用建筑一、二级耐火等级民用建筑的耐火性能较高，除了未加防火保护的钢结构以外，导致建筑物倒塌的可能性较小，一般能较好地限制火势蔓延，有利于安全疏散和扑救火灾，所以，规定其防火分区面积为 $2500m^2$。三级建筑物的屋顶是可燃的，能够导致火灾蔓延扩大，所以，其防火分区面积应比一、二级要小，一般不超过 $1200m^2$。四级耐火等级建筑的构件大多数是难燃或可燃的，所以，其防火分区面积不宜超过 $600m^2$。

高层民用建筑内部装修、陈设等可燃物多，设有贵重设备，并设有空调系统等，一旦失火，蔓延很快，扑救困难，疏散困难，容易造成伤亡事故和重大损失，所以对其防火分区应控制严一些，每个防火分区面积规定为 $1500m^2$。

地下室一般是无窗房间，其出入口（楼梯）既是人流疏散口，又是热流、烟气的排出口，同时又是消防队救火的进入口。一旦形成火灾，人员交叉混乱，不仅造成疏散扑救困难，而且威胁上部建筑的安全。因此，地下室防火分区面积规定为 $500m^2$。

表 5-3 列出了不同耐火等级民用建筑防火分区的最大允许建筑面积。

表 5-3　不同耐火等级民用建筑防火分区的最大允许建筑面积

名称	耐火等级	防火分区的最大允许建筑面积/m²	备注
高层民用建筑	一、二级	1500	对于体育馆、剧场的观众厅，防火分区的最大允许建筑面积可适当增加
单、多层民用建筑	一、二级	2500	
	三级	1200	—
	四级	600	—
地下或半地下建筑（室）	一级	500	设备用房的防火分区最大允许建筑面积不应大于1000m²

当建筑内设置自动灭火系统时，能及时扑灭初期火灾，有效控制火势蔓延，使建筑物的安全程度大为提高。防火分区最大允许建筑面积可按表5-3的规定增加1倍；局部设置时，防火分区的增加面积可按该局部面积的1倍计算。裙房与高层建筑主体之间设置防火墙时，裙房的防火分区可按单、多层建筑的要求确定。

五、木结构建筑的防火分区

建筑高度小于或等于18m的住宅建筑，建筑高度小于或等于24m的办公建筑或丁、戊类厂房（库房）的房间隔墙和非承重外墙可采用木骨架组合墙体。民用建筑，丁、戊类厂房（库房）可采用木结构建筑或木结构组合建筑，其允许层数和建筑高度应符合表5-4的规定。木结构建筑防火墙间的允许建筑长度和每层最大允许建筑面积应符合表5-5的规定。

表 5-4　木结构建筑或木结构组合建筑的允许层数和建筑高度

木结构建筑形式	普通木结构建筑	轻型木结构建筑	胶合木结构建筑	木结构组合建筑
允许层数/层	2	3	1	3	7
允许建筑高度/m	10	10	不限	15	24

表 5-5　木结构建筑防火墙间的允许建筑长度和每层最大允许建筑面积

层数/层	防火墙间的允许建筑长度/m	防火墙间的每层最大允许建筑面积/m²
1	100	1800
2	80	900
3	60	600

当设置自动喷水灭火系统时，防火墙间的允许建筑长度和每层最大允许建筑面积可按表5-5的规定增加1倍；当为丁、戊类地上厂房时，防火墙间的每层最大允许建筑面积不限。体育场馆等高大空间建筑，其建筑高度和建筑面积可适当增加。

附设在木结构住宅建筑内的机动车库、发电机间、配电间、锅炉间等火灾危险性较大的场所，应采用耐火极限不低于2.00h的防火隔墙和耐火极限不低于1.00h的不燃性楼板与其他部位分隔，不宜开设与室内相通的门、窗、洞口。

采用木结构的自用车库的建筑面积不宜大于60m²。

六、城市交通隧道的防火分区

隧道内的变电站、管廊、专用疏散通道、通风机房及其他辅助用房等，应使用耐火极限不低于 2.00h 的防火隔墙和甲级防火门等与车行隧道进行分隔。隧道内附设的地下设备用房，占地面积大，人员较少，每个防火分区的最大允许建筑面积不应大于 1500m²。

第二节 防火分隔

划分防火分区时必须满足防火设计规范中规定的面积及构造要求，同时还应遵循以下原则：同一建筑物内，不同的危险区域之间、不同用户之间，办公用房和生产车间之间，应进行防火分隔处理；作避难通道使用的楼梯间、前室和具有避难功能的走廊，必须受到完全保护，以保证其不受火灾侵害并畅通无阻。高层建筑中的各种竖向井道，如电缆井、管道井等，其本身应是独立的防火单元，应保证井道外部火灾不扩大到井道内部，井道内部火灾也不蔓延到井道外部。有特殊防火要求的建筑，在防火分区之内应设置更小的防火区域。

一、防火分区分隔

防火分区划分的目的是采用防火措施控制火灾蔓延，减少人员伤亡和经济损失。划分防火分区，应考虑水平方向和垂直方向的划分。水平防火分区，即采用一定耐火极限的墙、楼板、门窗等防火分隔物按防火分区的面积进行分隔的空间。按垂直方向划分的防火分区也称竖向防火分区，可把火灾控制在一定的楼层范围内，以防止火灾向其他楼层垂直蔓延，主要采用具有一定耐火极限的楼板作分隔构件。每个楼层可根据面积要求划分成多个防火分区，高层建筑在垂直方向应以每个楼层为单元划分防火分区，所有建筑物的地下室，在垂直方向应以每个楼层为单元划分防火分区。

二、功能区域分隔

（一）歌舞、娱乐、游艺、放映场所

歌舞、娱乐、游艺、放映场所宜设置在一、二级耐火等级建筑物内的首层、二层或三层的靠外墙部位，不应布置在袋形走道的两侧或尽端，也不应布置在地下二层及二层以下。当布置在地下一层时，地下一层地面与室外出入口地坪的高度差不应大于 10m。其相互分隔的独立房间，如卡拉 OK 的每间包房、桑拿浴的每间按摩房或休息室等房间应是独立的防火分隔单元。当其布置在地下一层或四层及以上楼层时，一个厅、室的建筑面积不应大于 200m²，即使设置自动喷水灭火系统面积也不能增加，以便将火灾限制在该房间内。厅、室之间及与建筑的其他部位之间，应采用耐火极限不低于 2.00h 的防火隔墙和不低于 1.00h 的不燃性楼板分隔，设置在厅、室墙上的门和该场所与建筑内其他部位相通的门均应采用乙级防火门。单元之间或与其他场所之间的分隔构件上无任何门、窗、洞口。

（二）人员密集场所

当观众厅、会议厅（包括宴会厅）等人员密集的厅、室，设置在高层民用建筑的上部或顶层时，会给消防救援和安全疏散带来很大困难。因此，高层建筑内的观众厅、会议厅、多功能厅等人员密集的场所，宜布置在首层、二层或三层。观众厅、会议厅（包括宴会厅）

等人员密集的厅、室布置在四层及以上楼层时，建筑面积不宜大于400m²，且应设置火灾自动报警系统和自动喷水灭火系统等自动灭火系统，幕布的燃烧性能不应低于B1级。"观众厅"是指设有固定坐席，为观看演出、影视用的空间，包括剧场、电影院、礼堂和报告厅的观众厅。

剧场、电影院、礼堂设置在一、二级耐火等级的多层民用建筑内时，应采用耐火极限不低于2.00h的防火隔墙和甲级防火门与其他区域分隔；布置在四层及以上楼层时，一个厅、室的建筑面积不宜大于400m²；设置在三级耐火等级的建筑内时，不应布置在三层及以上楼层；设置在地下或半地下时，宜设置在地下一层，不应设置在地下三层及以下楼层，防火分区的最大允许建筑面积不应大于1000m²；当设置自动喷水灭火系统和火灾自动报警系统时，该面积也不得增加。

剧场、电影院还应满足以下几项特殊要求：

1）舞台与观众厅之间的隔墙，应采用耐火极限不低于3.50h的非燃烧体。

2）舞台口上部与观众厅闷顶之间的隔墙，可采用耐火极限不低于1.50h的非燃烧体，隔墙上的门应采用乙级防火门。

3）电影放映室应用耐火极限不低于1.00h的非燃烧体与其他部分隔开。

4）观察孔和放映孔应设阻火闸门。

（三）医院、疗养院建筑

医院、疗养院建筑是指医院或疗养院内的病房楼、门诊楼、手术部或疗养楼、医技楼等直接为病人诊查、治疗和休养服务的建筑。病房楼内的火灾荷载大、大多数人员行动能力受限，相比办公楼等公共建筑的火灾危险性更高。因此，在按照规范要求划分防火分区后，病房楼的每个防火分区还需根据面积大小和疏散路线进一步分隔，以便将火灾控制在更小的区域内，并有效地减小烟气的危害，为人员疏散与灭火救援提供更好的条件。

医院和疗养院的住院部分不应设置在地下或半地下。

医院和疗养院的住院部分采用三级耐火等级的建筑时，不应超过2层；采用四级耐火等级的建筑时，应为单层；设置在三级耐火等级的建筑内时，应布置在首层或二层；设置在四级耐火等级建筑内时，应布置在首层。

医院和疗养院的病房楼内相邻护理单元之间应采用耐火极限不低于2.00h的防火隔墙分隔，隔墙上的门应采用乙级防火门，设置在走道上的防火门应采用常开防火门。

（四）住宅

住宅建筑的火灾危险性与其他功能的建筑有较大差别，需独立建造。当将住宅与其他功能场所空间组合在同一座建筑内时，需在水平与竖向采取防火分隔措施与其他部分分隔，并使各自的疏散设施相互独立，互不连通。在水平方向，应采用无门窗洞口的防火墙分隔；在竖向，应采用楼板分隔并在建筑立面开口位置的上、下楼层分隔处采用防火挑檐、窗间墙等防止火灾蔓延。

住宅建筑与其他使用功能的建筑合建时，应符合下列规定：

1）住宅部分与非住宅部分之间，应采用耐火极限不低于1.50h的不燃性楼板和耐火极限不低于2.00h且无门、窗、洞口的防火隔墙完全分隔；当为高层建筑时，应采用耐火极限不低于2.50h的不燃性楼板和无门、窗、洞口的防火墙完全分隔，住宅部分与非住宅部分相接处应设置高度不小于1.2m的防火挑檐，或相接处上、下开口之间的墙体高度不应小于 4.0m。

2）设置商业服务网点的住宅建筑，居住部分与商业服务网点之间应采用耐火极限不低于 1.50h 的不燃性楼板和耐火极限不低于 2.00h 且无门、窗、洞口的防火隔墙完全分隔，住宅部分和商业服务网点部分的安全出口和疏散楼梯应分别独立设置，如图 5-2 所示。

3）商业服务网点中每个分隔单元之间应采用耐火极限不低于 2.00h 且无门、窗、洞口的防火隔墙相互分隔。

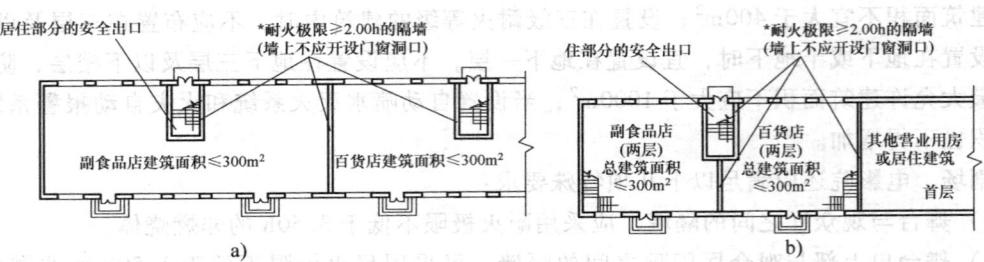

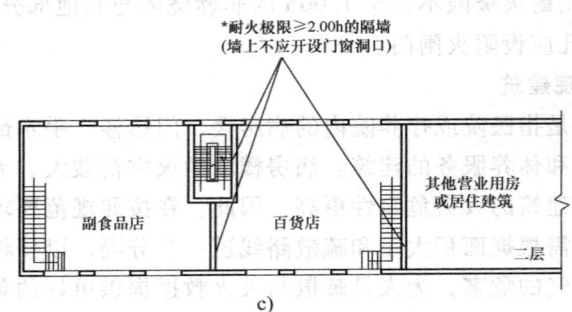

图 5-2 商业服务网点的防火分隔
a）首层为商业服务网点的居住建筑 b）首层及二层为商业服务网点的居住建筑
c）首层及二层为商业服务网点的居住建筑（二层）

（五）地上营业厅

符合下列条件时，地上营业厅每个防火分区最大允许建筑面积不应大于 10000m²。

1）设置在一、二级耐火等级的单层建筑内或多层建筑的首层。
2）设置有自动喷水灭火系统、排烟设施和火灾自动报警系统。
3）内部装修设计符合《建筑内部装修设计防火规范》（GB 50222—1995）的规定。

（六）设在地下、半地下营业厅、展览厅

设在地下、半地下的营业厅、展览厅应符合下列规定：

1）不应设置在地下三层及三层以下。
2）不应经营和储存火灾危险性为甲、乙类储存物品属性的商品。
3）当设置火灾自动报警系统和自动灭火系统，且建筑内部装修符合《建筑内部装修设计防火规范》（GB 50222—1995）的规定时，其营业厅每个防火分区最大允许建筑面积可增加到 2000m²。
4）应设置防烟与排烟设施。

5）当地下、半地下商店总建筑面积大于 20000m² 时，应采用不开设门、窗、洞口的防火墙、耐火极限不低于 2.00h 的楼板分隔为多个建筑面积小于等于 20000m² 的区域，如图 5-3 所示。

相邻区域局部水平或竖向连通时，应选择分别符合下列规定的下沉式广场等室外开敞空间、防火隔间、避难走道、防烟楼梯间：

1）下沉式广场等室外开敞空间，应能防止相邻区域的火灾蔓延和便于安全疏散。

2）防火隔间，墙应为实体防火墙，在隔间的相邻区域分别设置火灾时能自行关闭的常开式甲级防火门。

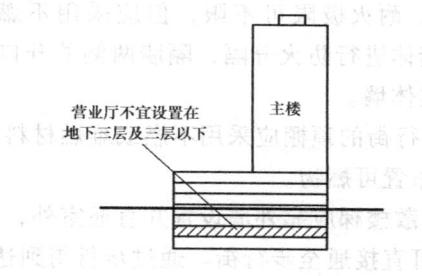
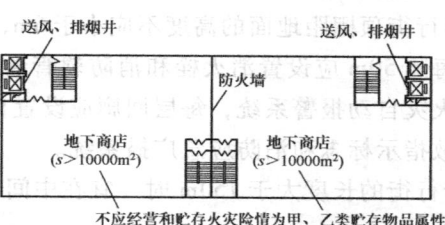

图 5-3 地下商店总面积大于 20000m² 时设置要求

3）避难走道，两侧的墙为实体防火墙，且在局部连通处的墙上应分别设置火灾时能自行关闭的常开式甲级防火门。

4）防烟楼梯间，楼梯间及前室的门应为火灾时能自行关闭的常开式甲级防火门。

（七）儿童用房、老年人和儿童活动场所

儿童活动场所主要是指年龄在 6～12 周岁的小孩，包括设置在建筑内的儿童游艺场所、亲子儿童乐园、儿童特长培训班、早教中心等。由于使用儿童和老年人活动场所的人员特性，若这类场所设置在建筑的上部楼层则不利于火灾时人员疏散和灭火救援。

托儿所、幼儿园的儿童用房，老年人活动场所和儿童游乐厅等儿童活动场所一般设置在独立的建筑内，且不应设置在地下或半地下；当采用一、二级耐火等级的建筑时，不应超过 3 层；采用三级耐火等级的建筑时，不应超过 2 层；采用四级耐火等级的建筑时，应为单层。

设置在其他民用建筑内时，应符合下列规定：

1）对于一、二级耐火等级的建筑，应布置在首层、二层或三层。

2）对于三级耐火等级的建筑，应布置在首层或二层。

3）对于四级耐火等级的建筑，应布置在首层。

4）托儿所、幼儿园的儿童用房，老年人活动场所和儿童游乐厅等其他儿童活动场所，应设置独立的安全出口和疏散楼梯。

（八）室内步行街防火分隔

现代大型建筑追求一体化设计，体量越来越大，功能越来越综合，为便于人们购物及休闲，并提供华丽的造型和更好的采光条件，在设计时将建筑分成多个部分，将餐饮、商店等商业设施通过有顶棚的步行街连接，同时赋予其担负步行街两侧的建筑内人员的安全疏散任务。室内步行街应符合下列规定：

1）步行街两侧建筑的耐火等级不应低于二级。

2）步行街的宽度不应小于两侧建筑相应的防火间距要求，长度不宜大于 300m。

3）面向步行街一侧的建筑围护构件的耐火极限不应低于 1.00h；当步行街的宽度不小

于13m时，耐火极限可不限，但应采用不燃材料。相邻商铺之间应采用耐火极限不低于2.00h的墙体进行防火分隔，隔墙两侧的开口之间应设置宽度不小于1m、耐火极限不低于1.00h的实体墙。

4) 步行街的顶棚应采用不燃或难燃材料，其承重结构的耐火极限不应低于0.5h。步行街内不应布置可燃物。

5) 疏散楼梯应靠外墙设置并直通室外，确有困难时，在首层可直接通至步行街；商铺的疏散门可直接通至步行街。通过步行街到达最近室外安全地点的步行距离不应大于30m。

6) 步行街顶棚距地面的高度不应小于6m，顶棚应设置自然排烟设施。步行街内沿两侧的商铺外每隔50m应设置消火栓和消防软管卷盘，步行街两侧的商铺内应设置自动喷水灭火系统和火灾自动报警系统，每层回廊应设置自动喷水灭火系统。步行街内应设置消防应急照明、疏散指示标志和消防应急广播系统。

7) 步行街的长度大于150m时，宜在中间部位设置进入步行街的消防车道。

三、设备用房分隔

附设在建筑内的消防控制室、灭火设备室、消防水泵房和通风空气调节机房、变配电室等，应采用耐火极限不低于2.00h的防火隔墙和不低于1.50h的楼板与其他部位分隔。设置在丁、戊类厂房内的通风机房应采用耐火极限不低于1.00h的防火隔墙和不低于0.50h的楼板与其他部位分隔。通风空气调节机房和变配电室开向建筑内的门应采用甲级防火门，消防控制室和其他设备房开向建筑内的门应采用乙级防火门。

锅炉房、变压器室等与其他部位之间应采用耐火极限不低于2.00h的防火隔墙和不低于1.50h的不燃性楼板分隔。在隔墙和楼板上不应开设洞口，必须在隔墙上开设门、窗时，应设置甲级防火门、窗。

锅炉房内设置的储油间，其总储存量不应大于$1m^3$，且储油间应采用防火墙与锅炉间分隔；必须在防火墙上开门时，应设置甲级防火门；变压器室之间、变压器室与配电室之间，应设置耐火极限不低于2.00h的防火隔墙；油浸变压器室、多油开关室、高压电容器室，应设置防止油品流散的设施。油浸变压器下面应设置能储存变压器全部油量的事故储油设施。

布置在民用建筑内的柴油发电机房宜布置在首层或地下一、二层，不应布置在人员密集场所的上一层、下一层或贴邻，应采用耐火极限不低于2.00h的防火隔墙和不低于1.5h的不燃性楼板与其他部位分隔，门应采用甲级防火门；若在机房内设置储油间，其总储存量不应大于$1m^3$，储油间应采用防火墙与发电机间分隔；必须在防火墙上开门时，应设置甲级防火门。

四、中庭防火分隔

中庭也称为"共享空间"，是建筑中由上下楼层贯通而形成的一种共享空间。近年来，随着建筑物大规模化和综合化趋势的发展，出现了贯通数层，乃至数十层的大型中庭空间建筑。建筑中庭的设计在世界上非常流行，在大型中庭空间中，可以集会和举办音乐会、舞会及各种演出，其大空间的团聚气氛可显示出良好的效果。中庭空间具有以下特点：

1) 在建筑物内部，上下贯通多层空间。
2) 多数屋顶或外墙的一部分采用钢结构和玻璃，使阳光充满内部空间。
3) 中庭空间的用途不确定。

（一）中庭建筑火灾的危险性

设计中庭建筑时，最大的问题是发生火灾时，其防火分区被上下贯通的大空间所破坏。因此，当中庭防火设计不合理或管理不善时，有火灾急速扩大的可能性。其危险在于：

（1）火灾不受限制地急剧扩大　中庭空间一旦失火，属于"燃料控制型"燃烧，因此，很容易使火势迅速扩大。

（2）烟气迅速扩散　由于中庭空间形似烟囱，因此易产生烟囱效应。若在中庭下层发生火灾，烟火就进入中庭；若在上层发生火灾，中庭空间未考虑排烟时，就会向周围楼层扩散，进而扩散到整个建筑物。

（3）疏散危险　由于烟气在多层楼迅速扩散，楼内人员会产生心理恐惧，人们争先恐后夺路逃命，极易出现伤亡。

（4）喷淋设备难启动　中庭空间的顶棚很高，因此采取以往的火灾探测和使用自动喷水灭火装置等方法不能达到火灾早期探测和初期灭火的效果。即使在顶棚下设置了自动洒水喷头，由于高度太高，而温度达不到额定值，洒水喷头就无法启动。

（5）灭火和救援活动可能受到的影响

1）同时可能出现要在几层楼进行灭火。

2）消防队员不得不逆疏散人流的方向进入火场。

3）火灾迅速多方位扩大，消防队难以围堵扑灭火灾。

4）火灾时，屋顶和壁面上的玻璃因受热破裂而散落，对扑救人员造成威胁。

5）建筑物中庭的用途不确定，将会有大量不熟悉建筑情况的人员参与活动，并可能增加大量的可燃物，如临时舞台、照明设施、坐席等，将会加大火灾发生的概率，加大火灾时人员的疏散难度。

因此，中庭的防火分隔设计非常重要。

（二）中庭建筑火灾的防火设计要求

建筑物内设置中庭时，防火分区的建筑面积应按上下层相连通的建筑面积叠加计算。当中庭相连通的建筑面积之和大于一个防火分区的最大允许建筑面积时，应符合下列规定：

1）中庭应与周围相连通空间进行防火分隔。采用防火隔墙时，其耐火极限不应低于1.00h；采用防火玻璃时，防火玻璃与其固定部件整体的耐火极限不应低于1.00h，但采用C类防火玻璃时，应设置闭式自动喷水灭火系统进行保护；采用防火卷帘时，其耐火极限不应低于3.00h，并应符合规范的相关规定；与中庭相连通的门、窗，应采用火灾时能自行关闭的甲级防火门、窗。

2）高层建筑内的中庭回廊应设置自动喷水灭火系统和火灾自动报警系统。

3）中庭应设置排烟设施。

4）中庭内不应布置可燃物。

五、建筑幕墙

幕墙是悬挂于骨架结构上的外围护墙。建筑幕墙常采用玻璃、石材和金属等材料。当幕墙受到火烧或受热时，易破碎或变形、爆裂，甚至造成大面积的破碎、脱落，导致火灾在建筑物内蔓延，垂直的幕墙和水平楼板、隔墙间的缝隙是火灾扩散的途径。

幕墙的防火措施有以下几方面要求：

1）窗槛墙、窗间墙的填充材料应采用不燃材料。当外墙面采用耐火极限不低于1.00h的不燃烧体时，其墙内填充物可采用难燃材料。

2）无窗间墙和窗槛墙的幕墙，应在每层楼板外沿设置耐火极限不低于1.00h、高度不低于0.8m的不燃烧实体裙墙。

3）幕墙与每层楼板、隔墙处的缝隙应采用防火封堵材料进行封堵。

需要注意的是，当玻璃幕墙遇到防火墙时，应遵循防火墙的设置要求。防火墙不应与玻璃直接连接，而应与其框架连接，如图5-4所示。

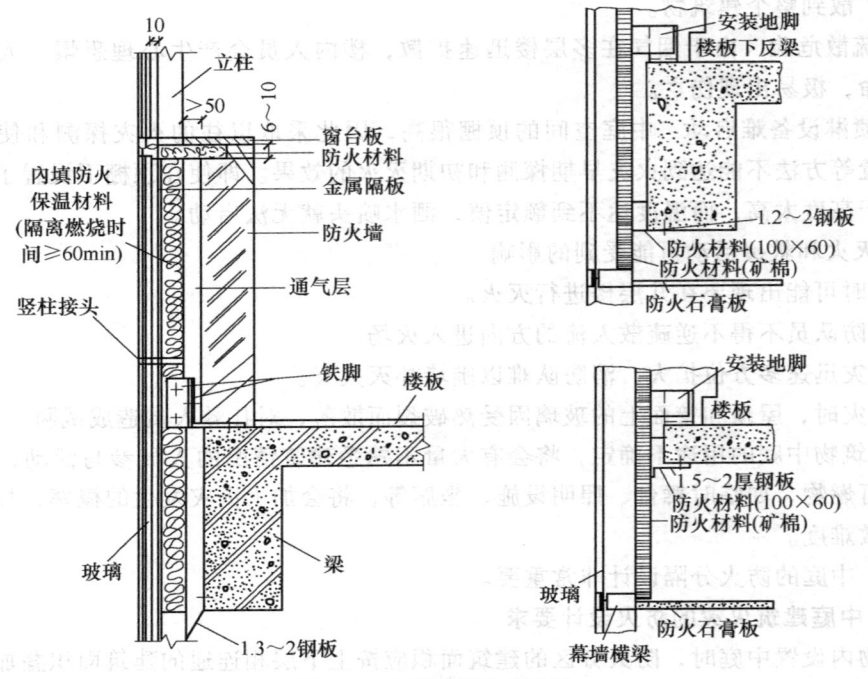

图5-4 玻璃幕墙防火构造

目前，双层玻璃幕墙建筑在实际工程中得到应用，其建筑构造具有以下优点：

1）在各种室外环境下，建筑能通过内外幕墙之间的夹层实现自然通风。
2）可隔离来自建筑外部的噪声。
3）减少通过建筑围护结构传递的热能。
4）增加室内舒适度及建筑整体效果的美观。

但双幕墙的这种结构形式对消防设计提出了挑战。首先双幕墙夹层内的烟囱效应可能加速火灾的垂直蔓延。其次是国内外规范尚无针对双幕墙的特殊防火要求。所以，为在保证消防安全的前提下实现建筑设计的创新，需要进行性能化设计。

六、竖井防火分隔

楼梯间、电梯井、采光天井、通风管道井、电缆井、垃圾井等竖井串通各层的楼板，形成竖向连通孔洞，其烟囱效应十分危险。这些竖井应该单独设置，以防烟火在竖井内蔓延。否则烟火一旦侵入，就会形成火灾向上层蔓延的通道，其后果将不堪设想。高层建筑各种竖井的防火设计构造要求见表5-6。

表 5-6 高层建筑各种竖井的防火设计构造要求

名 称	防 火 要 求
电梯井	1）应独立设置 2）井内严禁敷设可燃气体和甲、乙、丙类液体管道，并不应敷设与电梯无关的电缆、电线等 3）井壁应为耐火极限不低于 2.00h 的不燃烧体 4）井壁除开设电梯门洞和通气孔洞外，不应开设其他洞口 5）电梯门不应采用栅栏门
电缆井 管道井 排烟道 排气道	1）这些竖井应分别独立设置 2）井壁应为耐火极限不低于 1.00h 的不燃烧体 3）墙壁上的检查门应采用丙级防火门 4）高度不超过 100m 的高层建筑，其电缆井、管道井应每隔 3 层在楼板处用相当于楼板耐火极限的不燃烧体作防火分隔，建筑高度超过 100m 的建筑物，应每层设防火分隔 5）电缆井、管道井与房间、吊顶、走道等相连通的孔洞，应用不燃烧材料严密填实
垃圾道	1）宜靠外墙独立设置，不宜设在楼梯间内 2）垃圾道排气口应直接开向室外 3）垃圾斗宜设在垃圾道前室内，前室门采用丙级防火门 4）垃圾斗应用不燃材料制作并能自动关闭

七、变形缝防火分隔

为防止因建筑变形破坏管线而引发火灾并使烟气通过变形缝扩散，电线、电缆、可燃气体和甲、乙、丙类液体的管道穿过建筑内的变形缝时，应在穿过处加设不燃材料制作的套管或采取其他防变形措施，并应采用防火封堵材料进行封堵。

八、管道空隙防火封堵

防烟、排烟、供暖、通风和空气调节系统中的管道及建筑内的其他管道，穿越防火隔墙、楼板和防火分区处的孔隙应采用防火封堵材料进行封堵。

防火封堵材料均要符合《防火膨胀密封件》（GB 16807—2009）和《防火封堵材料的性能要求和试验方法》（GA 161—1997）等的要求。图 5-5 所示为管道、电缆穿墙、楼板处的

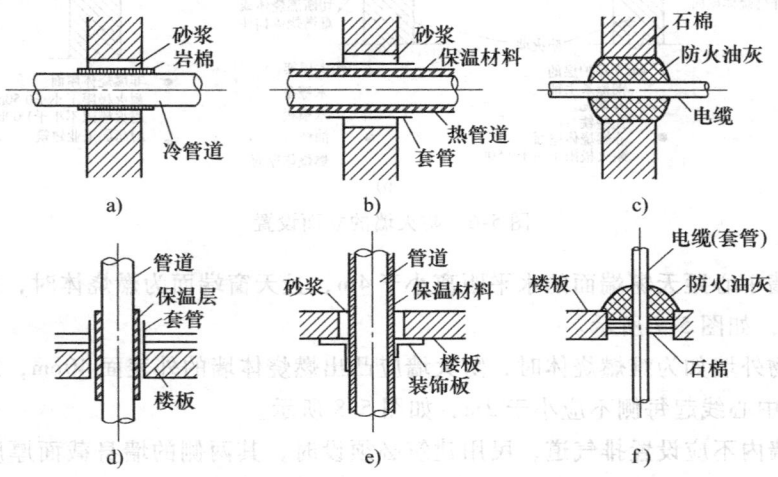

图 5-5　管道、电缆穿墙、楼板处的防火构造
a）冷管道穿墙　b）热管道穿墙　c）电缆穿墙　d）穿越防火楼板　e）穿越一般楼板　f）电缆穿越楼板

防火构造。

第三节 防火分隔设施与措施

对建筑物进行防火分区的划分是通过防火分隔构件来实现的。具有阻止火势蔓延,能把整个建筑空间划分成若干较小防火空间的建筑构件称为防火分隔构件。防火分隔构件可分为固定式和可开启关闭式两种。固定式包括普通砖墙、楼板、防火墙等,可开启关闭式包括防火门、防火窗、防火卷帘、防火水幕等。

一、防火墙

防火墙是具有不少于 3.00h 耐火极限的非燃烧实体墙。在设置时应满足六个方面的构造要求:

1)防火墙应直接设置在基础上或钢筋混凝土框架上。防火墙应截断燃烧体或难燃烧体的屋顶结构,且应高出不燃烧体屋面不小于 40cm,高出燃烧体或难燃烧体屋面不小于 50cm,如图 5-6 所示。

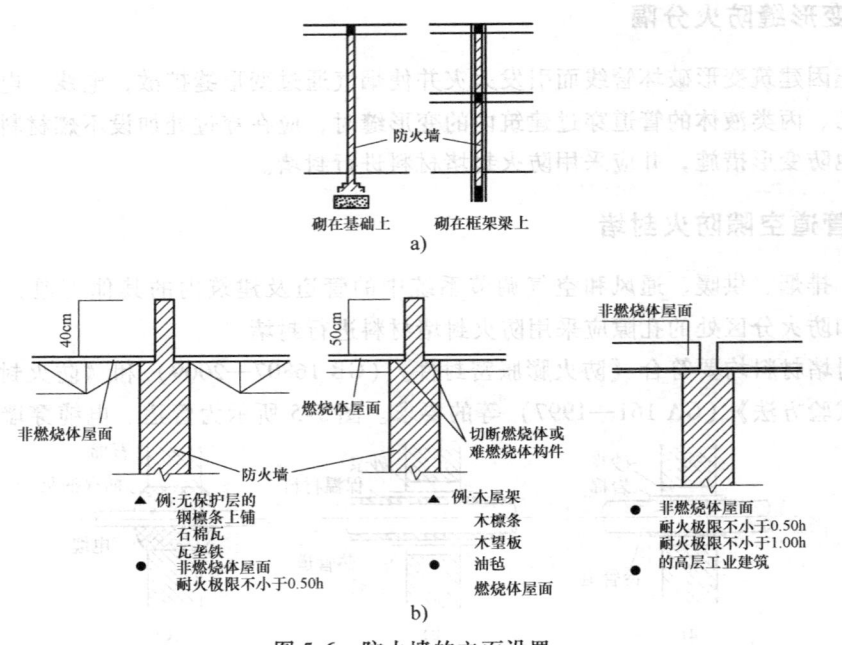

图 5-6 防火墙的立面设置

2)防火墙中心距天窗端面的水平距离小于 4m,且天窗端面为燃烧体时,应采取防止火势蔓延的设施,如图 5-7 所示。

3)建筑物外墙如为难燃烧体时,防火墙应凸出燃烧体墙的外表面 40cm,或防火墙带的宽度从防火墙中心线起每侧不应小于 2m,如图 5-8 所示。

4)防火墙内不应设置排气道,民用建筑必须设时,其两侧的墙身截面厚度均不应小于 12cm。防火墙上不应开设门窗洞口,如必须开设时,应采用能自行关闭的甲级防火门窗。可燃气体和甲、乙、丙类液体管道不应穿过防火墙。其他管道如必须穿过时,应用不燃烧材

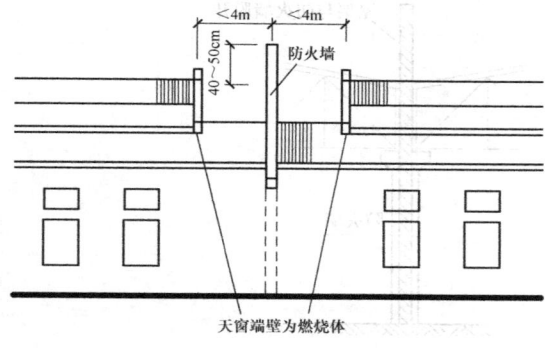

图 5-7 防火墙与天窗的设置

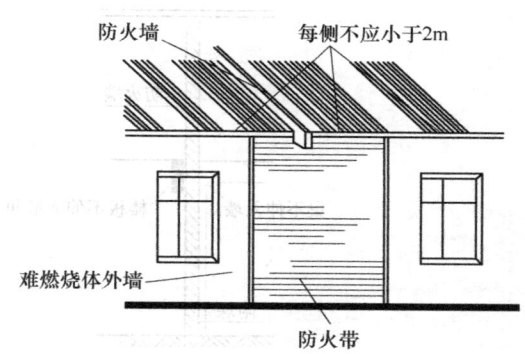

图 5-8 防火墙与难燃烧体外墙

料将缝隙紧密填塞，如图 5-9 所示。

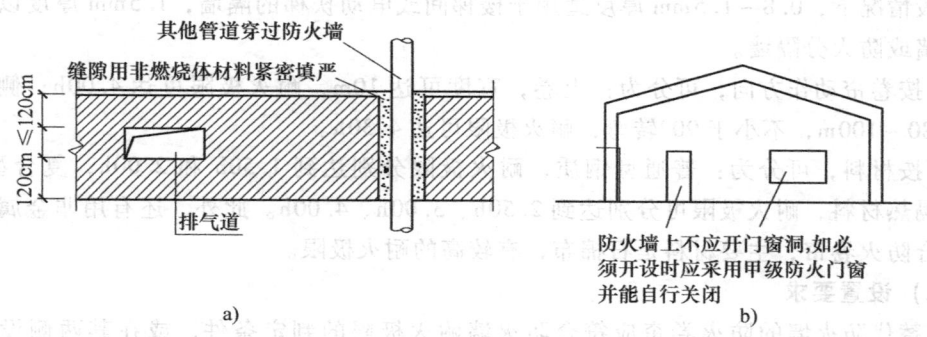

图 5-9 防火墙开设洞口时的要求

5）建筑物内的防火墙不应设在转角处。如设在转角附近，内转角两侧上的门窗洞口之间最近的水平距离不应小于 4m。紧靠防火墙两侧的门、窗、口之间最近的水平距离不应小于 2m，如图 5-10 所示。

6）设计防火墙时，应考虑防火墙一侧的屋架、梁、楼板等受到火灾的影响而破坏时，不致使防火墙倒塌，如图 5-11 所示。

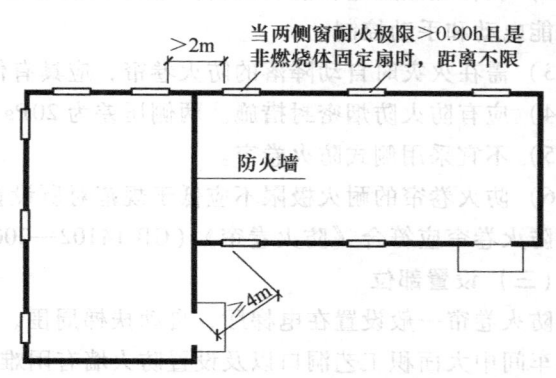

图 5-10 防火墙设在转角时的要求

二、防火卷帘

防火卷帘是在一定时间内，连同框架能满足耐火稳定性和完整性要求的卷帘，由帘板、卷轴、电动机、导轨、支架、防护罩和控制机构等组成。

（一）类型

1）按叶板厚度，可分为轻型：厚度为 0.5~0.6mm；重型：厚度为 1.5~1.6mm。

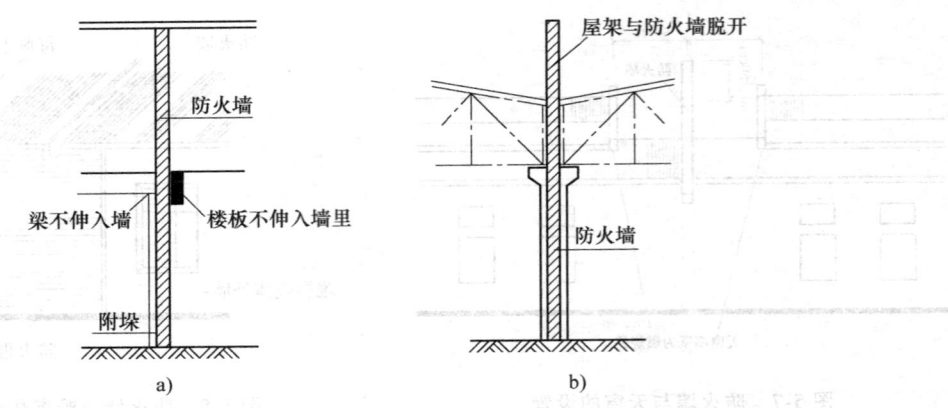

图 5-11 防火墙构造

一般情况下，0.8~1.5mm 厚度适用于楼梯间或电动扶梯的隔墙，1.5mm 厚度以上适用于防火墙或防火分隔墙。

2）按卷帘动作方向，可分为：上卷，宽度可达 10m，耐火极限可达 4.00h；侧卷，宽度可达 80~100m，不小于 90°转弯，耐火极限可达 4.30h。

3）按材料，可分为：普通型钢质，耐火极限分别达到 1.50h 和 2.00h；复合型钢质，中间加隔热材料，耐火极限可分别达到 2.50h、3.00h、4.00h。此外，还有用非金属材料制作的复合防火卷帘，主要材料是石棉布，有较高的耐火极限。

（二）设置要求

1）替代防火墙的防火卷帘应符合防火墙耐火极限的判定条件，或在其两侧设冷却水幕，计算水量时，其火灾延续时间按不小于 3h 考虑。

2）设在疏散走道和前室的防火卷帘应具有延时下降功能。在卷帘两侧设置启闭装置，并应能电动和手动控制。

3）需在火灾时自动降落的防火卷帘，应具有信号反馈的功能。

4）应有防火防烟密封措施。两侧压差为 20Pa 时，漏烟量小于 $0.2m^3/(m^2 \cdot min)$。

5）不宜采用侧式防火卷帘。

6）防火卷帘的耐火极限不应低于规范对所设置部位的耐火极限要求。

防火卷帘应符合《防火卷帘》（GB 14102—2005）的规定。

（三）设置部位

防火卷帘一般设置在电梯厅、自动扶梯周围，中庭与楼层走道、过厅相通的开口部位，生产车间中大面积工艺洞口以及设置防火墙有困难的部位等。

需要注意的是，为保证安全，除中庭外，当防火分隔部位的宽度不大于 30m 时，防火卷帘的宽度不应大于 10m；当防火分隔部位的宽度大于 30m 时，防火卷帘的宽度不应大于该防火分隔部位宽度的 1/3，且地下建筑不应大于 20m。

三、防火门、窗

防火门、窗是建筑中能满足规定耐火要求的门、窗。根据材质、开启方式、耐火隔热性、耐火完整性等各方面的性能不同，可以对防火门、窗进行分类分级，以便建筑设计时根据需要进行选用。

建筑中设置的防火门、窗，应保证门、窗的防火和防烟性能符合《防火门》（GB 12955—2008）和《防火窗》（GB 16809—2008）的有关规定，并经消防产品质量检测中心检测试验认证才能使用。

（一）分类

1. 按耐火极限

防火门、窗按耐火极限分为甲、乙、丙三级，耐火极限应分别不低于1.50h、1.00h和0.50h。甲级防火门、窗一般用于防火墙上的门、窗、洞口或部分重要机房的门窗等部位；乙级防火门、窗可用于疏散楼梯间及其前室等部位；丙级防火门、窗多为建筑竖向井道的检查门等。具体的设计使用要求按相关规范条款执行。

根据《防火门》（GB 12955—2008）及《防火窗》（GB 16809—2008）的规定，防火门、窗还可以进一步进行类型划分：防火门可分为A、B、C三大类，防火窗则分为A、C两大类，不同类型的防火门、窗在耐火隔热性及耐火完整性方面有不同的要求，具体分类及耐火性能见表5-7。

表5-7 防火门、窗的具体分类及耐火性能

名称	代号（对应级别）	防火门、窗的耐火性能	
隔热防火门 隔热防火窗 （A类）	A0.50（丙级）	耐火隔热性≥0.50h,耐火完整性≥0.50h	
	A1.00（乙级）	耐火隔热性≥1.00h,耐火完整性≥1.00h	
	A1.50（甲级）	耐火隔热性≥1.50h,耐火完整性≥1.50h	
	A2.00	耐火隔热性≥2.00h,耐火完整性≥2.00h	
	A3.00	耐火隔热性≥3.00h,耐火完整性≥3.00h	
部分隔热防火门 （B类）	B1.00	耐火隔热性≥0.50h	耐火完整性≥1.00h
	B1.50		耐火完整性≥1.50h
	B2.00		耐火完整性≥2.00h
	B3.00		耐火完整性≥3.00h
非隔热防火窗（C类）	C0.50	耐火完整性≥0.50h	
非隔热防火门 非隔热防火窗 （C类）	C1.00	耐火完整性≥1.00h	
	C1.50	耐火完整性≥1.50h	
	C2.00	耐火完整性≥2.00h	
	C3.00	耐火完整性≥3.00h	

2. 按材料

防火门窗按材质分，可以分为钢制、木质、钢木复合及其他材质等不同情况。具体分类情况见表5-8。某一材质的防火窗是指窗框和窗扇框架的主要材料是用该材料制作的；某一材质的防火门是指门框、门扇骨架和门扇面板均由该材料制作，门扇内一般填充防火隔热材料。

3. 启闭方式

防火门的开启方式为平开门，通常由门框、门扇（单扇或多扇）等部件以及防火铰链、防火锁等防火五金配件构成，以铰链为轴垂直于地面，沿单一方向旋转开启或关闭。

表 5-8　常见各类材质的防火门窗及其代号

产品名称	常用代号	
	防火门	防火窗
钢制防火门、窗	GFM	GFC
木质防火门、窗	MFM	MFC
钢木复合防火门、窗	GMFM	GMFC

防火门还可以根据其在非火灾状态下所处的状态，分成常开式防火门和常闭式防火门。常开式防火门通常设置在走廊等通行频繁的部位，而常闭式防火门则一般设置在高层建筑楼梯间等较少人员穿行的部位。防火门一般需要配置闭门器，双扇门有闭门顺序要求时还应设置顺序器，以确保防火门在火灾中能够及时有效地自动关闭。

防火窗按开启方式可分为固定式防火窗和活动式防火窗两类。活动式防火窗的窗扇在火灾中自动关闭的时间不应大于60s。

（二）**防火要求**

1）疏散通道上的防火门应向疏散方向开启，并在关闭后应能从任一侧手动开启。设置防火门的部位，一般为房间的疏散门或建筑某一区域的安全出口。建筑内设置的防火门既要能保持建筑防火分隔的完整性，又要能方便人员疏散和开启。因此，防火门的开启方式、开启方向等均要保证在紧急情况下人员能快捷开启，不会导致阻塞，如图 5-12 所示。

2）用于疏散走道、楼梯间和前室的防火门，应能自动关闭；双扇和多扇防火门，应设置顺序闭门器。

3）除允许设置常开防火门的位置外，其他位置的防火门均应采用常闭防火门。常闭防火门应在门扇的明显位置设置"保持防火门关闭"等提示标志。

为方便平时经常有人通行而需要保持常开的防火门，在发生火灾时，应具有自动关闭和信号反馈功能，如设置与报警系统联动的控制装置和闭门器等。

4）为保证分区间的相互独立，设在变形缝附近的防火门，应设在楼层较多的一侧，且门开启后不应跨越变形缝，防止烟火通过变形缝蔓延，如图 5-13 所示。

5）平时关闭后应具有防烟性能。

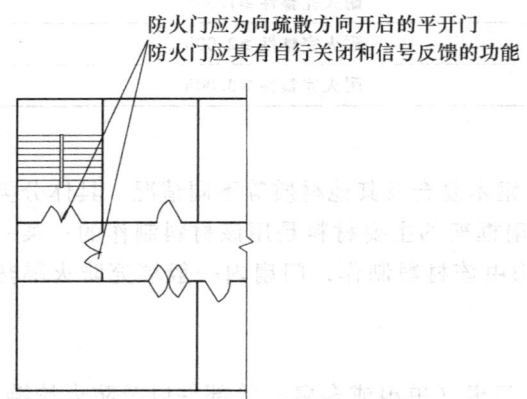

图 5-12　防火门开启方向

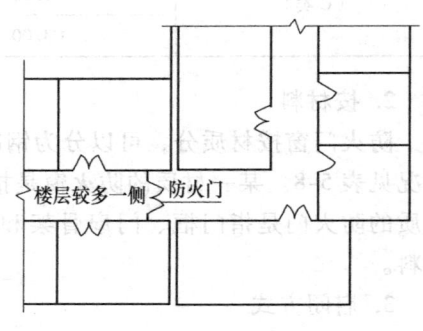

图 5-13　设置在变形缝处的防火门

四、防火水幕

防火水幕可以起防火墙的作用，在某些需要设置防火墙或其他防火分隔物而无法设置的情况下，可采用防火水幕进行分隔。

防火水幕宜采用雨淋式水幕喷头，水幕喷头的排列不应少于3排，防火水幕形成的水幕宽度不应小于6m，供水强度不应小于2L/(s·m)。

五、防火阀

防火阀是在一定时间内能满足耐火稳定性和耐火完整性要求，用于管道内阻火的活动式封闭装置。空调、通风管道一旦窜入烟火，就会导致火灾在大范围内蔓延。因此，在风道贯通防火分区的部位（防火墙），必需设置防火阀门。

防火阀平时处于开启状态，发生火灾时，若管道内烟气温度达到70℃，则易熔合金片熔断断开而自动关闭。

（一）防火阀的设置部位

1）穿越防火分区处，其安装如图5-14所示。
2）穿越通风、空气调节机房的房间隔墙和楼板处。
3）穿越重要或火灾危险性大的房间隔墙和楼板处。
4）穿越防火分隔处的变形缝两侧，其安装如图5-15所示。
5）竖向风管与每层水平风管交接处的水平管段上，但当建筑内每个防火分区的通风、空气调节系统均独立设置时，水平风管与竖向总管的交接处可不设置防火阀。
6）公共建筑的浴室、卫生间和厨房的竖向排风管，应采取防止回流措施或在支管上设置公称动作温度为70℃的防火阀。公共建筑内厨房的排油烟管道宜按防火分区设置，且在与竖向排风管连接的支管处应设置公称动作温度为150℃的防火阀。

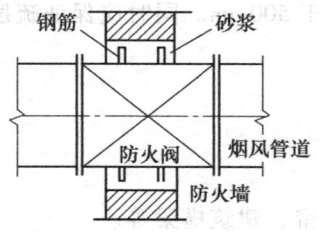

图5-14 穿越防火分区处防火
阀门的安装示意

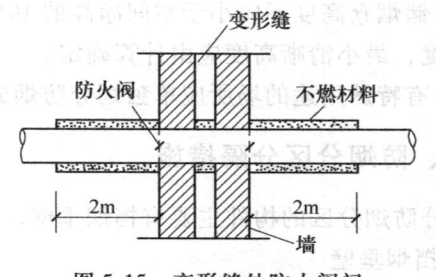

图5-15 变形缝处防火阀门
的安装示意

（二）防火阀的设置要求

防火阀的设置应符合下列规定：
1）防火阀宜靠近防火分隔处设置。
2）防火阀暗装时，应在安装部位设置方便维护的检修口。
3）在防火阀两侧各2m范围内的风管及其绝热材料应采用不燃材料。
4）防火阀应符合《建筑通风和排烟系统用防火阀门》（GB 15930—2007）的规定。

六、排烟防火阀

排烟防火阀是安装在排烟系统管道上起隔烟、阻火作用的阀门。它在一定时间内能满足耐火稳定性和耐火完整性的要求,具有手动和自动功能。当管道内的烟气达到280℃时排烟阀门自动关闭。

排烟防火阀设置场所:排烟管在进入排风机房处,穿越防火分区的排烟管道上,排烟系统的支管上。

第四节 防烟分区

防烟分区是在建筑内部采用挡烟设施分隔而成,能在一定时间内防止火灾烟气向同一防火分区的其余部分蔓延的局部空间。

划分防烟分区的目的:一是为了在火灾时,将烟气控制在一定范围内;二是为了增强排烟口的排烟效果。防烟分区一般应结合建筑内部的功能分区和排烟系统的设计要求进行划分,不设排烟设施的部位(包括地下室)可不划分防烟分区。

一、防烟分区面积划分

设置排烟系统的场所或部位应划分防烟分区。防烟分区不宜大于2000m²,长边不应大于60m。当室内高度超过6m,且具有对流条件时,长边不应大于75m。设置防烟分区应满足以下几个要求:

1)防烟分区应采用挡烟垂壁、隔墙、结构梁等划分。
2)防烟分区不应跨越防火分区。
3)每个防烟分区的建筑面积不宜超过规范要求。
4)采用隔墙等形成封闭的分隔空间时,该空间应作为一个防烟分区。
5)储烟仓高度不应小于空间净高的10%,且不应小于500mm。同时应保证疏散所需的清晰高度,最小清晰高度应由计算确定。
6)有特殊用途的场所应单独划分防烟分区。

二、防烟分区分隔措施

划分防烟分区的构件主要有挡烟垂壁、隔墙、防火卷帘、建筑横梁等。

1. 挡烟垂壁

挡烟垂壁是用不燃材料制成,垂直安装在建筑顶棚、横梁或吊顶下,能在火灾时形成一定的蓄烟空间的挡烟分隔设施。

挡烟垂壁常设置在烟气扩散流动的路线上烟气控制区域的分界处,和排烟设备配合进行有效的排烟。其从顶棚下垂的高度一般应距顶棚面50cm以上,称为有效高度。当室内发生火灾时,所产生的烟气由于浮力作用而积聚在顶棚下,只要烟层的厚度小于挡烟垂壁的有效高度,烟气就不会向其他场所扩散。

挡烟垂壁分为固定式和活动式两种。固定式挡烟垂壁是指固定安装的、能满足设定挡烟高度的挡烟垂壁;活动式挡烟垂壁是指可从初始位置自动运行至挡烟工作位置,并满足设定挡烟高度的挡烟垂壁。

2. 建筑横梁

当建筑横梁的高度超过 50cm 时，该横梁可作为挡烟设施使用。

自学指导

本章学习重点：防火分区概念、防火分隔构件设置要求、不同建筑防火分区面积要求及特殊功能区域的划分要求。

1）防火分区：防火分区是指采用具有较高耐火极限的墙和楼板等构件作为一个区域的边界构件划分出的，能在一定时间内阻止火势向同一建筑的其他区域蔓延的防火单元。

2）防火分隔构件应重点掌握防火墙、防火门、防火卷帘的设置要求。

3）不同建筑类别防火分区面积要求。

4）建筑中特殊功能区域较多，应重点掌握其不同的划分要求。

本章学习难点：防火分区的面积。

民用建筑、工业厂房、库房划分防火分区时面积要求差别较大，应注意各自的特点和区别。

复习思考题

一、名词解释

1. 防火分区　　　2. 防火墙　　　3. 防火门

二、选择题

1. 当建筑物的外墙为（　　）时，防火墙可不凸出墙的外表面。

A. 不燃烧体　　B. 难燃烧体　　C. 燃烧体　　D. 轻质墙体

2. 地上低多层的商店营业厅展览建筑的展览厅符合（　　）条件时，其每个防火分区的最大允许建筑面积可扩大到 10000m²。

A. 设置在一、二级耐火等级的单层建筑内或多层建筑的首层

B. 设置符合规范要求的自动喷水灭火系统排烟设施和火灾自动报警系统

C. 总建筑面积大于 20000m² 时，应采用不开设门窗洞口的防火墙分隔

D. 内部装修设计符合现行国家标准的有关规定

E. 应设置符合规范要求的防烟设施

3. 建筑高度大于 100m 的高层民用建筑，竖向管道应（　　）进行防火分隔。

A. 每层　　B. 每 2 层　　C. 每 3 层　　D. 每 4 层

4. 住宅与其他功能空间处于同一建筑内时，应符合下列规定（　　）。

A. 住宅部分与非住宅部分之间，应采用不开设门窗洞口的耐火极限不低于 1.50h 的不燃烧体楼板和 2.00h 的不燃烧体隔墙与居住部分完全分隔

B. 住宅部分的安全出口和疏散楼梯应独立设置

C. 其他功能场所和居住部分的安全疏散消防设施等防火设计，应分别按居住建筑和公共建筑的有关规定执行

D. 住宅部分的层数确定应包括其他功能部分的层数

E. 住宅部分与其他功能场所的窗槛墙不应小于 1.2m，并设置不小于 1m 的防火挑檐

5. 附设在多层建筑物内的消防控制室应采用耐火极限不低于（　　）的隔墙和不低于（　　）的楼板与其他部位隔开。

A. 1.50h, 1.50h   B. 2.50h, 1.00h   C. 2.00h, 1.50h   D. 2.00h, 1.00h

三、简答题
1. 防火分区的作用是什么？划分构件有哪些？
2. 防火门按其耐火极限分为哪几类？各适用于什么场所？
3. 简述防火墙的设计构造要求。
4. 简述中庭的火灾危险性，可以采取哪些防火分隔措施？
5. 简述玻璃幕墙的火灾危险性，可以采取哪些防火分隔措施？
6. 民用建筑、高层民用建筑对防火分区最大允许建筑面积的规定有哪些？
7. 简述防火分区与防烟分区的区别与联系。

第六章 安全疏散设计

学习目标

1. 应了解、知道的内容
◇安全疏散设计的主要任务。
◇安全疏散设计的基本原则。
2. 应理解、清楚的内容
◇百人宽度指标。
◇安全疏散距离。
◇避难层及屋顶直升机停机坪的设置要求。
3. 应掌握、会用的内容
◇安全出口及疏散门的设置原则。
◇安全出口、安全区域、封闭楼梯间、防烟楼梯间、避难层与屋顶直升机停机坪的概念。
◇消防电梯的设置要求。
4. 应熟练掌握的内容
◇安全出口的数量及宽度确定。
◇疏散楼梯间的类型及防火构造要求。

自学时数 10 学时。

老师导学

本章在明确安全疏散设计的基本原则及程序的前提下,从安全出口的设计、安全疏散距离、疏散楼梯和楼梯间、避难层及屋顶直升机停机坪、消防电梯等几个方面展开讲解,自学过程中应首先理解安全疏散设计的基本原则,重点把握安全出口、疏散楼梯的设置要求,同时学会计算确定安全出口的数量及宽度,会选择疏散楼梯的类型,校核其防火构造要求。

建筑物发生火灾时,为避免建筑物内部人员由于因烟气中毒、火烧及建筑构件的倒塌破坏而受到伤害,必须使人员尽快疏散出去;建筑物内的重要物资也要尽快抢救出来,以减少财产损失;同时消防人员也要迅速接近起火部位。因此需要完善的安全疏散设施。

综观火灾案例,不难发现大多数人员伤亡就是因为没有可靠的安全疏散设施而造成的。例如,辽宁省阜新市艺苑歌舞厅因舞客玩火引起的火灾,造成 233 人死亡、20 人伤残;新疆维吾尔自治区克拉玛依友谊馆因电器烤燃幕布引起的火灾,造成了 323 人死亡、120 人伤残。这些死伤事故,多数都是由于疏散通道不畅被烟熏导致的。

安全疏散对于人员集中的公共场所如商业大厦、影剧院、体育场馆、旅馆等,无疑是十分重要的,对于工厂和库房的人员和物资疏散也同样重要。如某玩具厂,顶层为职工宿舍,当下层厂房发生火灾后,因楼梯大门被锁,人员没能及时疏散,造成近百人死伤。

因此安全疏散设计是建筑防火设计的一项重要内容,应根据建筑物的使用性质、人们在火灾事故时的心理状态与行为特点、火灾危险性大小、容纳人数、面积大小,合理布置疏散设施,如疏散走道、疏散楼梯及楼梯间、疏散门、疏散指示标志等,为人员的安全疏散创造有利条件。

第一节 安全疏散设计的基本原则及程序

一、安全疏散设计的基本原则

(一)火灾事故时人的心理与行为

火灾时,人们疏散的心理和行为与正常情况下的心理状态是不同的(表6-1)。例如,在紧张和恐惧心理下,不知所措,盲目跟随他人行动,甚至钻入死胡同等,都是火灾事故疏散时的异常心理状态。在这些心理状态的支配下,往往造成惨痛的后果。

表 6-1 人们疏散的心理与行为

(1)向经常使用的出入口、楼梯口疏散	在旅馆、剧场等发生火灾时,一般旅客和观众习惯于从原出入口或走过的楼梯疏散,而很少使用不熟悉的出入口或楼梯。就连自己的住处也要从常用的楼梯去疏散,只有当这一退路被火焰、烟气等封闭了,才不得已另求其他退路
(2)习惯于向明亮的方向疏散	人具有朝向光明的习性,故以明亮的方向为行动的目标。例如,在旅馆、饭店等建筑物内,假设从房间内走出来后走廊里充满烟雾,这时如果一个方向黑暗,相反方向明亮的话,就会向明亮方向疏散
(3)奔向开阔空间	这一点,与上述趋向光明处的心理是相同,在大量火灾实例中,确有这些现象
(4)对烟火怀有恐惧心理	对于红色火焰怀有恐惧心理是动物的一般习性,一旦被烟火包围,则不知所措。因此,即使身处在安全之地,也要逃向相反的方向
(5)危险迫近,陷入极度慌乱之中,就会逃向狭小角落	在出现死亡事故的火灾中,往往发现缩在房间、厕所或把头插进橱柜的尸体
(6)越是慌乱,越容易跟随他人	人在极度的慌乱之中,就会变得失去正常思维的能力,于是无形中产生跟随他人的行为
(7)紧急情况下能发挥出意想不到的力量	遇到紧急情况时,失去了正常的理智行动,把全部精力集中在应付紧急情况上,会发挥出平时意想不到的力量。如遇火灾时,弄断平时无法弄断的窗护栏,甚至敢从高楼跳下去

(二)合理设计疏散路线

疏散路线应力求短捷通畅,避免出现各种人流、货物相互交叉,杜绝出现逆流,疏散路线的端部必须是安全区域。当建筑物发生火灾时,凡能保证避难人员安全的场所都可以作为安全区域。疏散路线设计最终应引导人流到达安全区域。

1. 安全区域必须具备的基本条件

1) 要有足够的避难空间。通常，避难停留时间在 0.5h 以下时为 0.3m²/人，避难停留时间在 0.5h 以上时为 0.5m²/人。

2) 当安全区域为封闭空间时，应设有提供新鲜空气的通风系统、起码的照明条件及与外界相互联系的通信设备。

3) 作为安全区域使用的阳台、凹廊或屋顶平台，应能防止火焰及高温烟气的危害。

2. 安全区域的类型

1) 建筑物的室外地坪以及类似的空旷场所。
2) 封闭楼梯间和防烟楼梯间。
3) 建筑物中的阳台和屋顶平台。
4) 高层建筑中起火楼层下数两层以下的楼层。
5) 高层建筑中的避难层、避难间。

（三）疏散安全分区

当建筑物内某一房间发生火灾，并达到轰燃时，沿走廊的门窗被破坏，导致浓烟、火焰涌向走廊。若走廊的吊顶上或墙壁上未设有效的阻烟、排烟设施，则烟气就会继续向前室蔓延，进而流向楼梯间。另一方面，发生火灾时，人员的疏散行动路线，也基本上和烟气的流动路线相同，即房间—走廊—前室—楼梯间。因此，烟气的蔓延扩散，将对起火层人员的安全疏散形成很大的威胁。为了保障人员疏散安全，最好能够使疏散路线上各个空间的防烟、防火性能逐步提高，而楼梯间的安全性达到最高。为了阐明疏散路线的安全可靠，需要把疏散路线上的各个空间划分为不同的区间，称为疏散安全分区，简称安全分区，并依次称之为第一安全分区，第二安全分区等。离开火灾房间后先要进入走廊，走廊的安全性就高于火灾房间，故称走廊为第一安全区；依此类推，前室为第二安全分区，楼梯间为第三安全分区。一般说来，当进入第三安全分区，即疏散楼梯间后，即可认为达到了基本安全的空间。安全分区的划分如图 6-1 所示。

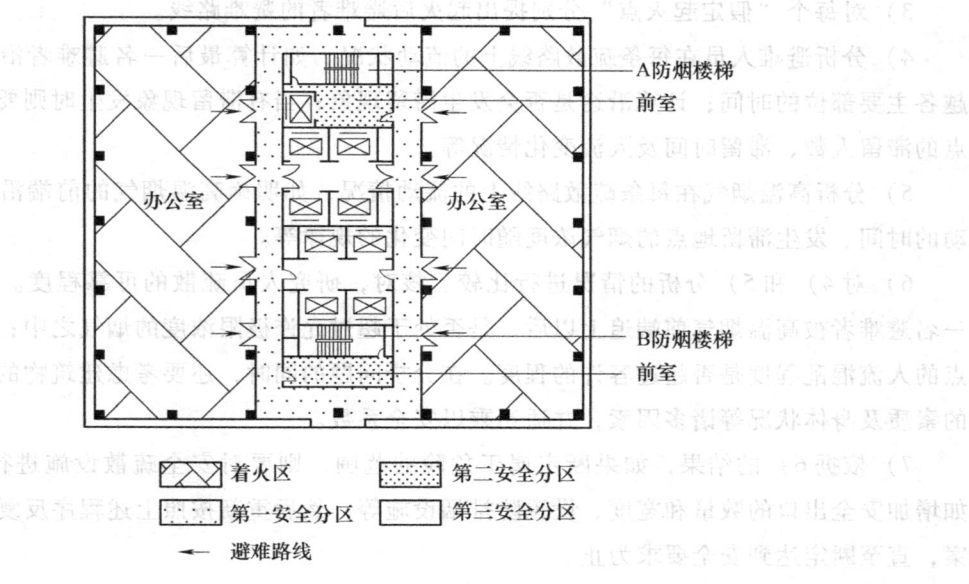

图 6-1 安全分区的划分

(四) 设置火灾应急照明和疏散指示标志

在发生火灾时，为了保证人员的安全疏散以及消防扑救人员的正常工作，必须保持一定的电光源，据此而设置的照明总称为火灾应急照明；为防止疏散通道在火灾下骤然变暗就要保证一定的亮度，抑制人们心理上的惊慌，确保疏散安全，以显眼的文字、鲜明的箭头标记指明疏散方向，引导疏散，这种用信号标记的照明，称为疏散指示标志。

在疏散楼梯间、防烟楼梯间前室、消防电梯间及其前室或合用前室和避难层，观众厅、展览厅、多功能厅、餐厅和商场营业厅等人员密集场所，公共建筑内的疏散走道和居住建筑内走道长度超过 20m 的内走道，应设置应急照明。疏散用的应急照明，其地面最低照度不应低于 0.5lx，当采用蓄电池作备用电源时，其连续供电时间不应少于 20min。

应急照明灯宜设在墙面上或顶棚上。安全出口标志宜设在出口的顶部；疏散走道上的指示标志宜设在疏散走道及其转角处距地面 1m 以下的墙面上。走道疏散标志灯的间距不应大于 20m。事故照明灯和疏散指示标志，应设玻璃或其他非燃材料制作的保护罩。

二、安全疏散设计程序

安全疏散设计是建筑设计的一个重要组成部分，同时也是由基本设计方案所决定的，其设计程序大体如下：

1) 确定疏散人数。
2) 根据实际情况确定"假定起火点"。
3) 对每个"假定起火点"分别提出起火后避难者的避难路线。
4) 分析避难人员在每条疏散路线上的流动状况。如计算最后一名避难者沿疏散路线穿越各主要部位的时间；计算沿途是否会发生滞留现象；当有滞留现象发生时则要计算滞留地点的滞留人数、滞留时间及人流变化情况等。
5) 分析高温烟气在每条疏散路线上的流动情况，如明确高温烟气的前端沿疏散路线流动的时间、发生滞留地点的烟气浓度随时间变化的规律等。
6) 对 4) 和 5) 分析的情况进行比较、核对，研究人员疏散的可靠程度。即确定最后一名避难者被高温烟气前端追上以后，是否处于超过允许极限浓度的烟气之中；发生滞留地点的人流混乱程度是否超过容许的程度。在分析问题的同时，还要考虑建筑物的用途、人员的素质及身体状况等诸多因素，并适当乘以安全系数。
7) 依据 6) 的结果，如果断定属于危险的范围，则要对安全疏散设施进行技术调整，如增加安全出口的数量和宽度、设置防排烟设施等，然后重新按照上述程序反复研究设计方案，直至断定达到安全要求为止。

安全疏散设计程序，如图 6-2 所示。

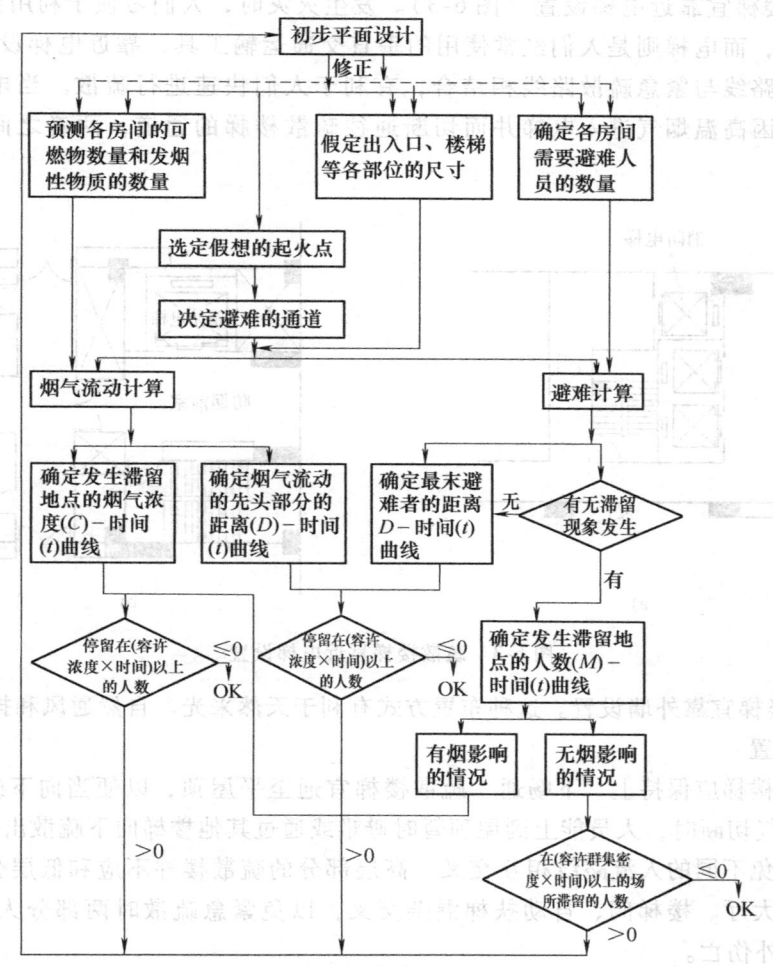

图 6-2 安全疏散设计程序

第二节 安全出口设计

供人员安全疏散用的楼梯间、室外楼梯的出入口或直通室内外安全区域的出口都是安全出口。经过了安全出口就认为到达了安全区域。

一、安全出口及疏散门的设置原则

(一) 疏散楼梯

1. 平面布置

为了提高疏散楼梯的安全可靠程度，在进行疏散楼梯的平面布置时，应满足下列防火要求：

1) 疏散楼梯宜设置在标准层（或防火分区）的两端，以便于为人们提供两个不同的疏散路线。

2）疏散楼梯宜靠近电梯设置（图6-3）。发生火灾时，人们习惯于利用经常走的疏散路线进行疏散，而电梯则是人们经常使用的垂直交通运输工具，靠近电梯设置疏散楼梯，可将常用疏散路线与紧急疏散路线相结合，有利于人们快速进行疏散。当电梯厅为开敞式时，为避免因高温烟气进入电梯井而切断通往疏散楼梯的通道，两者之间应进行防火分隔。

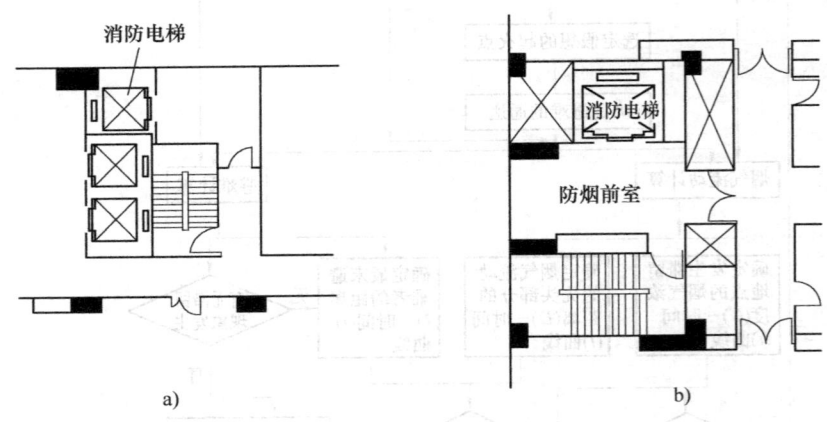

图6-3 疏散楼梯靠近电梯设置

3）疏散楼梯宜靠外墙设置。这种布置方式有利于天然采光、自然通风和排烟。

2. 竖向布置

（1）疏散楼梯应保持上、下畅通 疏散楼梯宜通至平屋顶，以便当向下疏散的道路发生堵塞或被烟气切断时，人员能上到屋顶暂时避难或通过其他楼梯向下疏散出去。

（2）应避免不同的人流路线相互交叉 高层部分的疏散楼梯不应和低层公共部分（如裙房）的交通大厅、楼梯间、自动扶梯混杂交叉，以免紧急疏散时两部分人流发生冲突，引起堵塞和意外伤亡。

（3）设置可供临时避难使用的安全区域 对于二三十层以上的高层建筑来说，宜在各设备层中（或每隔15层左右）用耐火极限不低于2.00h的楼板和3.00h的墙体及甲级防火门，划分出一定面积的空间，并使其与疏散楼梯相连，其空调系统须单独设置，此外尚应设有排烟、照明、通信及灭火设施。当发生火灾，楼梯间内的人流发生拥挤或堵塞时，该空间可以起到缓冲和暂时避难的作用。

（二）疏散门

疏散门是人员安全疏散的主要出口。其设置应满足下列要求：

1）民用建筑和厂房的疏散门，应采用向疏散方向开启的平开门，不应采用推拉门、卷帘门、吊门、转门和折叠门。除甲、乙类生产车间外，人数不超过60人且每樘门的平均疏散人数不超过30人的房间，其疏散门的开启方向不限。

2）仓库的疏散门应采用向疏散方向开启的平开门，但丙、丁、戊类仓库首层靠墙的外侧可采用推拉门或卷帘门。

3）开向疏散楼梯或疏散楼梯间的门，当其完全开启时，不应减小楼梯平台的有效宽度。

4）人员密集场所内平时需要控制人员随意出入的疏散门和设置门禁系统的住宅、宿舍、公寓建筑的外门，应保证火灾时不需使用钥匙等任何工具即能从内部易于打开，并应在显著位置设置标志和使用提示。

二、安全出口的数量

（一）公共建筑

1) 公共建筑内每个防火分区或一个防火分区的每个楼层，其相邻2个安全出口最近边缘之间的水平距离不应小于5m。公共建筑内每个防火分区或一个防火分区的每个楼层，其安全出口的数量应经计算确定，且不应少于2个。符合下列条件之一的公共建筑，可设置一个安全出口或一部疏散楼梯。

① 除托儿所、幼儿园外，建筑面积不大于200m²且人数不超过50人的单层公共建筑或多层公共建筑的首层。

② 除医疗建筑，老年人建筑，托儿所、幼儿园的儿童用房，儿童游乐厅等儿童活动场所和歌舞娱乐放映游艺场所等外，符合表6-2规定的公共建筑。

表6-2 可设置一部疏散楼梯的公共建筑

耐火等级	最多层数	每层最大建筑面积/m²	人　　数
一、二级	3层	200	第二层和第三层的人数之和不超过50人
三级	3层	200	第二层和第三层的人数之和不超过25人
四级	2层	200	第二层人数不超过15人

③ 除歌舞娱乐放映游艺场所外，防火分区的建筑面积不大于50m²且经常停留人数不超过15人的地下或半地下建筑（室）。

注：除人员密集场所外，建筑面积不大于500m²、使用人数不超过30人且埋深不大于10m的地下或半地下建筑（室），其直通室外的金属竖向梯可作为第二安全出口。

2) 一、二级耐火等级公共建筑中安全出口全部直通室外确有困难的防火分区，可利用通向相邻防火分区的甲级防火门作为安全出口，但应符合下列规定：

① 该防火分区的建筑面积大于1000m²时，直通室外的安全出口数量不应少于2个。

② 该防火分区的建筑面积不大于1000m²时，直通室外的安全出口数量不应少于1个。

③ 该防火分区直通室外或避难走道的安全出口总净宽度，不应小于其按《建筑设计防火规范》第5.5.21条规定计算所需总净宽度的70%。

④ 与相邻防火分区之间的分隔应采用防火墙。

3) 设置不少于2部疏散楼梯的一、二级耐火等级公共建筑，如顶层局部升高，当高出部分的层数不超过2层、人数之和不超过50人且每层建筑面积不大于200m²时，该高出部分可设置1部疏散楼梯，但至少应另外设置1个直通建筑主体上人平屋面的安全出口，且该上人平屋面应符合人员安全疏散要求。

4) 公共建筑内各房间疏散门的数量应经计算确定且不应少于2个，每个房间相邻2个疏散门最近边缘之间的水平距离不应小于5m。除托儿所、幼儿园、老年人建筑、医疗建筑、教学建筑内位于走道尽端的房间外，符合下列条件之一的房间可设置1个疏散门：

① 位于两个安全出口之间或袋形走道两侧的房间，对于托儿所、幼儿园、老年人建筑，建筑面积不大于50m²；对于医疗建筑、教学建筑，建筑面积不大于75m²；对于其他建筑或

场所，建筑面积不大于120m²。

② 位于走道尽端的房间，建筑面积小于50m²且疏散门的净宽度不小于0.9m，或由房间内任一点至疏散门的直线距离不大于15m、建筑面积不大于200m²且疏散门的净宽度不小于1.4m。

③ 歌舞娱乐放映游艺场所内建筑面积不大于50m²且经常停留人数不超过15人的厅、室或房间。

④ 建筑面积不大于200m²的地下或半地下设备间，建筑面积不大于50m²且经常停留人数不超过15人的其他地下或半地下房间。

5) 剧场、电影院和礼堂的观众厅或多功能厅，其疏散门的数量应经计算确定且不应少于2个。每个疏散门的平均疏散人数不应超过250人；当容纳人数超过2000人时，其超过2000人的部分，每个疏散门的平均疏散人数不应超过400人。

体育馆的观众厅，其疏散门的数量应经计算确定且不应少于2个，每个疏散门的平均疏散人数不宜超过700人。

（二）住宅建筑

1) 住宅建筑的安全出口应分散设置，且两个安全出口之间的水平距离不应小于5m。

2) 建筑高度不大于27m的建筑，当每个单元任一层的建筑面积大于650m²，或任一户门至最近安全出口的距离大于15m时，该住宅单元每层的安全出口不应少于2个。

3) 建筑高度大于27m、不大于54m的建筑，当每个单元任一层的建筑面积大于650m²，或任一户门至最近安全出口的距离大于10m时，该住宅单元每层的安全出口不应少于2个。

4) 建筑高度大于54m的建筑，每个单元每层的安全出口不应少于2个。

5) 住宅建筑的楼梯间宜通至屋面，通向屋面的门或窗应向外开启。建筑高度大于27m、不大于54m的住宅建筑，每个单元设置一座疏散楼梯时，该疏散楼梯应通至屋面，且单元之间的疏散楼梯应能通过屋面连通，户门应采用乙级防火门。当不能通至屋面或通过屋面连通时，应设置2个安全出口。

（三）厂房

1) 厂房的安全出口应分散布置。每个防火分区或一个防火分区的每个楼层，其相邻2个安全出口最近边缘之间的水平距离不应小于5m。厂房的每个防火分区或一个防火分区内的每个楼层，其安全出口的数量应经计算确定，且不应少于2个；当符合下列条件时，可设置1个安全出口：

① 甲类厂房，每层建筑面积不超过100m²，且同一时间的生产人数不超过5人。

② 乙类厂房，每层建筑面积不超过150m²，且同一时间的生产人数不超过10人。

③ 丙类厂房，每层建筑面积不超过250m²，且同一时间的生产人数不超过20人。

④ 丁、戊类厂房，每层建筑面积不超过400m²，且同一时间内的生产人数不超过30人。

⑤ 地下或半地下厂房（包括地下或半地下室），每层建筑面积不大于50m²，且同一时间的作业人数不超过15人。

2) 地下或半地下厂房（包括地下或半地下室），当有多个防火分区相邻布置，并采用防火墙分隔时，每个防火分区可利用防火墙上通向相邻防火分区的甲级防火门作为第二安全出口，但每个防火分区必须至少有1个直通室外的独立安全出口。

（四）仓库

1）仓库的安全出口应分散布置。每个防火分区或一个防火分区的每个楼层，其相邻2个安全出口最近边缘之间的水平距离不应小于5m。每座仓库的安全出口不应少于2个，当一座仓库的占地面积不大于300m²时，可设置1个安全出口。

仓库内每个防火分区通向疏散走道、楼梯或室外的出口不宜少于2个，当防火分区的建筑面积不大于100m²时，可设置1个出口。通向疏散走道或楼梯的门应为乙级防火门。

2）地下或半地下仓库（包括地下或半地下室）的安全出口不应少于2个；当建筑面积不大于100m²时，可设置1个安全出口。

地下或半地下仓库（包括地下或半地下室）当有多个防火分区相邻布置，并采用防火墙分隔时，每个防火分区可利用防火墙上通向相邻防火分区的甲级防火门作为第二安全出口，但每个防火分区必须至少有1个直通室外的安全出口。

三、安全出口的宽度

安全出口的宽度如果不足，会在出口前出现滞留，延长疏散时间，影响安全疏散。我国现行规范并不计算疏散时间，而是根据允许疏散时间来确定疏散通道的百人宽度指标，从而计算出安全出口的总宽度，即实际需要设计的最小宽度。

（一）允许疏散时间

允许疏散时间是指建筑物发生火灾后，能够保证处在火灾危险区域的人全部迅速安全撤离并抵达安全区域所需要的时间。由于建筑物的疏散设施不同，对普通建筑物（包括大型公共建筑）来说，允许疏散时间是指人员离开建筑物，到达室外安全场所的时间；而对于高层建筑来说，是指到达封闭楼梯间、防烟楼梯间、避难层的时间。

影响允许疏散时间的因素很多，主要可从两个方面来分析。一方面是火灾产生的烟气对人的威胁；另一方面是建筑物的耐火性能及其疏散设计情况、疏散设施可否正常运行。

根据国内外火灾统计，火灾时人员的伤亡，大多数是因烟气中毒、高温和缺氧所致。而建筑物中烟气大量扩散与流动以及出现高温和缺氧，是在轰燃之后才加剧的。火灾试验表明，建筑物从起火到出现轰燃的时间大多在5~8min。

一、二级耐火等级的建筑物，一般说来是比较耐火的。但其内部若大量使用可燃装修材料，如房间、走廊、门厅的吊顶、墙面等采用可燃材料，并铺设可燃地毯等，火灾时不仅燃烧速度快，而且还会产生大量有毒气体，影响人员的安全疏散。如某大楼的走廊和门厅采用可燃材料吊顶，火灾时很快烧毁，掉落在走廊地面上，未疏散出的人员不敢通过走廊进行疏散，耽误了疏散时间，以致造成伤亡事故。我国建筑物吊顶的耐火极限一般为15min，它限定了允许疏散时间不能超过这一极限。

但是，由于建筑构件，特别是吊顶的燃烧破坏，一般都比出现一氧化碳等有毒烟气、高温或严重缺氧的时间晚。所以，在确定允许疏散时间时，首先要考虑火场上烟气中毒问题。产生大量有毒气体和出现高温、缺氧等情况，一般是在轰燃之后，故允许疏散时间应控制在轰燃之前，并适当考虑安全系数。一、二级耐火等级的公共建筑与高层民用建筑，其允许疏散时间为5~7min，三、四级耐火等级建筑的允许疏散时间为2~4min。

考虑影剧院、礼堂的观众厅，容纳人员密度大，安全疏散比较重要，所以允许疏散时间要从严控制。一、二级耐火等级的影剧院允许疏散时间为2min，三级耐火等级的允许疏散时间为1.5min。由于体育馆的规模一般比较大，观众厅容纳人数往往是影剧院的几倍到几十倍，火灾时的烟层下降速度、温度上升速度、可燃装修材料、疏散条件等，也不同于影剧院，疏散时间一般比较长，所以对一、二级耐火等级的体育馆，其允许疏散时间为3~4min。

工业厂房的疏散时间根据生产的火灾危险性不同而异。考虑到甲类生产的火灾危险性大，燃烧速度快，允许疏散时间控制在30s以内，而乙类生产的火灾危险性较甲类生产要小，燃烧速度要慢，故允许疏散时间控制在1min左右。

总之，在进行建筑物安全疏散设计时，其疏散总时间必须小于或等于允许疏散时间，否则是不安全的。

（二）百人宽度指标

百人宽度指标的含义是，每百人在允许疏散时间内，以单股人流形式疏散所需的疏散宽度，即

$$百人宽度指标 = \frac{N}{At}b \tag{6-1}$$

式中　N——疏散人数（即100人）；

　　　t——允许疏散时间（min）；

　　　A——单股人流通行能力（平、坡地面为43人/min；阶梯地面为37人/min）；

　　　b——单股人流宽度，0.55~0.6m。

【例6-1】　已知一、二级耐火等级建筑中观众厅的允许疏散时间为2min，计算100人所需的疏散宽度（即百人宽度指标）。

【解】　门和平坡地面：百人宽度指标 $= \frac{100}{2 \times 43} \times 0.55\text{m} \approx 0.64\text{m}$，取0.65m

阶梯地面和楼梯：百人宽度指标 $= \frac{100}{2 \times 37} \times 0.55\text{m} \approx 0.74\text{m}$，取0.75m

影响安全出口宽度的因素很多，如建筑物的耐火等级与层数、使用人数、允许疏散时间、疏散路线是平地还是阶梯等。防火规范中规定的百人宽度指标，是根据式（6-1）并考虑其影响因素后，通过计算、调整得出的。

1) 剧场、电影院、礼堂、体育馆等场所的疏散走道、疏散楼梯、疏散门、安全出口的各自总宽度，应符合下列规定：

① 观众厅内疏散走道的净宽度应按每100人不小于0.6m计算，且不应小于1m；边走道的净宽度不宜小于0.8m。

布置疏散走道时，横走道之间的座位排数不宜超过20排；纵走道之间的座位数，如剧场、电影院、礼堂等，每排不宜超过22个；体育馆每排不宜超过26个；前后排座椅的排距不小于0.9m时，可增加1倍，但不得超过50个；仅一侧有纵走道时，座位数应减少一半。

② 剧场、电影院、礼堂等场所供观众疏散的所有内门、外门、楼梯和走道的各自总宽度，应根据疏散人数按每100人的最小疏散净宽度不小于表6-3的规定计算确定。

表 6-3 剧场、电影院、礼堂等场所每 100 人所需最小疏散净宽度

（单位：m/百人）

观众厅座位数/个			≤2500	≤1200
耐火等级			一、二级	三级
疏散部位	门和走道	平坡地面	0.65	0.85
		阶梯地面	0.75	1
	楼梯		0.75	1

③ 体育馆供观众疏散的所有内门、外门、楼梯和走道的各自总宽度，应根据疏散人数按每 100 人的最小疏散净宽度不小于表 6-4 的规定计算确定。

表 6-4 体育馆每 100 人所需最小疏散净宽度 （单位：m/百人）

观众厅座位数			3000~5000	5001~10000	10001~20000
疏散部位	门和走道	平坡地面	0.43	0.37	0.32
		阶梯地面	0.5	0.43	0.37
	楼梯		0.5	0.43	0.37

注：表 6-4 中对应较大座位数范围按规定计算的疏散总宽度，不应小于对应相邻较小座位数范围按其最多座位数计算的疏散总宽度。对于观众厅座位数少于 3000 个的体育馆，计算供观众疏散的所有内门、外门、楼梯和走道的各自总宽度时，每 100 人的最小疏散净宽度不应小于表 6-3 的规定。

④ 有等场需要的入场门不应作为观众厅的疏散门。

2）除剧场、电影院、礼堂、体育馆外的其他公共建筑，其疏散走道、安全出口、疏散楼梯和房间疏散门的各自总宽度，应符合下列规定：

① 每层疏散走道、安全出口、疏散楼梯和房间疏散门的各自总宽度，应根据疏散人数按每 100 人的最小疏散净宽度不小于表 6-5 的规定计算确定。当每层疏散人数不等时，疏散楼梯的总宽度可分层计算，地上建筑内下层楼梯的总宽度应按该层及以上疏散人数最多一层的疏散人数计算；地下建筑内上层楼梯的总宽度应按该层及以下疏散人数最多一层的人数计算。

表 6-5 每层疏散走道、安全出口、疏散楼梯和房间疏散门的每 100 人最小疏散净宽度

（单位：m/百人）

层数		耐火等级		
		一、二级	三级	四级
地上楼层	1~2层	0.65	0.75	1
	3层	0.75	1	—
	≥4层	1.00	1.25	—
地下楼层	与地面出入口地面的高差≤10m	0.75	—	—
	与地面出入口地面的高差>10m	1	—	—

② 地下或半地下人员密集的厅、室和歌舞娱乐放映游艺场所，其疏散走道、安全出口、疏散楼梯和房间疏散门的各自总宽度，应根据疏散人数按每 100 人不小于 1m 计算确定。

③ 首层外门的总宽度应按该层及以上疏散人数最多的一层的疏散人数计算确定，不供其他楼层人员疏散的外门，可按本层疏散人数计算确定。

④ 录像厅、放映厅的疏散人数，应根据厅、室的建筑面积按 1 人/m^2 计算；其他歌舞娱乐放映游艺场所的疏散人数，应根据厅、室的建筑面积按 0.5 人/m^2 计算。

⑤ 有固定座位的场所，其疏散人数可按实际座位数的 1.1 倍计算。

⑥ 展览厅的疏散人数应根据该展览厅的建筑面积按 0.75 人/m^2 计算。

⑦ 商店的疏散人数应按每层营业厅的建筑面积乘以表 6-6 规定的人员密度计算。对于建材商店、家具和灯饰展示建筑，其人员密度可按表 6-6 规定值的 30% 确定。

表 6-6　商店营业厅内的人员密度　　　　　　　　　　　（单位：人/m^2）

楼层位置	地下第二层	地下第一层	地上第一、二层	地上第三层	地上第四层及以上各层
人员密度	0.56	0.6	0.43~0.6	0.39~0.54	0.3~0.42

⑧《办公建筑设计规范》(JGJ 67—2006)规定：普通办公室每人使用面积不应小于 $4m^2$，即 0.25 人/m^2。

⑨《饮食建筑设计规范》(JGJ 64—1989)规定：一、二、三级餐馆每座最小使用面积分别为 $1.3m^2$、$1.1m^2$、$1m^2$，根据该条可以计算出餐馆的座位数，也就是疏散人数。

⑩ 其他建筑的疏散人数应按有关设计规范或经调查分析确定合理的使用人数。

3) 厂房内疏散楼梯、走道、门的各自总净宽度，应根据疏散人数按每 100 人的最小疏散净宽度不小于表 6-7 的规定计算确定。当每层疏散人数不相等时，疏散楼梯的总净宽度应分层计算，下层楼梯总净宽度应按该层及以上疏散人数最多一层的疏散人数计算；首层外门的总净宽度应按该层及以上疏散人数最多一层的疏散人数计算。

表 6-7　厂房内疏散楼梯、走道和门的每 100 人最小疏散净宽度　　（单位：m/百人）

厂房层数/层	1~2	3	≥4
最小疏散净宽度	0.6	0.8	1

（三）最小净宽度

当建筑物使用人数不多，其安全出口的宽度经计算数值又很小时，为便于人员疏散，首层疏散外门、楼梯和走道应满足最小宽度的要求。

1) 公共建筑内安全出口和疏散门的净宽度不应小于 0.9m，疏散走道和疏散楼梯的净宽度不应小于 1.1m。

高层公共建筑的疏散楼梯和首层楼梯间的疏散门、首层疏散外门和疏散走道的最小净宽度应符合表 6-8 的规定。

表 6-8　高层公共建筑的疏散楼梯和楼梯间的疏散门、首层疏散外门和疏散走道的最小净宽度

　　　　　　　　　　　　　　　　　　　　　　　　　　　　　　　　　　（单位：m）

建筑类别	疏散楼梯	首层疏散外门	走道	
			单面布房	双面布房
高层医疗建筑	1.3	1.3	1.4	1.5
其他高层公共建筑	1.2	1.2	1.3	1.4

2）观众厅及其他人员密集场所的疏散门，其净宽度不应小于1.4m，且不应设置门槛，紧靠门口内外各1.4m范围内不应设置踏步。人员密集场所的室外疏散通道的净宽度不应小于3m，并应直通宽敞地带。

3）住宅建筑的首层疏散外门、疏散走道和疏散楼梯的净宽度不应小于1.1m，安全出口和户门的净宽度不应小于0.9m。高层住宅建筑疏散走道的净宽度不应小于1.2m。

4）厂房内疏散楼梯的最小净宽度不宜小于1.1m，疏散走道的最小净宽度不宜小于1.40m，门的最小净宽度不宜小于0.9m。首层外门的最小净宽度不应小于1.20m。

第三节　安全疏散距离

安全疏散距离直接影响疏散所需时间，距离过长对安全疏散是十分不利的。安全疏散距离包括两个部分，一是房间内最远点到房门的疏散距离，二是从房门到疏散楼梯间或外部出口的距离。我国规范就是采用限制安全疏散距离的办法来保证疏散行动时间的。

一、影响安全疏散距离的各种因素

1. 发生火灾时高温烟气对人的影响

据火场实测，人在烟雾中通过的极限距离一般不超过30m，故从房门（或住宅户内）到最近的安全出口距离不宜超过30m。

2. 使用建筑物的人员素质情况

如医院病房楼、托幼建筑等，使用这类建筑的人不是病人就是小孩，都缺乏独立疏散能力，故此类建筑应从严要求。

3. 人员密集程度

人员密集的建筑物发生火灾时容易出现拥挤、混乱等情况，故此类建筑的安全疏散距离宜短不宜长，短则便于疏散，长则易发生伤亡事故。

4. 人员对疏散路线的熟悉程度

一般来说，发生火灾时熟悉疏散路线的人不易受阻，不熟悉疏散路线的人容易惊慌，且不易找到出口，影响疏散时间。

二、公共建筑的安全疏散距离

公共建筑的安全疏散距离应符合下列规定：

1）直通疏散走道的房间疏散门至最近安全出口的距离不应大于表6-9的规定。

2）直通疏散走道的房间疏散门至最近敞开楼梯间的距离，当房间位于两个楼梯间之间时，应按表6-9的规定减少5m；当房间位于袋形走道两侧或尽端时，应按表6-9的规定减少2m。

3）楼梯间应在首层直通室外，确有困难时，可在首层采用扩大的封闭楼梯间或防烟楼梯间前室。当层数不超过4层，且未采用扩大的封闭楼梯间或防烟楼梯间前室时，可将直通室外的门设置在离楼梯间不大于15m处。

4）房间内任一点至该房间直通疏散走道的疏散门的距离，不应大于表6-9规定的袋形走道两侧或尽端的疏散门至最近安全出口的距离。

表 6-9 直通疏散走道的房间疏散门至最近安全出口的距离 （单位：m）

名称			位于两个安全出口之间的疏散门			位于袋形走道两侧或尽端的疏散门		
			一、二级	三级	四级	一、二级	三级	四级
托儿所、幼儿园、老年人建筑			25	20	15	20	15	10
歌舞娱乐放映游艺场所			25	20	15	9	—	—
医疗建筑	单、多层		35	30	25	20	15	10
	高层	病房部分	24	—	—	12	—	—
		其他部分	30	—	—	15	—	—
教学建筑	单、多层		35	30	25	22	20	10
	高层		30	—	—	15	—	—
高层旅馆、展览建筑			30	—	—	15	—	—
其他建筑	单、多层		40	35	25	22	20	15
	高层		40	—	—	20	—	—

注：1. 建筑内开向敞开式外廊的房间疏散门至最近安全出口的距离可按本表增加5m。
　　2. 建筑物内全部设置自动喷水灭火系统时，其安全疏散距离可按本表及其注1的规定增加25%。

5）一、二级耐火等级公共建筑内疏散门或安全出口不少于2个的观众厅、展览厅、多功能厅、餐厅、营业厅等，其室内任一点至最近疏散门或安全出口的直线距离不应大于30m；当该疏散门不能直通室外地面或疏散楼梯间时，应采用长度不大于10m的疏散走道通至最近的安全出口。当该场所设置自动喷水灭火系统时，其安全疏散距离可增加25%。

6）位于两座疏散楼梯之间的袋形走道两侧或尽端的房间（图6-4），其安全疏散距离应按下式计算

$$a + 2b \leq c \tag{6-2}$$

式中　a——一般走道与位于两位楼梯之间的袋形走道中心线交叉点至较近楼梯间或门的距离；
　　　b——两座楼梯之间的袋形走道端部的房间门至普通走道中心交叉点的距离；
　　　c——两座楼梯间或两个外部出口之间最大允许距离的一半。

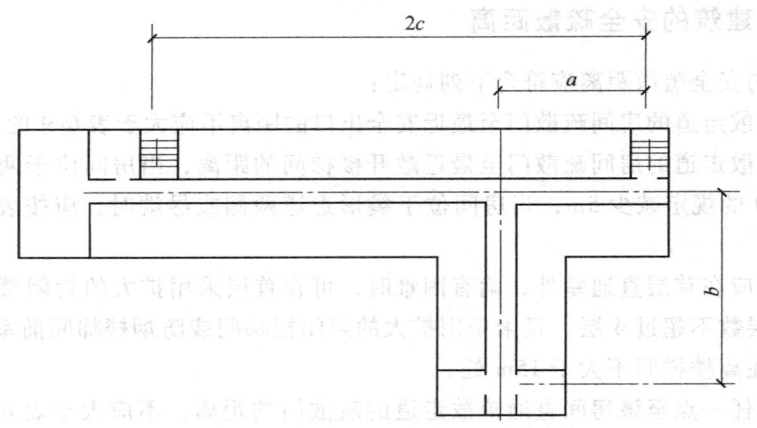

图 6-4　位于两座楼梯之间的袋形走道

三、住宅建筑的安全疏散距离

住宅建筑的安全疏散距离应符合下列规定：
1) 直通疏散走道的户门至最近安全出口的距离不应大于表 6-10 的规定。

表 6-10　住宅建筑直通疏散走道的户门至最近安全出口的距离　（单位：m）

住宅建筑类别	位于两个安全出口之间的户门			位于袋形走道两侧或尽端的户门		
	一、二级	三级	四级	一、二级	三级	四级
单、多层	40	35	25	22	20	15
高层	40	—	—	20	—	—

注：1. 开向敞开式外廊的户门至最近安全出口的最大距离可按本表增加 5m。
　　2. 住宅建筑内全部设置自动喷水灭火系统时，其安全疏散距离可按本表及其注 1 的规定增加 25%。

2) 直通疏散走道的户门至最近敞开楼梯间的距离，当户门位于两个楼梯间之间时，应按表 6-10 的规定减少 5m；当户门位于袋形走道两侧或尽端时，应按表 6-10 的规定减少 2m。

3) 跃廊式住宅户门至最近安全出口的距离，应从户门算起，小楼梯的一段距离可按其水平投影长度的 1.5 倍计算。

4) 楼梯间应在首层直通室外，或在首层采用扩大的封闭楼梯间或防烟楼梯间前室。层数不超过 4 层时，可将直通室外的门设置在离楼梯间不大于 15m 处。

5) 户内任一点至其直通疏散走道的户门的距离不应大于表 6-10 规定的袋形走道两侧或尽端的疏散门至最近安全出口的最大距离。

注：跃层式住宅，户内楼梯的距离可按其梯段水平投影长度的 1.5 倍计算。

四、厂房的安全疏散距离

确定厂房的安全疏散距离时，需要考虑楼层的实际情况（如单层、多层，高层）、生产的火灾危险性类别及建筑物的耐火等级。厂房内任一点至最近安全出口的距离不应大于表 6-11 的规定。从表中可以看出，火灾危险性越大，安全疏散距离要求越严，厂房的耐火等级越低，安全疏散距离要求越严。而对于丁、戊类生产，当采用一、二级耐火等级的厂房时，其疏散距离可以不受限制。

表 6-11　厂房内任一点至最近安全出口的距离　（单位：m）

生产的火灾危险性类别	耐火等级	单层厂房	多层厂房	高层厂房	地下或半地下厂房（包括地下或半地下室）
甲	一、二级	30	25	—	—
乙	一、二级	75	50	30	—
丙	一、二级	80	60	40	30
	三级	60	40	—	—
丁	一、二级	不限	不限	50	45
	三级	60	50	—	—
	四级	50	—	—	—
戊	一、二级	不限	不限	75	60
	三级	100	75	—	—
	四级	60	—	—	—

第四节 疏散楼梯和楼梯间

当建筑物发生火灾时，普通电梯没有采取有效的防火防烟措施，因供电中断，一般会停止运行，上部楼层的人员只有通过楼梯才能疏散到建筑物的外边，因此楼梯成为最主要的垂直疏散设施，它既是人员避难和疏散的路线，又是消防队员灭火的辅助进攻路线。楼梯一般设在楼梯间内，其三面或四面的围护结构对楼梯可以起到一定的保护作用。

一、疏散楼梯间的一般要求

1）楼梯间应能天然采光和自然通风，并宜靠外墙设置。靠外墙设置时，楼梯间、前室及合用前室外墙上的窗口水平距离两侧门、窗、洞口的最近边缘不应小于1m。

2）楼梯间内不应设置烧水间、可燃材料储藏室、垃圾道。

3）楼梯间内不应有影响疏散的凸出物或其他障碍物。

4）封闭楼梯间、防烟楼梯间及其前室不应设置卷帘。

5）楼梯间内不应设置甲、乙、丙类液体管道。

6）封闭楼梯间、防烟楼梯间及其前室内禁止穿过或设置可燃气体管道。公共建筑的敞开楼梯间内不应设置可燃气体管道；住宅建筑的敞开楼梯间内不宜设置可燃气体管道和可燃气体计量表，必须设置时，应采用金属管和设置切断气源的阀门。

二、敞开楼梯间

敞开楼梯间是低多层建筑常用的基本形式。该楼梯的典型特征是，不论它是一跑、两跑、三跑，还是剪刀式，其楼梯与走廊或大厅都是敞开在建筑物内，即不封闭的楼梯间，在发生火灾时不能阻挡烟气进入，而且可能成为向其他楼层蔓延的主要通道，因此是不太安全的。

虽然这种楼梯间安全可靠程度不大，但使用方便、经济，适用于低多层的居住建筑和公共建筑中（图6-5）。

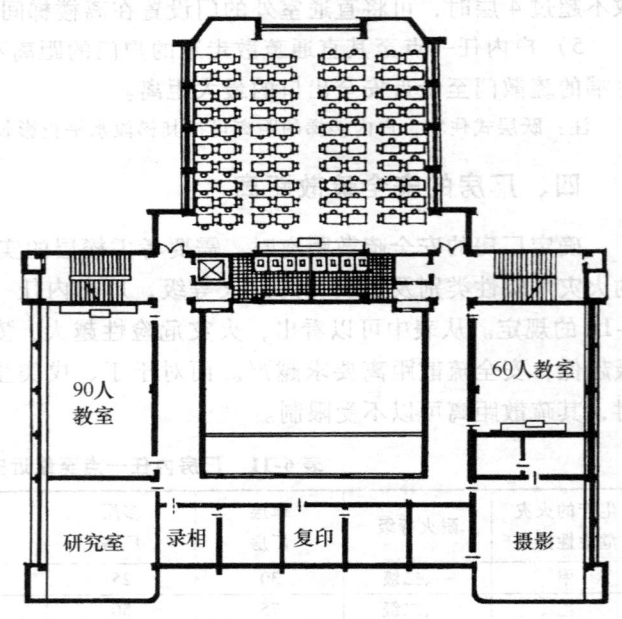

图6-5 敞开楼梯间

三、封闭楼梯间

根据我国经济技术条件和建筑设计的实际情况，当建筑标准不高，而且层数不多时，也可采用封闭楼梯间。封闭楼梯间是指在楼梯间入口处设有能阻挡烟气的乙级防火门或双向弹簧门的楼梯间，如图6-6所示。因为这种楼梯间有墙和门与走道分隔，故相对来说是比较安全的，但因这种楼梯间只设有一道门，当疏散人员连续进入楼梯间时在门扇开启处会留有缝隙，难以保证不使烟气进入楼梯间，所以，对这种楼梯间的使用范围仍应加以限制。

（一）封闭楼梯间的适用范围

下列建筑内应设置封闭楼梯间：

1）裙房和建筑高度不大于 32m 的二类高层公共建筑，其疏散楼梯应采用封闭楼梯间。

2）下列多层公共建筑的疏散楼梯，除与敞开式外廊直接相连的楼梯间外，均应采用封闭楼梯间：

① 医疗建筑、旅馆、老年人建筑。
② 设置歌舞娱乐放映游艺场所的建筑。
③ 商店、图书馆、展览建筑、会议中心及类似使用功能的建筑。
④ 6 层及以上的其他建筑。

3）建筑高度不大于 21m 的住宅建筑，当疏散楼梯与电梯井相邻布置时，其疏散楼梯应采用封闭楼梯间；建筑高度大于 21m、不大于 33m 的住宅建筑，其疏散楼梯应采用封闭楼梯间。建筑高度不大于 33m 的住宅建筑，当户门采用乙级防火门时，楼梯间可不封闭。

4）除要求设置防烟楼梯间以外的其他地下或半地下建筑（室）。

5）高层厂房和甲、乙、丙类多层厂房。

6）高层仓库。

（二）封闭楼梯间的构造要求

1）楼梯间的首层可将走道和门厅等包括在楼梯间内，形成扩大的封闭楼梯间，但应采用乙级防火门等与其他走道和房间分隔（图6-7）。

2）除楼梯间的出入口和外窗外，楼梯间的墙上不应开设其他门、窗、洞口。

3）高层建筑，人员密集的公共建筑，人员密集的多层丙类厂房及甲、乙类厂房，其封闭楼梯间的门应采用乙级防火门，并应向疏散方向开启；其他建筑，可采用双向弹簧门。

4）不能自然通风或自然通风不能满足要求时，应设置机械加压送风系统或按防烟楼梯间的要求设置。

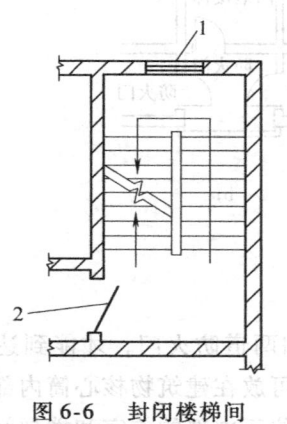

图6-6 封闭楼梯间
1—外窗 2—防火门

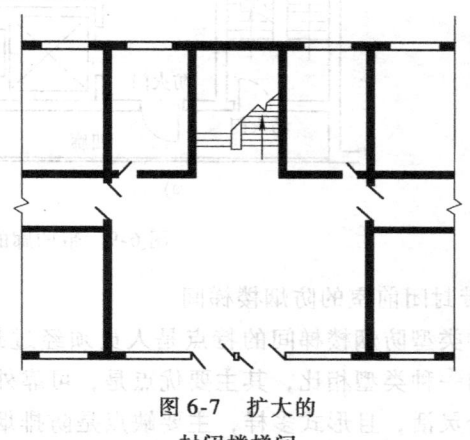

图6-7 扩大的封闭楼梯间

四、防烟楼梯间

防烟楼梯间是指在楼梯间入口处设有前室或可供排烟用的阳台、凹廊，通向前室、阳台、凹廊和楼梯间的门均为乙级防火门的楼梯间。因为这种楼梯间设有两道防火门和防烟设施，所以在这三种楼梯间中它是最安全的，是高层建筑中常用的楼梯间形式。

（一）防烟楼梯间的类型

1. 带开敞前室的防烟楼梯间

这种类型防烟楼梯间的特点是以阳台或凹廊作为前室，疏散人员须通过开敞的前室和两道防火门才能进入楼梯间内。其优点是自然风力能将随人流进的烟气迅速排走，同时，转折的路线也使烟气很难袭入楼梯间，无须再设其他的排烟装置。因此，这是安全性最高和最为经济的一种类型。但是，只有当楼梯间能靠外墙时才有可能采用，故有一定的局限性。

带阳台的防烟楼梯间如图6-8所示。带凹廊的防烟楼梯间如图6-9所示。

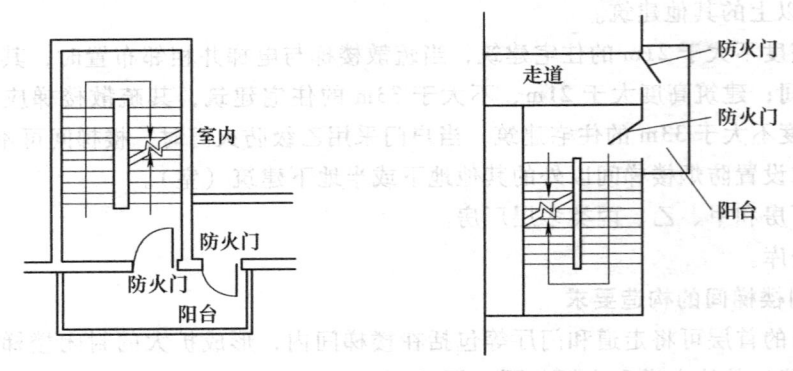

图6-8 带阳台的防烟楼梯间

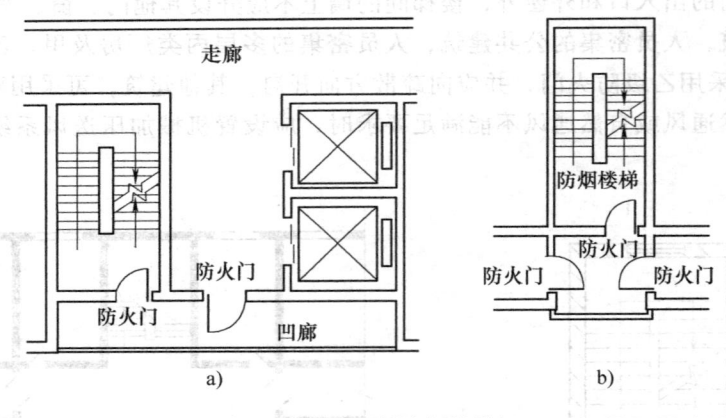

图6-9 带凹廊的防烟楼梯间

2. 带封闭前室的防烟楼梯间

这种类型防烟楼梯间的特点是人员须经过封闭的前室和两道防火门，才能到达楼梯间内，与前一种类型相比，其主要优点是，可靠外墙布置，也可放在建筑物核心筒内部。平面布置十分灵活，且形式多样，主要缺点是防排烟比较困难；位于内部的前室和楼梯间须设机械防烟设施，设备复杂和经济性差，而且效果不易完全保证。当靠外墙时可利用窗口自然排烟。

（1）利用自然排烟的防烟楼梯间（图6-10） 这种楼梯间，在平面布置时，宜设靠外墙的前室，并在外墙上设有开启面积不小于$2m^2$的窗户，平时可以是关闭状态，但发生火灾时窗户应全部开启。由走道进入前室和由前室进入楼梯间的门必须是乙级防火门，平时及火灾时乙级防火门处于关闭状态。

发生火灾时，疏散人流由走道进入前室时，会有少量的烟气随之而入，由于前室的窗户，一般情况下，进入前室的少量烟积聚在顶棚附近，并逐渐地向窗口流动。在前室处于建筑物背风面时，即大气形成的负压区，前室内顶部飘动的烟气通过前室的窗户排出室外，达到防烟的效果。前室处于迎风面时，窗户打开之后，前室处于正压状态。试验研究证明，只要有速度为0.7~1m/s的风从前室吹向走道，就能阻止烟气进入。实际上，高层建筑中若能将迎风面的窗打开，所受的风速要远远大于1m/s。因此处于迎风面的防烟前室，能保障前室防烟的效果和人员的安全。

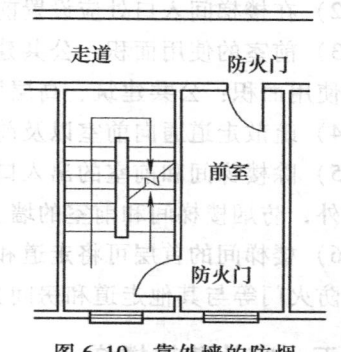

图6-10 靠外墙的防烟楼梯间平面示意图

（2）采用机械防烟的楼梯间　高层建筑高度越来越大，为满足抗风、抗震的需求，广泛应用了筒体结构。例如上海420m高的金茂大厦，就是采用筒体结构体系。这类筒体结构的建筑采用中心核式布置。由于其楼梯位于建筑物的内核，因而只能采用机械加压防烟楼梯间（图6-11）。加压方式有仅给楼梯间加压（图6-11a、b）、仅对前室或合用前室加压（图6-11c）等方式，应根据实际情况选用。楼梯间加压应保持余压值为40~50Pa，并利用气压的渗漏量对前室间接加压，使之高于走道的压力；前室加压应保持余压值为25~30Pa。

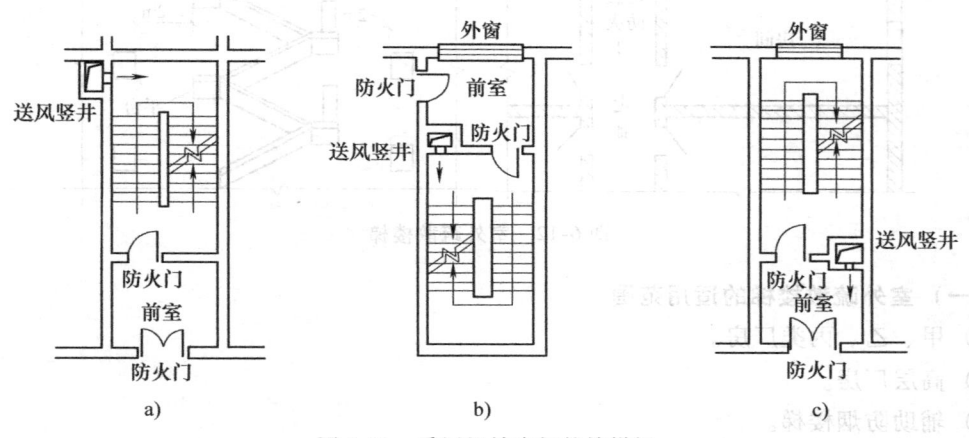

图6-11 采用机械防烟的楼梯间

（二）防烟楼梯间的适用范围

防烟楼梯间的安全度最高，发生火灾时，能够保障所在楼层人员的疏散安全，并有效地阻止火灾向起火层以上的其他楼层蔓延。防烟楼梯间是高层建筑中常用的楼梯形式，在下列情况下应设置防烟楼梯间：

1）一类高层公共建筑及建筑高度大于32m的二类高层公共建筑。

2）建筑高度大于33m的住宅建筑。

3）建筑高度大于32m且任一层人数超过10人的厂房。

4）地下商店和设有歌舞娱乐放映游艺场所的地下建筑，当地下层数为3层及3层以上，以及地下室内地面与室外出入口地坪高差大于 10m 时。

（三）防烟楼梯间的构造要求

1）应设置防烟设施，并应符合规范要求。

2）在楼梯间入口处应设置前室等。前室可与消防电梯间前室合用。

3）前室的使用面积：公共建筑，不应小于 $6m^2$；住宅建筑，不应小于 $4.5m^2$。合用前室的使用面积：公共建筑、高层厂房，不应小于 $10m^2$；住宅建筑，不应小于 $6m^2$。

4）疏散走道通向前室以及前室通向楼梯间的门应采用乙级防火门。

5）除楼梯间和前室的出入口、楼梯间和前室内设置的正压送风口和住宅建筑的楼梯间前室外，防烟楼梯间和前室的墙上不应开设其他门、窗、洞口。

6）楼梯间的首层可将走道和门厅等包括在楼梯间前室内，形成扩大的前室，但应采用乙级防火门等与其他走道和房间分隔。

五、室外疏散楼梯

在建筑的外墙上设置简易的、全部敞开的室外楼梯，且常布置在建筑端部，不占室内有效的建筑面积（图 6-12），它不易受烟火的威胁，侵入的烟气能迅速被风吹走，因此，它的防烟效果和经济性都较好。

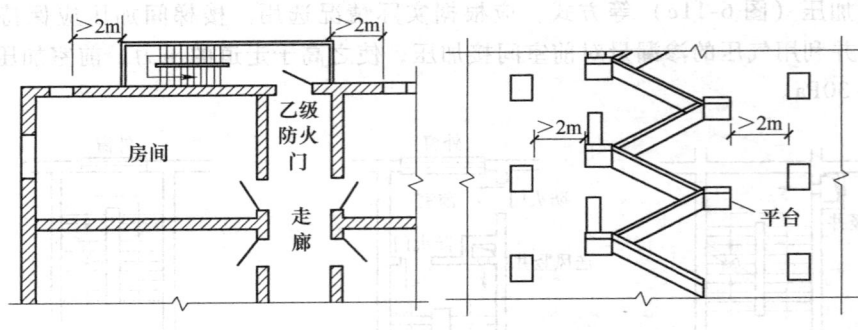

图 6-12 室外疏散楼梯

（一）室外疏散楼梯的适用范围

1）甲、乙、丙类厂房。

2）高层厂房。

3）辅助防烟楼梯。

（二）室外疏散楼梯的构造要求

室外楼梯作为疏散楼梯应符合下列规定：

1）栏杆扶手的高度不应小于 1.1m，楼梯的净宽度不应小于 0.9m。

2）倾斜度不应大于 45°。

3）梯段和平台均应采用不燃材料制作。平台的耐火极限不应低于 1.00h，梯段的耐火极限不应低于 0.25h。

4）通向室外楼梯的门宜采用乙级防火门，并向外开启。

5）除疏散门外，楼梯周围 2m 内的墙面上不应设置门、窗、洞口。疏散门不应正对梯段。

六、剪刀楼梯

剪刀楼梯又称叠合楼梯或套梯。它是在同一个楼梯间内设置了一对相互交叉,又相互隔绝的疏散楼梯。剪刀楼梯在每层楼之间的梯段一般为单跑梯段,如图 6-13 所示。剪刀楼梯的重要特点是,同一个楼梯间内设有两部疏散楼梯,并构成两个出口,有利于在较为狭窄的空间内组织双向疏散。

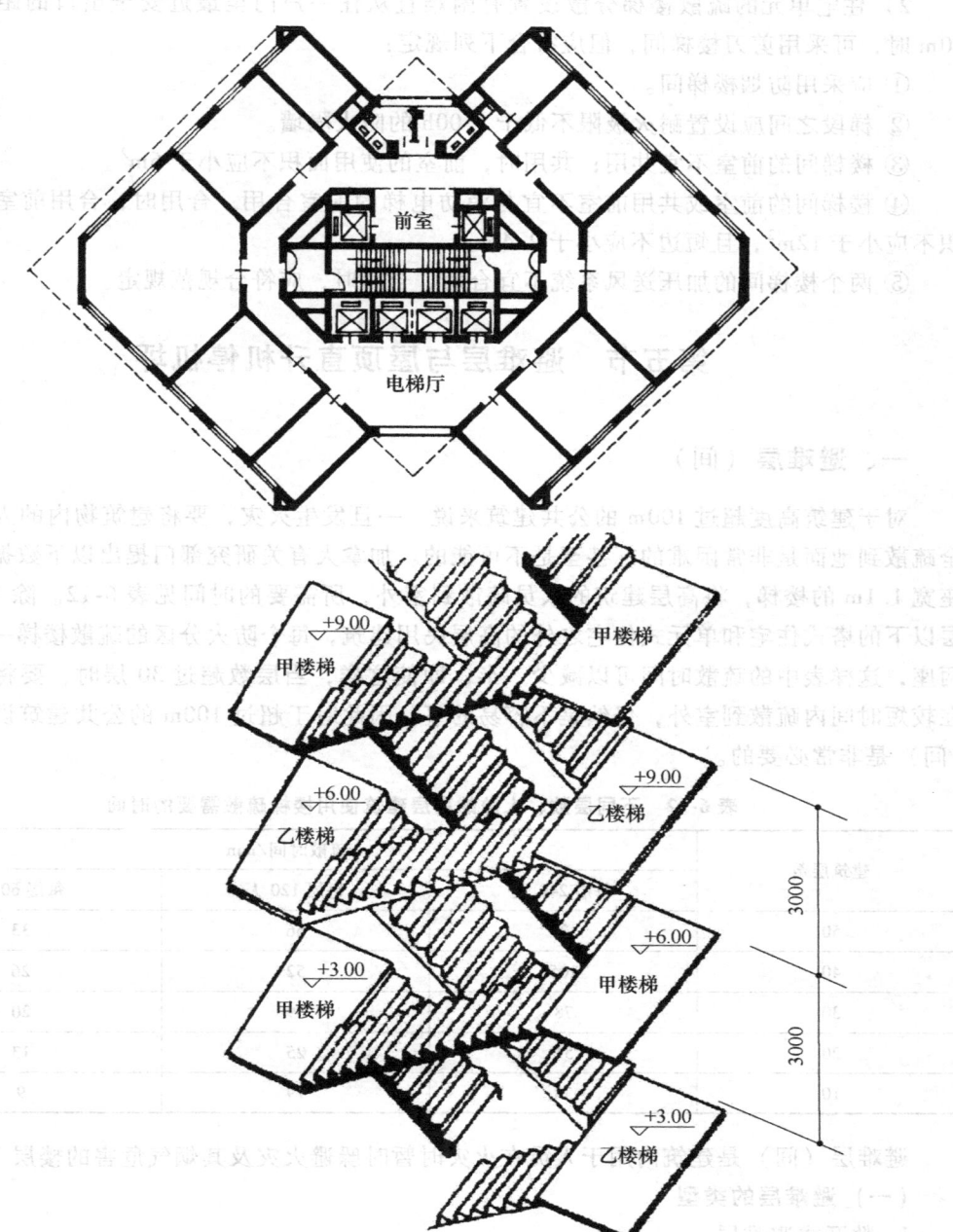

图 6-13 剪刀楼梯示意图

1) 高层公共建筑的疏散楼梯，当分散设置确有困难且从任一疏散门至最近疏散楼梯间入口的距离小于10m时，可采用剪刀楼梯间，但应符合下列规定：
① 楼梯间应为防烟楼梯间。
② 梯段之间应设置耐火极限不低于1.00h的防火隔墙。
③ 楼梯间的前室应分别设置。
④ 楼梯间内的加压送风系统不应合用。

2) 住宅单元的疏散楼梯分散设置有困难且从任一户门至最近安全出口的距离不大于10m时，可采用剪刀楼梯间，但应符合下列规定：
① 应采用防烟楼梯间。
② 梯段之间应设置耐火极限不低于1.00h的防火隔墙。
③ 楼梯间的前室不宜共用；共用时，前室的使用面积不应小于6m²。
④ 楼梯间的前室或共用前室不宜与消防电梯的前室合用；合用时，合用前室的使用面积不应小于12m²，且短边不应小于2.4m。
⑤ 两个楼梯间的加压送风系统不宜合用，合用时，应符合规范规定。

第五节 避难层与屋顶直升机停机坪

一、避难层（间）

对于建筑高度超过100m的公共建筑来说，一旦发生火灾，要将建筑物内的人员全部安全疏散到地面是非常困难的，甚至是不可能的。加拿大有关研究部门提出以下数据，使用一座宽1.1m的楼梯，将高层建筑的人员疏散到室外，所需要的时间见表6-12。除18层及18层以下的塔式住宅和单元式住宅之外的高层民用建筑，每个防火分区的疏散楼梯一般不少于两座，这样表中的疏散时间可以减少一半，即使这样，当层数超过30层时，要将内部人员在较短时间内疏散到室外，仍然是不容易的事，因此对于超过100m的公共建筑设置避难层（间）是非常必要的。

表6-12 不同层数、人数的高层建筑使用楼梯疏散需要的时间

建筑层数	疏散时间/min		
	每层240人	每层120人	每层60人
50	131	66	33
40	105	52	26
30	78	39	20
20	51	25	13
10	38	19	9

避难层（间）是建筑内用于人员在火灾时暂时躲避火灾及其烟气危害的楼层（房间）。

（一）避难层的类型

1. 敞开式避难层

敞开式避难层不设围护结构，为全敞开式，一般设在建筑物的顶层或屋顶之上。这种避

难层采用自然通风排烟方式，结构处理比较简单，但不能绝对保证本身不受烟气侵害，也不能防止雨雪的侵袭。为此，这种避难层只适用于温暖地区，在我国北方大部分地区都不适用。

2. 半敞开式避难层

半敞开式避难层四周设有防护墙（一般不低于1.2m），上半部设有窗口，窗口多用铁百叶窗封闭。

这种避难层通常也采用自然通风排烟方式，四周设置的防护墙和铁百叶窗可以起到防止烟火侵害的作用。但它仍具有敞开式避难层的不足，故也只适用于非寒冷地区。

3. 封闭式避难层

封闭式避难层周围设有耐火的围护结构（外墙、楼板），室内设有独立的空调和防排烟系统，如在外墙上开设窗口时，应采用防火窗。

这种避难层设有可靠的消防设施，足以防止烟气和火焰的侵害，同时还可以避免外界气候条件的影响，因而适用于我国南北方广大地区。

（二）避难层（间）的设置要求

1）建筑高度大于100m的公共建筑，应设置避难层（间）。避难层（间）应符合下列规定：

① 第一个避难层（间）的楼地面至灭火救援场地地面的高度不应大于50m，两个避难层（间）之间的高度不宜大于45m。第一个避难层的设置位置，考虑到火灾时这些避难人员，若不能再通过楼梯疏散，就可以利用云梯车将人员救助出来。目前一些城市的登高消防车，最大作业高度在30～45m，少数大城市的登高消防车在50m。就一般情况而言，两个避难层之间的高度要求可以使疏散时间不会超过允许疏散时间，且避难面积容易得到保证。同时又能使避难层与建筑物的设备层相结合，有效利用建筑物的使用空间。

② 通向避难层的疏散楼梯应在避难层分隔、同层错位或上下层断开。这样楼梯间里的人都要经过避难层才能上楼或下楼，为疏散人员提供了继续疏散还是停留避难的选择机会。同时，使上、下层楼梯间不能相互贯通，减弱了楼梯间的"烟囱"效应，如图6-14所示。

③ 避难层（间）的净面积应能满足设计避难人数避难的要求，并宜按5人/m²计算。避难层的人员面积指标是设计人员比较关心的问题，集聚在避难层的人员密度一般都比平时大，在不致过分拥挤的前提下，考虑我国人员的体型特点，避难层的净面积宜按5人/m²计算。

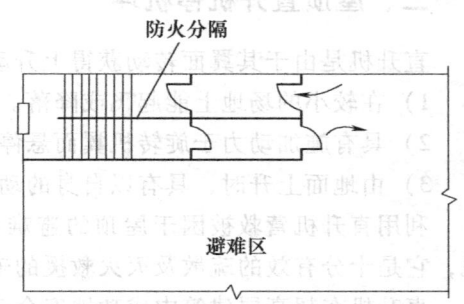

图6-14 避难层疏散楼梯分隔示意

④ 避难层可兼作设备层。设备管道宜集中布置，易燃、可燃液体或气体管道和排烟管道应集中布置，设备管道区应采用防火墙与避难区分隔；管道井和设备间应采用耐火极限不低于2.00h的防火隔墙与避难区分隔。管道井和设备间的门不宜直接开向避难区；必须直接开向避难区时，与避难区出入口的距离不应小于5m，且应采用甲级防火门。由于避难层与空调、上下水设备层的合理间隔层数比较接近，而设备层的层高一般较使用楼层低，二者结合布置，利用设备层这种非常用空间作避难层，是提高建筑空间利用率的一种较好途径。在设计时应注意，各种设备、管道竖井应集中布置，分隔成

间，既方便设备的维护管理，又可使避难层的面积完整。除疏散门和外窗外，避难间内不应设置管道和开设其他开口。

⑤ 消防电梯是供消防人员灭火和救援使用的设施，在避难层应设置消防电梯出口，而普通电梯因不能阻挡烟气进入，则严禁在避难层开设电梯门。

⑥ 为了扑救超高层建筑及避难层的火灾，应设置消火栓和消防软管卷盘。

⑦ 避难层在火灾时停留为数众多的避难者，为了及时和防灾中心及地面消防部门互通信息，避难层应设置消防专线电话和应急广播。

⑧ 在避难层（间）进入楼梯间的入口处和疏散楼梯通向避难层（间）的出口处应设置明显的指示标志。

⑨ 应设置直接对外的可开启窗口或独立的机械防烟设施，外窗应采用乙级防火窗或耐火极限不低于1.00h的C类防火窗。这样处理既可达到防烟防火的目的，又可供给众多避难人员所需要的新鲜空气。

2）高层病房楼应在二层及以上的病房楼层和洁净手术部设置避难间，并应符合下列规定：

① 避难间服务的护理单元不应超过2个，其净面积应按每个护理单元不小于$25m^2$确定。

② 避难间兼作其他用途时，应保证其避难安全和可供避难的净面积不变。

③ 应靠近楼梯间，并应采用耐火极限不低于2.00h的防火隔墙和甲级防火门与其他部位分隔。

④ 应设置消防专线电话和消防应急广播。

⑤ 避难间的入口处应设置明显的指示标志。

⑥ 应设置直接对外的可开启窗口或独立的机械防烟设施，外窗应采用乙级防火窗或耐火极限不低于1.00h的C类防火窗。

3）建筑高度大于100m的住宅建筑应设置避难层，并应符合上述有关避难层的要求。

二、屋顶直升机停机坪

直升机是由于其翼面转动获得上升动力的飞机。直升机有以下三个特点：

1）在较小的场地上能起飞或降落。
2）具有施加动力于旋转机翼而悬停的能力。
3）由地面上升时，具有以自身的动力滑行的能力。

利用直升机营救被困于屋顶的避难者，消防队员从天而降，灭火救人，从消防角度来说，它是十分有效的疏散及灭火救援的辅助设施。

直升机在超高层建筑中成功地安全疏散人员始于20世纪70年代初，其中世界上较有影响的成功案例有两个，一是1972年2月4日巴西圣保罗市31层的安德拉斯大楼火灾，11架直升机经过4个多小时，从屋顶上救出400多名避难者；二是1973年7月23日哥伦比亚波哥大市高36层的航空楼发生火灾，5架直升机经过10个多小时从屋顶上救出250名避难者。当建筑物发生火灾后，人员疏散不是向上就是向下，而火势常把人逼上屋顶，对于楼层比较高的超高层建筑，这些人只能依靠直升机进行疏散。与此相反，1974年巴西圣保罗市焦玛大楼发生火灾，因屋顶未设直升机停靠设施，而且火势猛烈，直升机无法靠近屋顶，致使在屋顶避难的 90 人死于高温浓烟之中。另一方面，直升机还可以运送消防人员和灭火装备。1981 年智利桑塔玛利埃大楼发生火灾后，直升机悬停于屋顶，运送 300 多名消防员投入灭火，使火势很快得到控制。因此在超高层建筑中设置屋顶直升机停机坪是必要的。

屋顶直升机停机坪是发生火灾时供直升机抢救疏散到屋顶平台上的避难人员的停靠设施。这种消防设施多设在超高层建筑的屋顶之上。

（一）设置条件

建筑高度大于 100m 且标准层建筑面积超过 2000m² 的公共建筑，宜设置屋顶直升机停机坪或供直升机救助的设施。目前我国的一些超高层建筑屋顶已设置了停机坪，见表 6-13。

表 6-13　国内直升机停机坪设置情况

建筑名称	用途	楼层数	停机坪位置情况
北京国际贸易中心	办公	39	顶部设停机坪
北京昆仑饭店	旅馆	28	顶部设停机坪
南京金陵饭店	旅馆	37	顶部设停机坪
深圳国际贸易中心	办公	50	顶部设停机坪
上海希尔顿饭店	旅馆	42	顶部设停机坪

（二）设置要求

1）设置在屋顶平台上时，距离设备机房、电梯机房、水箱间、共用天线等凸出物不应小于 5m。

2）建筑通向停机坪的出口不应少于 2 个，每个出口的宽度不宜小于 0.9m。

3）四周应设置航空障碍灯，并应设置应急照明。

4）在停机坪的适当位置应设置消火栓。

5）其他要求应符合国家现行航空管理有关标准的规定。

直升机停机坪的一般要求可参考图 6-15。

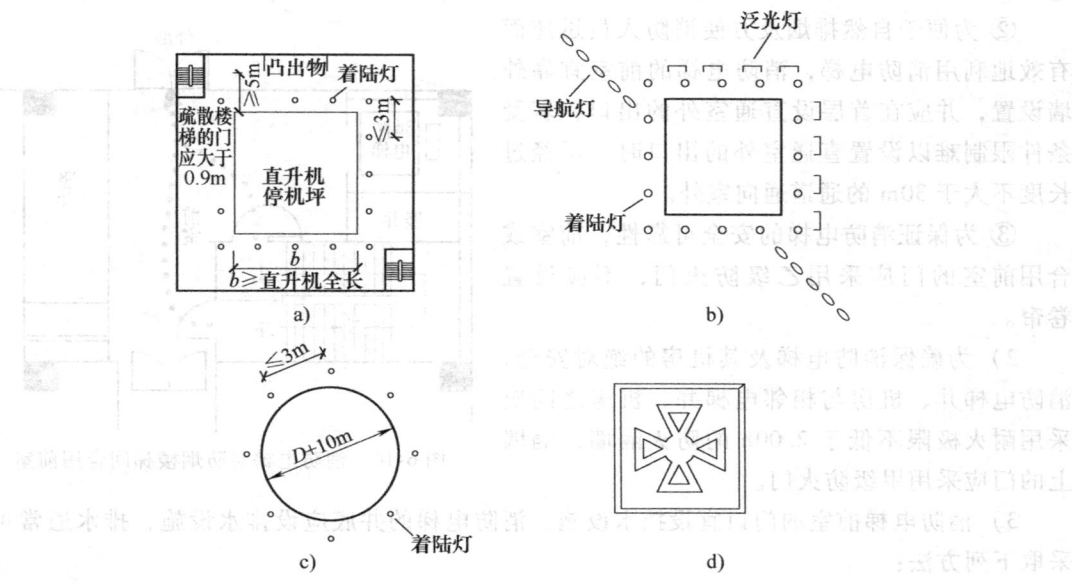

图 6-15　直升机停机坪的一般要求

第六节 消防电梯

高层建筑一旦发生火灾，要求消防指战员必须迅速到达起火部位，并尽快组织扑救。普通电梯因电源没有保障，又不防火，不防烟，故只能依靠疏散楼梯进行攀登，利用疏散楼梯攀登楼层，不仅体力消耗很大，而且还会受到避难人流的阻挡，难以组织有效的灭火战斗，故在高层建筑中设置消防电梯是非常必要的。

一、消防电梯的设置范围及设置数量

1) 下列建筑应设置消防电梯：
① 建筑高度大于33m的住宅建筑。
② 一类高层公共建筑和建筑高度大于32m的二类高层公共建筑。
③ 设置消防电梯的建筑的地下或半地下室，埋深大于10m且总建筑面积大于3000m² 的其他地下或半地下建筑（室）。

消防电梯应分别设置在不同防火分区内，且每个防火分区不应少于1台；地下或半地下建筑（室），可两个防火分区共用1台。

2) 建筑高度大于32m且设置电梯的高层厂房（仓库），每个防火分区内宜设置1台消防电梯。

二、消防电梯的设置要求

1) 为确保发生火灾时不使高温烟气进入电梯井内，以及提供必要的灭火或营救伤员的场所，消防电梯应设前室，并应符合下列要求：

① 前室的使用面积不应小于6m²；与防烟楼梯间合用的前室（图6-16）使用面积：住宅建筑不应小于6m²；公共建筑、高层厂房不应小于10m²。

② 为便于自然排烟及方便消防人员迅速而有效地利用消防电梯，消防电梯的前室宜靠外墙设置，并应在首层设直通室外的出口，若受条件限制难以设置直通室外的出口时，可经过长度不大于30m的通道通向室外。

③ 为保证消防电梯的安全可靠性，前室或合用前室的门应采用乙级防火门，不应设置卷帘。

2) 为确保消防电梯及其机房的绝对安全，消防电梯井、机房与相邻电梯井、机房之间应采用耐火极限不低于2.00h的防火隔墙，隔墙上的门应采用甲级防火门。

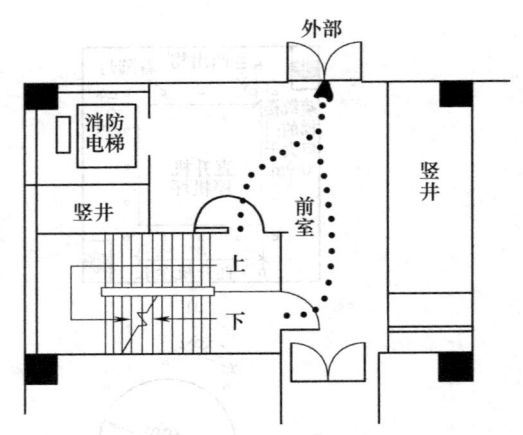

图6-16 消防电梯与防烟楼梯间合用前室

3) 消防电梯前室的门口宜设挡水设施。消防电梯的井底应设排水设施，排水通常可以采取下列方法：

① 消防电梯如不到地下楼层，可将井底的水直接排向室外，为防止雨季雨水倒流，可

在排水管内设置单向阀。

② 当不能将井底的水直接排向室外时，可在井底下部或旁边设置容量不小于 $2m^3$ 的水池，用排水量不小于 10L/s 的水泵，将流入池内的水排向室外。

4）为保证消防电梯在建筑物发生火灾时的安全有效运行，消防电梯还应符合下列规定：

① 应能每层停靠。
② 电梯的载重量不应小于 800kg。
③ 电梯从首层至顶层的运行时间不宜大于 60s。
④ 电梯的动力与控制电缆、电线、控制面板应采取防水措施。
⑤ 在首层的消防电梯入口处应设置供消防队员专用的操作按钮。
⑥ 电梯轿厢的内部装修应采用不燃材料。
⑦ 电梯轿厢内部应设置专用消防对讲电话。

自学指导

本章学习重点：疏散门的设置原则，疏散楼梯间的类型及防火构造要求，安全出口数量的确定。

1）疏散门的设置要求：

① 民用建筑和厂房的疏散门，应采用向疏散方向开启的平开门，不应采用推拉门、卷帘门、吊门、转门和折叠门。除甲、乙类生产车间外，人数不超过 60 人且每樘门的平均疏散人数不超过 30 人的房间，其疏散门的开启方向不限。

② 仓库的疏散门应采用向疏散方向开启的平开门，但丙、丁、戊类仓库首层靠墙的外侧可采用推拉门或卷帘门。

③ 开向疏散楼梯或疏散楼梯间的门，当其完全开启时，不应减少楼梯平台的有效宽度。

④ 人员密集场所内平时需要控制人员随意出入的疏散门和设置门禁系统的住宅、宿舍、公寓建筑的外门，应保证火灾时不需使用钥匙等任何工具即能从内部易于打开，并应在显著位置设置标志和使用提示。

2）疏散楼梯间的类型：敞开楼梯间、封闭楼梯间、防烟楼梯间、剪刀楼梯、室外疏散楼梯。

3）安全出口的数量：无论是民用建筑还是工业建筑，一般情况下安全出口数量要求不少于两个，特殊情况下可设一个。

本章学习难点：安全出口宽度的确定。

安全出口宽度由百人宽度指标和最小疏散宽度两个指标来控制。百人宽度指标计算的是疏散总宽度，除以安全出口数量，得到每个出口的宽度，且不应小于每个出口的最小疏散宽度。

复习思考题

一、判断题

1. 疏散门应向外开启。（   ）

2. 剧场、电影院和礼堂的观众厅或多功能厅，每个疏散门的平均疏散人数不应超过 250 人；当容纳人数超过 2000 人时，其超过 2000 人的部分，每个疏散门的平均疏散人数不应超过 400 人。（   ）

3. 消防电梯的前室应在首层设直通室外的出口，若受条件限制难以设置直通室外的出口时，可经过长度不大于 50m 的通道通向室外。（ ）

二、简答题

1. 什么是安全出口？安全出口的设置原则有哪些？
2. 什么是安全区域？有哪些类型？
3. 了解安全出口的数量及宽度、安全疏散距离如何确定。
4. 疏散楼梯间有哪几种类型？各有哪些防火要求？用图表示。
5. 什么是避难层？有哪些设置要求？
6. 什么是屋顶直升机停机坪？有哪些设置要求？
7. 消防电梯有哪些设置要求？

三、综合应用题

1. 某一、二级多层商场地上一层建筑面积为 $10000m^2$，设有自动报警系统、自动喷水灭火系统和不燃、难燃装修，共设了 11 个 3.6m 宽的对外出口。
   (1) 请问需不需要进一步划分防火分区？
   (2) 请问安全出口的宽度够不够？
2. 某建筑高度为 36m 的医院病房楼，请为其选择适合的疏散楼梯，并画出标准层平面示意图，然后用文字说明其构造要求。

第七章 建筑装修工程防火

学习目标
1. 应了解、知道的内容
  ◇ 建筑装修工程的定义和作用。
  ◇ 建筑装修材料的分类。
  ◇ 建筑装修材料的燃烧性能分级情况。
2. 应理解、清楚的内容
  ◇ 可燃装修的火灾危险性。
  ◇ 建筑装修防火设计要求。
3. 应掌握、会用的内容
  ◇ 依据不同类型的建筑设计要求判定装修设计的合格性。
  ◇ 依据不同类型的外保温系统设计要求判定外保温材料的合格性。
4. 应熟练掌握的内容
  ◇ 常用装修材料的燃烧性能等级。

自学时数 6 学时。

老师导学

本章围绕建筑装修工程防火设计要求展开介绍，对可燃装修的火灾危险性、装修材料的分类与分级、建筑内外部装修的防火设计要求等几个方面进行了分析论述。学习中应首先了解装修工程的定义和作用，知道装修材料分类和燃烧性能分级情况，并应熟练掌握常见建筑装修材料的燃烧性能等级；应理解可燃装修的火灾危险性，清楚建筑装修设计要求，应能够针对具体建筑类型及设计要求，判断建筑内装修、外保温设计的合格性。

建筑装修是采用装饰装修材料或饰物，对建筑物的内外表层及空间所进行的各种处理过程。建筑装修工程的规模虽然远不及建筑主体工程宏大，但是它涉及的材料品种繁多，所采用的构造方法细致复杂，它是建筑主体工程的延伸、深化和完善，能够起到保护建筑构件、完善建筑功能、改善室内环境、美化建筑空间的积极作用。

建筑装修按照施工部位划分为室外装修和室内装修两大类。室外装修是针对建筑外墙、门窗、屋顶、檐口、入口、台阶、建筑小品等部位所进行的功能性或艺术性的处理；室内装修是针对建筑内部空间及构件所进行的装饰装修处理，具体的装修部位，在民用建筑中包括：顶棚、墙面、地面、隔断的装修，以及固定家具、窗帘、帷幕、床罩、家具包布、固定饰物等；在工业厂房中包括顶棚、墙面、地面和隔断的装修。

在建筑装修设计中，如果片面追求装饰效果，导致选材不当或构造缺陷，也会造成潜在的火灾危险性。因此建筑装修设计应妥善处理装修效果和消防安全的矛盾，在装修材料选取上遵循"非燃化"的原则，尤其应避免采用在燃烧时产生大量浓烟或有毒气体的材料，做到功能适用、技术先进、经济合理、安全可靠。

本章围绕可燃装修的火灾危险性、装修材料的分类与分级、建筑内外部装修的防火设计要求等几个方面，对建筑装修工程防火的有关问题进行了阐述。

第一节　可燃装修的火灾危险性

建筑室内外装修是建筑物最表层的"皮肤"，在火灾中必然最先受到影响。由于现代建筑的主体结构通常采用不燃性的钢材、混凝土等材料，因此可燃装修材料就成为建筑火灾的主要可燃物来源之一。大量使用可燃材料进行装修，一旦遭遇火灾势必造成火灾蔓延加剧、火灾损失加重，从而极大地增加建筑物的火灾危险性。以下为两个案例：

1. 2005年6月10日广东汕头市华南宾馆火灾

起火建筑为钢筋混凝土结构宾馆，地上4层，建筑面积 $8000m^2$。建筑的内装修材料大量采用可燃物：吊顶采用木质搁栅和可燃纤维板，楼内多处采用木夹板进行分隔装修，还使用了大量高分子塑料作为面层装饰材料，给火灾惨案的发生埋下了严重的隐患。发生火灾后，该建筑整体浓烟滚滚、形成猛烈燃烧，虽经消防人员奋力扑救，火灾仍造成31人死亡，28人受伤，损失惨重。

宾馆中的可燃装修材料全部烧毁（图7-1），燃烧中产生的大量有毒有害气体迅速蔓延，三层及四层的遇难者大部分是被烟熏死亡。

图7-1　华南宾馆610火灾二层内装修烧毁情况

2. 2009年2月9日北京央视新址附属文化中心大楼火灾

北京央视新址附属文化中心大楼地下3层，地上30层，高159m。大楼外立面采用幕墙结构：南北两侧为玻璃幕墙，东西两侧铺装了钛锌金属板材饰面，并设有防水层、保温层等结构层次。其中防水层、保温层材料均可燃，特别是保温层采用了聚苯乙烯泡沫板，燃烧热值较高、燃烧中易释放出大量烟气。

火灾从楼顶堆放的易燃防水材料燃烧开始，很快引燃了幕墙内的可燃物，火势在幕墙保温层内自上而下迅速蔓延、猛烈燃烧，楼体犹如一只冲天的火把，烈焰熊熊、浓烟滚滚，火焰一度蹿高百米以上。燃烧持续了近6h，过火的幕墙结构被严重烧毁（图7-2）。

大量惨痛的火灾案例表明，可燃建筑装修材料的随意应用给建筑消防安全带来严重的负面影响，其危险性主要表现在如下一些方面。

一、增加建筑火灾荷载

建筑物火灾荷载的大小及分布情况，直接影响到发生火灾时火场的最高温度及火灾持续

图 7-2 北京央视附属文化中心大楼外幕墙烧毁情况

时间。随着人们生活水平的提高，建筑装修越来越豪华，为了追求装饰效果，大量采用了可燃、易燃的装饰装修材料，如地毯、PVC壁布、木质护墙板等。室内的陈设物品也大多属于可燃物，如壁毯、窗帘、木质家具等。这些材料在燃烧过程中能释放出大量的热能，大大增加了建筑物的火灾荷载，导致火场高温、持续燃烧，增加了火灾的危害性。

二、增加火灾发生概率

在建筑火灾初起阶段，燃烧范围相对较小，高温区域仅局限在着火点附近。如果装修材料尽量做到了非燃化，起火点周围没有太多供燃烧持续进行的可燃物，则起火点部位可燃物逐渐燃尽之后，如果没有其他可燃物存在，燃烧将会自行熄灭，起火房间室内平均温度逐步下降至常温水平，不致蔓延成灾。

相反，如果大量采用可燃装修材料进行建筑室内外装修，一旦起火，装修材料将为起火点提供充足的可燃物，支持起火点持续燃烧，导致起火房间内平均温度上升。在这种条件下，建筑物内一旦起火，火势扩大并逐步发展成灾的可能性势必比非燃化装修条件下大大提高，从而增加了建筑物的火灾风险。

三、促使轰燃提早发生

轰燃是室内火灾发展过程中的重要现象，也是室内火灾从初起阶段向全面发展阶段转化的标志。在轰燃发生前，起火区域还有可能进行紧急疏散和早期扑救，一旦轰燃，该区域通常就丧失了进行上述操作的有利条件。经验表明，使用可燃材料进行装修会促使起火区域内过早发生轰燃，给人员疏散和灭火战斗带来巨大的困难。

四、助长火势迅速蔓延

建筑火灾发展过程中，火由起火部位向其他区域的蔓延是非常重要的一个过程。通过火势蔓延，原本面积有限的起火范围逐步扩大，直至蔓延成灾。

建筑室内外的可燃装修为火势的蔓延提供了多种途径：火可以沿着可燃装修材料覆盖的地面、墙（柱）面、顶棚等部位进行表面传播，也可以在地板、隔墙和吊顶的架空层内部隐蔽地燃烧蔓延；火焰可以沿着垂直悬挂的可燃织物如窗帘、幔帐等物品向上窜烧蔓延，且这种蔓延的速度相当迅速；可燃的固定家具如沙发、床、桌椅等物品一旦起火，很容易通过热对流或热辐射的方式使与其相邻的可燃物起火燃烧；热塑性塑料质地的装修材料在自身燃烧的过程中还会发生表面融化流淌的现象，带火的融滴会四下滴落，造成火灾向建筑物其他部位蔓延；另外，如果建筑外墙保温层采用膨胀聚苯乙烯等可燃的保温材料时，一旦发生火灾引燃保温层，可燃保温材料将发生猛烈燃烧，并迅速沿外墙发展蔓延，导致全楼外墙大面积过火，并引燃各层靠近外墙部位的可燃物，导致火灾在较大范围内立体传播。

五、产生大量烟气及有毒气体

我们平时所谈论的"烟气"是一种含有悬浮性"烟粒子"的气相混合物。所谓"烟粒子"是指一些可见的固体和液体微粒，它们是材料在燃烧或热分解的作用之下产生的，一般能够飘浮在空气之中。

火灾烟气造成的高温、缺氧、蔽光和有毒环境对火灾区域的人员疏散和火灾扑救都有非常巨大的威胁。可燃物在燃烧过程中释放出的大量毒性气体是人员伤亡的第一要因。大多数可燃装修材料在受热或燃烧的情况下都会产生大量有毒烟气，严重地威胁到火场人员的生命安全。

第二节　装修材料分类与分级

在装修设计过程中，为了确保建筑消防安全，在满足建筑装修功能及美观需求的同时，必须按照防火规范对不同装修部位材料燃烧性能等级的要求，选取合格的装修材料，杜绝燃烧性能达不到安全要求的材料在工程中应用，从源头上确保建筑装修的防火安全。因此，全面掌握建筑中不同装修部位的装修特点和常用材料类型，深入了解装修材料的分类及其燃烧性能分级的具体情况，有助于更好地掌握建筑工程各项装修防火设计要求。

一、装修材料分类

（一）按照材料的化学组成分类

根据室内装修材料的化学组成不同，可以将其分成三个类别：无机材料、有机材料和复合材料。

常见的无机装修材料包括金属、石膏、水泥、天然石材、玻璃、陶瓷等，无机材料一般不可燃，但通常导热性强，且在高温下可能发生破碎、爆裂等情况。

常见的有机装修材料包括塑料、天然木材、人造板材、人造有机石材、装饰织物等，大多数有机材料是可燃的，高温分解的情况下会释放出大量可燃气体或有毒气体。

复合装修材料是指由两种或两种以上材料复合而成的装修材料，如铝塑复合板材、泡沫夹心板材等。

（二）按照装修部位分类

室外装修材料包括建筑散水、勒脚、台阶、坡道、窗楣、雨棚、挑檐、女儿墙等部位的装修材料，以及外墙装饰和外墙保温材料等。

室内装修材料按其使用部位和功能，可划分为：顶棚装修材料、墙面装修材料、地面装修材料、隔断装修材料、固定家具、装饰织物、其他装饰材料七类。

1. 顶棚装修材料

顶棚也称天棚、天花板，是建筑物内部主要装饰部位之一。顶棚从构造上分为直接式和吊顶式（图7-3）两种，这两种不同类型的顶棚在装修时使用的材料和构造做法有很大不同。

图7-3 吊顶式顶棚内部构造

直接式顶棚装修是在楼板结构层底面直接采用抹灰、喷刷、粘贴等方法进行装修，常用的装修材料是砂浆、有机或无机涂料、墙纸、装饰吸声板、泡沫塑胶板等。直接式顶棚施工方便、构造简单、样式简洁。装修材料直接涂敷或贴合在不可燃的楼板构造底面或找平层上，装修材料层与结构层之间没有架空层，比较容易满足消防安全要求。因此在设备管线较少或没有顶棚部位遮蔽要求的建筑中，通常会首选直接式顶棚的装修方案。

吊顶式顶棚与直接式顶棚最大的区别，在于吊顶式顶棚的底面与楼板结构层底面之间留有一定空间，可以很好地解决室内各类设施、管线在顶部的隐蔽敷设要求，是各类公共建筑普遍采用的一种顶棚形式。吊顶式顶棚一般由龙骨架和面层两部分组成：面层多采用板材，材质方面常用植物板材、矿物板材、金属板材等，目前建筑工程中普遍采用的主要有矿棉吸声板、纸面石膏板、铝扣板、PVC扣板等；龙骨架又称龙骨，是支撑和固定吊顶面层的骨架，常见的材质有木龙骨和金属龙骨两类，龙骨通过吊筋和吊挂件固定在楼板下部。

2. 地面装修材料

建筑各层的楼板层地面和地坪层地面，都可简称地面，是供人行走的面层，且直接与家具、设备底部支座接触。地面除应满足耐磨要求外，通常还需要考虑减少吸热、隔绝噪声、防潮防水等方面的问题。地面装修主要是面层装修，其名称通常以面层的材料和做法来命名，如面层为水磨石材质则称为水磨石地面，面层为木材时就称为木地面。不同的地面类型有不同的构造方法。

（1）整体类地面　整体类地面包括水泥地面、水磨石地面等现浇地面。这类地面面层多采用无机材料，没有架空层次，防火性较好。

（2）块材类地面　块材类地面是把水泥、黏土、陶瓷等地面材料加工成块状地面砖，然后借助胶结材料粘贴或铺砌在结构层上。常用的胶结材料既可以是水泥砂浆类的无机材料，也可能是沥青玛蹄脂等有机材料。

(3) 粘贴类地面 粘贴类地面主要是塑料地面，是将有机材料制成的地面覆盖材料粘贴在地面找平层上。常见的地面覆盖材料有油地毡、橡胶地毡、聚氯乙烯塑料块材或卷材等。塑料地面装饰性好、富有弹性，但耐热性差。

(4) 涂料地面 涂料地面常用材料包括过氯乙烯地面涂料、苯乙烯地面涂料等。多数地面涂料是溶剂型的，在施工时会有大量有机溶剂逸出，具有潜在的火灾危险性，但施工完毕投入正常使用的涂料地面由于涂料层较薄，一般不存在太多火灾方面的危险。

(5) 木地面 木地板的面层材质既可以是木材，也可以采用人工复合材料。两种材质均有一定的可燃性。

3. 墙面装修材料

墙体表面是建筑物主要装修部位，通常按部位分为外墙面装修和内墙面装修两大类，常用的装修方法有抹灰、贴面、涂料、裱糊等。建筑中柱面的装修与墙面类似。

4. 隔断装修材料

隔断是建筑中用于分隔内部空间的装饰构件，形式多样，布置灵活。常见的如屏风式隔断、镂空式隔断、玻璃隔断等。根据隔断顶部与楼层顶棚的位置关系，可以将隔断分为到顶隔断和不到顶隔断两类，在《建筑内部装修设计防火规范》中，将不到顶隔断的装修材料单独分类作出选用规定，而将到顶的隔断装修材料归入墙面材料的类别。

5. 固定家具

固定家具是指与建筑主体（墙面、地面等）紧密贴合的家具。这些家具通常为木质，在装修过程中由工人现场制作，安装后不能移动。常见的固定家具有固定的壁橱、吊柜、吧台等。

6. 装饰织物

装饰织物是指建筑中装修使用的窗帘、帷幕、床罩、家具包布等。

7. 其他装饰材料

其他装饰材料是指楼梯扶手、挂镜线、踢脚板、窗帘盒、散热器罩等。

二、装修材料燃烧性能分级

建筑中一旦发生火灾，装修材料首当其冲最早受到火焰和高温的作用。研究装修材料或制品遇火燃烧时可能发生的各种物理和化学变化，了解其对火的反应特性，依据燃烧性能的差异将各类装修材料进行分级，并按级别高低进行合理选用，对确保建筑装修防火安全是非常必要的。

根据装修材料的不同燃烧性能，按照《建筑内部装修设计防火规范》（GB 50222—1995）的要求，将装修材料分为四级，见表7-1。

装修材料燃烧性能等级的检测和判定，应按《建筑材料及制品的燃烧性能分级》（GB 8624—2012）的要求，由具备检测资质的机构出具检测报告。一些常见的装修材料燃烧性能分级情况见表7-2。

在建筑工程中，某些常用装修材料的燃烧性能等级会根据装修构造的具体情况有所调整，如纸面石膏板本身为 B_1 级材料，但安装在钢龙骨上的纸面石膏板可作为 A 级材料使用。在工程中需要进行类似调整的还有胶合板、壁纸、涂料等装修材料，具体调整方法在《建筑内部装修设计防火规范》中有较为详细的规定。

表 7-1 装修材料燃烧性能等级

燃烧性能等级	燃烧性能	燃烧性能等级	燃烧性能
A	不燃性	B_2	可燃性
B_1	难燃性	B_3	易燃性

表 7-2 一些常用的装修材料燃烧性能分级情况

材料类别	级别	材料举例
各部位材料	A	花岗石、大理石、水磨石、水泥制品、混凝土制品、石膏板、石灰制品、黏土制品、玻璃、瓷砖、陶瓷锦砖、钢铁、铝、铜合金等
顶棚材料	B_1	纸面石膏板、纤维石膏板、水泥刨花板、矿棉装饰吸声板、玻璃棉装饰吸声板、珍珠岩装饰吸声板、难燃胶合板、难燃中密度纤维板、岩棉装饰板、难燃木材、铝箔复合材料、难燃酚醛胶合板、铝箔玻璃钢复合材料等
墙体材料	B_1	纸面石膏板、纤维石膏板、水泥刨花板、矿棉板、玻璃棉板、珍珠岩板、难燃胶合板、难燃中密度纤维板、防火塑料装饰板、难燃双面刨花板、多彩涂料、难燃墙纸、难燃墙布、难燃仿花岗石装饰板、氯氧镁水泥装配式墙板、难燃玻璃钢平板、PVC塑料护墙板、轻质高强复合墙板、阻燃模压木质复合板材、彩色阻燃人造板、难燃玻璃钢等
	B_2	各类天然木材、木制人造板、竹材、纸制装饰板、装饰微薄木贴面板、印刷木纹人造板、塑料贴面装饰板、聚酯装饰板、复塑装饰板、塑纤板、胶合板、塑料壁纸、无纺贴墙布、墙布、复合壁纸、天然材料壁纸、人造革等
地面材料	B_1	硬PVC塑料地板、水泥刨花板、水泥木丝板、氯丁橡胶地板等
	B_2	半硬质PVC塑料地板、PVC卷材地板、木地板氯纶地毯等
装饰织物	B_1	经阻燃处理的各类难燃织物等
	B_2	纯毛装饰布、纯麻装饰布、经阻燃处理的其他织物等
其他装饰部位材料	B_1	聚氯乙烯塑料、酚醛塑料、聚碳酸酯塑料、聚四氟乙烯塑料、三聚氰胺、脲醛塑料、硅树脂塑料装饰型材、经阻燃处理的各类织物等。另见顶棚材料和墙面材料内中有关材料
	B_2	经阻燃处理的聚乙烯、聚丙烯、聚氨酯、聚苯乙烯、玻璃钢、化纤织物、木制品等

第三节 建筑内部装修设计防火要求

建筑内部装修设计应遵循国家规范《建筑内部装修设计防火规范》的要求进行。在不同的建筑类别、不同建筑物及场所、不同装修部位，选用燃烧性能等级符合规定要求的材料。

一、单多层民用建筑

单层、多层民用建筑内部各部位装修材料的燃烧性能等级，不应低于表7-3的规定。

单层、多层民用建筑内面积小于$100m^2$的房间，当采用防火墙和甲级防火门窗与其他部位分隔时，其装修材料的燃烧性能等级可在表7-3中规定的基础上降低一级。

当单层、多层民用建筑需做内部装修的空间内装有自动灭火系统时，除顶棚外，其内部装修材料的燃烧性能等级可在表7-3中规定的基础上降低一级。

当同时装有火灾自动报警装置和自动灭火系统时，其顶棚装修材料的燃烧性能等级可在表7-3中规定的基础上降低一级，其他装修材料的燃烧性能等级可不限制。

表 7-3　单层、多层民用建筑内部各部位装修材料的燃烧性能等级

建筑物及场所	建筑规模、性质	装饰材料燃烧性能等级							其他装饰材料
		顶棚	墙面	地面	隔断	固定家具	装饰织物		
							窗帘	帷幕	
候机楼的候机大厅、商店、餐厅、贵宾候机室、售票厅等	建筑面积>10000m² 的候机楼	A	A	B_1	B_1	B_1	B_1		B_1
	建筑面积≤10000m² 的候机楼	A	B_1	B_1	B_1	B_2	B_2		B_2
汽车站、火车站、轮船客运站的候车（船）室、餐厅、商场等	建筑面积>10000m² 的车站码头	A	A	B_1	B_1	B_1	B_2		B_2
	建筑面积≤10000m² 的车站码头	B_1	B_1	B_1	B_1	B_2	B_2		B_2
影院、会堂、礼堂、剧院、音乐厅	>800 座位	A	A	B_1	B_1	B_1	B_1	B_1	B_1
	≤800 座位	A	B_1	B_1	B_1	B_1	B_1	B_1	B_2
体育馆	>3000 座位	A	A	B_1	B_1	B_1	B_1	B_1	B_2
	≤3000 座位	A	B_1	B_1	B_1	B_2	B_1	B_1	B_2
商场营业厅	每层建筑面积>3000m² 或总建筑面积>9000m² 的营业厅	A	B_1	A	A	B_1	B_1		B_2
	每层建筑面积为1000~3000m² 或总建筑面积为3000~9000m² 的营业厅	A	B_1	B_1	B_1	B_1	B_1		B_2
	每层建筑面积<1000m² 或总建筑面积<3000m² 的营业厅	B_1	B_1	B_1	B_2	B_2	B_2		B_2
饭店、旅馆的客房及公共活动用房等	设有中央空调系统的饭店、旅馆	A	B_1	B_1	B_1	B_2	B_2		B_2
	其他饭店、旅馆	B_1	B_1	B_2	B_2	B_2	B_2		B_2
歌舞厅、餐馆等娱乐、餐饮建筑	营业面积>100m²	A	B_1	B_1	B_1	B_2	B_2		B_2
	营业面积≤100m²	B_1	B_1	B_1	B_2	B_2	B_2		B_2
幼儿园、托儿所、医院病房楼、疗养院、养老院		A	B_1	B_1	B_1	B_2	B_2		B_2
纪念馆、展览馆、博物馆、图书馆、档案馆、资料馆等	国家级、省级	A	B_1	B_1	B_1	B_2	B_2		B_2
	省级以下	B_1	B_1	B_2	B_2	B_2	B_2		B_2
办公楼、综合楼	设有中央空调系统的办公楼、综合楼	A	B_1	B_1	B_1	B_1	B_2		B_2
	其他办公楼、综合楼	B_1	B_1	B_1	B_1	B_2	B_2		B_2
住宅	高级住宅	B_1	B_1	B_1	B_1	B_2	B_2		B_2
	普通住宅	B_1	B_2	B_2	B_2	B_2			

二、高层民用建筑

高层民用建筑内部各部位装修材料的燃烧性能等级，不应低于表 7-4 的规定。

电视塔等特殊高层建筑的内部装修，均应采用 A 级装修材料。

除歌舞娱乐放映游艺场所、100m 以上的高层民用建筑及大于 800 座位的观众厅、会议厅、顶层餐厅外，当高层民用建筑需做内部装修的空间内设有火灾自动报警装置和自动灭火系统时，除顶棚外，其内部装修材料的燃烧性能等级可在表 7-4 中有关规定的基础上降低一级。

高层民用建筑的裙房内面积小于 $500m^2$ 的房间，当设有自动灭火系统，并且采用耐火等级不低于 2.00h 的隔墙、甲级防火门、窗与其他部位分隔时，顶棚、墙面、地面的装修材料的燃烧性能等级可在表 7-4 中规定的基础上降低一级。

表 7-4 高层民用建筑内部各部位装修材料的燃烧性能等级

建筑物	建筑规模、性质	顶棚	墙面	地面	隔断	固定家具	装饰织物 窗帘	帷幕	床罩	家具包布	其他装饰材料
高级宾馆	大于 800 座位的观众厅、会议厅；顶层餐厅	A	B_1	B_1	B_1	B_1	B_1	B_1		B_1	B_1
	小于或等于 800 座位的观众厅、会议厅	A	B_1	B_1	B_1	B_2	B_1	B_1		B_2	B_1
	其他部位	A	B_1	B_1	B_2	B_2	B_2	B_1		B_2	B_1
商业楼、展览楼、综合楼、商住楼、医院病房楼	一类建筑	A	B_1	B_1	B_1	B_1	B_1	B_1		B_1	B_1
	二类建筑	B_1	B_1	B_1	B_2	B_2	B_1	B_2		B_2	B_2
电信楼、财贸金融楼、邮政楼、广播电视楼、电力调度楼、防灾指挥调度楼	一类建筑	A	A	B_1	B_1	B_1	B_1	B_1		B_2	B_1
	二类建筑	B_1	B_1	B_1	B_2	B_2	B_1	B_2		B_2	B_2
教学楼、办公楼、科研楼、档案楼、图书馆	一类建筑	A	B_1	B_1	B_1	B_1	B_1	B_1		B_1	B_1
	二类建筑	B_1	B_1	B_2	B_2	B_2	B_1	B_2		B_2	B_2
住宅	一类普通旅馆、高级住宅	A	B_1	B_2	B_1	B_2	B_1		B_1	B_2	B_1
	二类普通旅馆、普通住宅	B_1	B_1	B_2	B_2	B_2	B_2		B_2	B_2	B_2

注：1. "顶层餐厅"包括设在高空的餐厅、观光厅等。
  2. 建筑物的类别、规模、性质应符合国家现行标准《高层民用建筑设计防火规范》的有关规定。

三、地下民用建筑

所谓地下民用建筑是指单层、多层、高层民用建筑的地下部分，以及单独建造在地下的民用建筑、平战结合的地下人防工程等。地下建筑由于其在火灾中散热、排烟、疏散等方面的困难，因此比地上建筑更具火灾危险性，在内部装修材料的选取上更应该从严要求，杜绝使用易燃或高温分解易释放出大量黑烟及有毒气体的材料。

地下民用建筑内部各部位装修材料的燃烧性能等级，不应低于表7-5的规定。

单独建造的地下民用建筑的地上部分，其门厅、休息厅、办公室等内部装修材料的燃烧性能等级可在表7-5中规定的基础上降低一级要求。

地下商场、地下展览厅的售货柜台、固定货架、展览台等，应采用A级装修材料。

表7-5　地下民用建筑内部各部位装修材料的燃烧性能等级

建筑物及场所	装饰材料燃烧性能等级						
	顶棚	墙面	地面	隔断	固定家具	装饰织物	其他装饰材料
休息室和办公室等，旅馆的客房及公共活动用房等	A	B_1	B_1	B_1	B_1	B_1	B_2
娱乐场所、旱冰场等舞厅、展览厅等，医院的病房、医疗用房	A	A	B_1	B_1	B_1	B_1	B_2
电影院的观众厅、商场的营业厅	A	A	A	B_1	B_1	B_1	B_2
停车库、人行通道、图书资料库、档案库	A	A	A	A	A		

四、工业建筑

工业厂房内部各部位装修材料的燃烧性能等级，不应低于表7-6的规定。厂房附设的办公室、休息室等的内部装修材料的燃烧性能等级，也应按该表7-6中的规定执行。

表7-6　工业厂房内部各部位装修材料的燃烧性能等级

工业厂房分类	建筑规模	装饰材料燃烧性能等级			
		顶棚	墙面	地面	隔断
甲、乙类厂房，有明火的丁类厂房		A	A	A	A
丙类厂房	地下厂房	A	A	A	B_1
	高层厂房	A	B_1	B_1	B_2
	高度>24m的单层厂房，高度≤24m的单层、多层厂房	B_1	B_2	B_2	B_2
无明火的丁类厂房、戊类厂房	地下厂房	A	A	B_1	B_1
	高层厂房	B_1	B_1	B_2	B_2
	高度>24m的单层厂房，高度≤24m的单层、多层厂房	B_1	B_2	B_2	B_2

当厂房的地面为架空地板时，其地面装修材料的燃烧性能等级，除A级外，应在表7-6中规定的基础上提高一级。

计算机房、中央控制室等装有贵重机器、仪表、仪器的厂房，其顶棚和墙面应使用 A 级装修材料；地面和其他部位应采用不低于 B_1 级的装修材料。

五、建筑特殊部位的装修防火设计要求

在建筑内部装修防火设计中，有必要对一些特殊的部位或特殊房间的材料选用提出明确的通用性技术要求。具体内容如下。

（一）建筑中的层间连通空间

1. 中庭及其他开敞空间

近年来，在高层和大型公共建筑中较多地出现了中央共享空间的形式。建筑的中央共享空间又称中庭，它是一种连通全楼或多层共享的大型内部空间，各楼层直接面对中庭或者以开敞的走廊围绕。中庭部位空间敞阔，建筑物各层空间通过建筑中庭的连通，形成一个彼此相连的整体，致使建筑物在垂直方向上的防火分隔失去了完整性。

同样的，建筑中贯通全楼设置的开敞式楼梯间、自动扶梯等部位，也是建筑物的层间防火分隔的薄弱点。这些部位空间高度大，有的上下贯通几层甚至十几层，万一发生火灾，会起到烟囱一样的作用，使火势无阻挡地向上蔓延，很快充满各层建筑空间，给人员疏散造成很大的困难。

《建筑内部装修设计防火规范》针对建筑物内上下层相连通部位的装修问题提出了具体的规定：建筑物设有上下层相连通的中庭、走廊、开敞楼梯、自动扶梯时，其连通部位的顶棚、墙面应采用 A 级装修材料，其他部位应采用不低于 B_1 级的装修材料。

2. 变形缝

变形缝是上下贯通整个建筑物的构造缝隙，其嵌缝材料具有一定的燃烧性。因为此处涉及的部位不大，易被忽视，但实际案例中，确实有一些火灾是通过变形缝部位在建筑各层间蔓延扩大的，它可以导致垂直防火分区失效。因此，《建筑内部装修设计防火规范》规定：建筑内部的变形缝（包括沉降缝、伸缩缝、防震缝等）两侧的基层应采用 A 级材料，表面装修应采用不低于 B_1 级的装修材料。

（二）特殊房间

1. 无窗房间

在许多建筑物中因布局的制约，常常会出现一些无窗房间。这类房间发生火灾时不易被发觉，当发现起火的时候通常火势已经较大，室内的烟雾和毒气不能及时排出，消防人员进行火情侦察和施救也比较困难。因此《建筑内部装修设计防火规范》规定，除地下建筑外，其他建筑中所设的无窗房间，其内部装修材料的燃烧性能等级应在该类建筑有关规定的基础上提高一级，原规定已经是 A 级的仍然采用 A 级材料。

2. 图书、资料类房间

图书室、资料室内的图书、资料、档案、文物等通常本身即为易燃物，一旦发生火灾，火势发展十分迅速。而有些图书、资料、档案、文物的保存价值很高，一旦被焚，不可复得。对这类房间应提高装修防火的要求，把这些部位发生火灾的可能降到最低。因此《建筑内部装修设计防火规范》规定，图书室、资料室、档案室和存放文物的房间，其顶棚、墙面应采用 A 级装修材料，地面应使用不低于 B_1 级的装修材料。

3. 各类机房

在各类计算机机房、中央控制室内，放置了大批贵重和关键性的设备，失火直接经济损失大。并且由于所具有的中控作用，也会导致十分明显的间接损失。另外有些设备不仅怕火，也怕高温和水渍，即使火势不大的火灾，也会造成很大的经济损失，因而提出较高的装修防火要求：大中型电子计算机房、中央控制室、电话总机房等放置特殊贵重设备的房间，其顶棚和墙面应采用 A 级装修材料，地面及其他装修应使用不低于 B_1 级的装修材料。

4. 设备用房

由于功能和安全的需要，在许多大型公共建筑物中程度不同地设有消防水泵房、排烟机房、固定灭火系统钢瓶间、配电室、变压器室、通风和空调机房等各类设备用房。某些设备对火灾的控制和扑救具有关键的作用，在火灾中其机房应保持正常运转功能；另外一些设备则较为贵重，机房一旦起火会造成严重损失。从这个意义上讲，这些设备用房绝不能成为起火源，并且也不应由于可燃材料的装修将其他空间的火引入这些房间中。因此，《建筑内部装修设计防火规范》规定，消防水泵房、排烟机房、固定灭火系统钢瓶间、配电室、变压器室、通风和空调机房等，其内部所有装修均应采用 A 级装修材料。

5. 建筑内的厨房

厨房属明火工作空间，特点是火源多且作用时间长，因此，要求建筑物内的厨房顶棚、墙面、地面这几个部位采用 A 级装修材料，如瓷砖、石材贴面材料、无机涂料、陶瓷锦砖等。

6. 经常使用明火的餐厅和科研试验室

经常使用明火的餐厅、科研试验室内部由于有火源存在，所使用的装修材料的燃烧性能等级，除 A 级外，应比同类建筑物的要求高一级。

（三）**电气设备**

1. 配电箱及线路

建筑内部的配电箱，不应直接安装在低于 B_1 级的装修材料上。电气线路在吊顶内敷设时，应采用金属管保护。

由于室内装修采用的可燃烧材料越来越多，从客观上也增大了电气设备引发火灾的概率。虽然不便对配电箱本身的构造提出具体要求，但为了防止配电箱产生的火花或高温熔珠引燃周围的可燃物和避免箱体传热引燃墙面装修材料，特规定配电箱不应直接安装在低于 B_1 级的装修材料上。

2. 灯具和灯饰

灯具和灯饰火灾的案例很多。如 1991 年大连饭店火灾，就是三楼吊顶部位的筒灯直接接触聚氨酯板起火。因此《建筑内部装修设计防火规范》规定，照明灯具的高温部位，当靠近非 A 级装修材料时，应采取隔热、散热等防火保护措施。灯饰所用材料的燃烧性能等级不应低于 B_1 级。

由于室内装修逐渐向高档化发展，各种类型的灯饰也应运而生。目前制作灯饰的材料包括金属、玻璃等不燃性材料，但更多的是硬质塑料、塑料薄膜、棉织品、丝织品、竹木、纸类、麻类等可燃材料。灯饰往往靠近热源，并且处于最易燃烧的垂直状态，所以对 B_2 级和 B_3 级的材料要限制使用。如果由于装饰效果的要求必须使用 B_2、B_3 级的材料，则应用阻燃处理的办法使其达到 B_1 级的要求。

《建筑内部装修设计防火规范》没有具体地规定高温部位与非 A 级装修材料之间的距离。这是因为现在社会上出现的灯具千变万化，而各种照明灯具在使用过程释放出来的辐射热量大小、连续工作时间的长短、与其相邻的装修材料对火的反应特性以及不同防火保护措施的效果等，都各不相同，甚至差异极大。对如此复杂的现状，用一个确切的指标，显然是不可能的。这只能由设计人员本着"保障安全、经济合理、美观实用"的原则，并视各种具体的情况采取相应的做法和防范措施。

（四）疏散线路

1. 楼梯间

楼梯间是建筑物的垂直交通设施，火灾发生时，建筑内的电梯不能使用，各楼层中的人员大多只能经过楼梯间向外撤离。因此，楼梯不应成为最初的火源地，一旦火势进入楼梯间后，也不能形成连续燃烧的状态。按照《建筑内部装修设计防火规范》规定，无自然采光的楼梯间、封闭楼梯间和防烟楼梯间，其顶棚、墙面和地面均应采用 A 级装修材料。前室的要求与楼梯间相同。

2. 水平通道

楼层水平通道是水平疏散路线中最重要的一段。它的两端分别连通各个房间和楼梯间。因此《建筑内部装修设计防火规范》对走廊的防火要求比楼梯间略低，但比其他房间的要求要高一些。

具体地说，地上建筑的水平疏散走道和安全出口的门厅，其顶棚装饰材料应采用 A 级装修材料，其他部位应采用不低于 B_1 级的装修材料；地下民用建筑的疏散走道和安全出口的门厅，其顶棚、墙面和地面的装修材料应采用 A 级装修材料。

（五）消防设施

建筑内部装修不应遮挡消防设施和疏散指示标志及安全出口，并不应妨碍消防设施和疏散走道的正常使用。但是，实际工程中有时会出现为追求装修效果，擅自改变消防设施的位置、任意增加隔墙、改变原有空间布局等做法。这些做法轻则影响消防设施的原有功效，减小其有效的保护面积，重则完全丧失了它们应有的作用，故此应加以注意。

1. 消火栓门

建筑内设消火栓是防火安全系统的一部分，在扑救火灾中起着非常重要的作用。为了便于使用，建筑内部消火栓的门不应被装饰物遮掩，消火栓门四周的装修材料颜色应与消火栓门的颜色有明显区别。如在装修中存在遮掩消火栓门的情况，或为了美观将消火栓门与周围环境设置为相同颜色，都有可能影响灭火人员迅速找到并取用消火栓。

2. 安全出口及疏散指示标志

进行室内装修设计时，要保证疏散指示标志和安全出口易于辨认，以免人员在紧急情况下发生疑惑和误解。如有的装修设计方案在建筑物室内柱子和墙面镶嵌了大面积镜面玻璃，在应急疏散的情况下，这种装修容易影响疏散人员对自身位置和行进方向的判断力，有一种误导作用，为此在疏散走道和安全出口附近应避免采用镜面玻璃、壁画等进行装饰。

3. 挡烟垂壁

挡烟垂壁的作用是减慢烟气扩散的速度，提高防烟分区排烟口的吸烟效果。一般挡烟垂壁可采用结构梁来实现，也可用专门的产品来实现。为了保证挡烟垂壁在火灾中的作用，应采用 A 级装修材料。

4. 消防电梯

消防电梯是高层建筑设置的供消防队员扑救火灾使用的竖向交通设施,《高层民用建筑设计防火规范》规定,消防电梯轿厢的内装修应采用不燃烧材料。

(六) 饰物

在公共建筑中,经常将壁挂、雕塑、模型、标本等作为内装修设计的内容之一。这些饰物有相当多的一部分是易燃的,为此应加以必要的限制。《建筑内部装修设计防火规范》提出,公共建筑内部不宜设置采用 B_3 级装饰材料制成的壁挂、雕塑、模型、标本,如确需设置,应使它们远离火源和热源。

第四节 建筑外墙饰面及保温系统防火

现代高层建筑及大型公共建筑外墙面积相当于总建筑面积的 30%～40%,施工量大,作业难度高。除了基本的外墙面装饰装修要求外,出于环保节能的考虑,还要设置外墙保温系统以满足围护结构保温隔热方面的要求。

目前广泛使用的外墙保温技术最早起源于欧洲,我国从 20 世纪 80 年代中期才开始进行试点,2006 年《民用建筑节能管理规定》颁布执行后,国家下达文件要求全国各地新建建筑必须做建筑保温,既有建筑限期改造,该类技术才真正广泛应用于建筑行业。由于此前的防火规范对外墙保温材料的选用没有明确的防火要求,外墙保温及改造工程中一度大量使用可燃、易燃保温材料,致使建筑外墙保温材料火灾在各地频繁发生,较为严重的有南京中环国际广场火灾、哈尔滨经纬 360 度双子星大厦火灾、济南奥体中心火灾、北京央视新址附属文化中心火灾、上海胶州教师公寓火灾、沈阳皇朝万鑫大厦火灾等,不断造成人员伤亡和财产损失。建筑外墙饰面及保温系统防火问题成为建筑消防的重要课题。

一、建筑外墙保温系统简介

(一) 外墙保温系统类型

传统建筑的外墙保温主要依靠外墙材料自身的保温能力。提高墙体的厚度或选择保温能力较强的材料作为墙体,有助于提高外墙保温效果,如采用加气混凝土保温墙体等。随着现代建筑外部围护构件保温要求的不断提高,附设保温层的外墙保温系统才逐步推广使用。

保温层是为防止和减少建筑内部的热量(冷量)向环境散失,在建筑外墙及屋顶等部位设置的保温材料层。保温层应采用热导率小、吸湿率低、粘结性能好、收缩率小的产品。可选岩棉板、玻璃棉毡以及超轻保温浆料等,在有机保温材料中,经过阻燃处理的酚醛树脂板、膨胀型聚苯乙烯板等应用较为普遍。

目前常用的外墙保温系统可以根据保温层的位置不同,分为外墙外保温、外墙内保温和外墙夹芯保温三种构造类型。其中"外保温"是指外墙的保温构造层位于主体结构外侧,这种构造形式保温效果好、施工简便,在外墙保温工程特别是原有建筑保温改造工程中应用最为广泛。

(二) 外墙外保温层的基本构造

外墙外保温系统的组成与具体构造因保温层材料的不同而略有不同。虽然选用不同的保温材料时,外墙外保温系统的施工工艺会有一定的差别,但基本构造形式通常都是保温层被墙体主材和墙体饰面材料夹在中间（图7-4），在保温层与基层之间需要进行一定的界面处理，以便保温层能牢固地与基层连接固定。这种构造做法被形象地称为"三明治"样式。

保温层与墙体基层的连接固定有三种做法：粘结法、钉固法和混合法。粘结法是以各类粘结材料进行点状或带状涂覆粘结，钉固法是采用膨胀螺栓或预埋锚固筋进行固定，混合法是兼用以上两种做法共同实现保温层的固定。

无论采用哪种固定方法，保温层与墙体基层、外饰面层都不是毫无缝隙地紧密结合成一体的。在粘结点之间或钉固点之间仍留有一定的构造缝隙。一旦外墙保温层起火，将成为一个连通多层的窜火缝隙，造成火势蔓延。

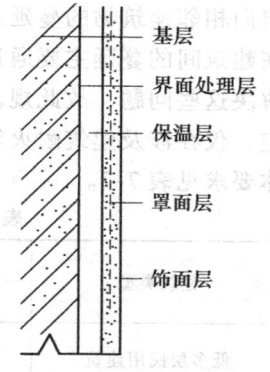

图7-4 外墙外保温基本构造示意图

（三）外墙保温材料

外墙保温层所使用的材料品种较多，按材质可分为无机保温材料、有机保温材料和复合材料三种。

常见的无机保温材料有：保温砂浆、岩棉板、玻璃棉板、泡沫水泥板等。无机保温材料均为不燃性材料，在消防安全方面能满足要求，但保温性能通常要比有机保温材料略差。

普通有机保温材料的燃烧性能最高可达到 B_1 级，多数未经防火处理的板状、块状有机保温材料的燃烧性能为 B_2 级，还有不少有机保温材料的燃烧性能不能达到 B_2 级的要求。

复合保温材料是由两种或两种以上不同材料复合而成的。复合保温材料的燃烧性能受到其组成材料的燃烧性能等级、材料的复合方式等因素影响，应以检测机构出具的报告为依据进行判定。

在上述三种保温材料中，目前应用最为广泛的仍然是有机保温材料。常用有机保温材料燃烧性能的分级情况如下：

常见的 B_1 级有机保温材料是酚醛树脂板、胶粉聚苯粒等。

常见的 B_2 级有机保温材料包括：模塑聚苯板（EPS）、挤塑聚苯板（XPS）、聚氨酯板（PU）、聚乙烯板（PE）等。

燃烧性能为 B_3 级的易燃保温材料多以聚苯泡沫为主材，由于这种材料极易燃烧，且燃烧时释放大量黑烟和有毒气体，因此属于已被淘汰的外墙保温材料。

在工程应用中必须注意到，由于有机材料在材质及加工方面的复杂性，即使是相同种类的材料，也会因不同厂家的加工生产方法不同而造成燃烧性能方面的差异，故此大多数有机保温材料的燃烧性能不宜简单地根据材料名称进行主观判定，而需要参考具体材料的燃烧性能检测报告结果。

某些有机保温材料通过特殊的防火处理可达到上一级燃烧性等级的要求，如某些阻燃酚醛树脂板可达到A级要求，某些阻燃聚苯板可达到 B_1 级。针对这种为了使自身燃烧性能达到更高等级而进行特殊处理的有机保温材料，其燃烧性能等级应当以国家公安部认可的检测机构出具的检测报告为准。在设计和施工时应特别注意到此类材料相应的技术规定要求，以免因不当的设计或施工操作破坏阻燃处理效果，降低材料燃烧性能等级。

二、建筑外墙饰面及保温系统防火要求

在附设保温层的复合外墙保温系统推广应用以前，外墙防火的重点是防范火灾从起火建

筑向相邻建筑物的蔓延。传统外墙采用无机材料砌块或无机板材，基本不参与火灾燃烧，火在建筑间的蔓延主要通过窗口热辐射、飞火等途径进行，通过设置防火间距可以较为有效地解决这些问题，故此规范中对外墙及外墙保温、饰面材料的防火要求没有做进一步明确的规定，仅在涉及建筑耐火等级的条款中对非承重外墙主体提出燃烧性能及耐火极限的要求，具体要求见表7-7。

表7-7 民用建筑非承重外墙的燃烧性能及耐火极限要求 （单位：h）

建筑类型	非承重外墙的燃烧性能和耐火极限			
	一级	二级	三级	四级
低多层民用建筑	不燃烧体 1.00	不燃烧体 1.00	不燃烧体 0.50	燃烧体
高层民用建筑	不燃烧体 1.00	不燃烧体 1.00	—	—

对于设置了外保温层的外墙而言，保温材料的燃烧性能在很大程度上将影响外墙在火灾中的表现。以2011年沈阳市皇朝万鑫酒店火灾为例，该建筑为幕墙结构，采用铝单板、铝塑板，保温层为可燃的挤塑聚苯板，起火后保温材料迅速燃烧，外墙保温饰面层内存在的宽190~400mm不等的构造空隙，进一步促进了火势蔓延，火势沿外墙向四面发展，窜入室内，同时辐射引燃外墙广告牌或相邻建筑外墙保温层，造成多点起火、大面积燃烧的不利状况。

随着外墙保温材料火灾的不断发生，相应的技术规范逐步推出。2009年公安部、住房和城乡建设部共同印发的《民用建筑外保温系统及外墙装饰防火暂行规定》，要求民用建筑外保温材料的燃烧性能宜为A级，且不应低于B_2级，并提出了具体工程的防火要求，见表7-8。

表7-8 民用建筑外保温系统及外墙装饰防火暂行规定要求

建筑分类		高度H/m	保温材料燃烧性能	防火隔离带	防护层
非幕墙式建筑	住宅建筑	$H \geq 100$	应为A级		采用不燃或难燃材料作防护层。防护层应将保温材料完全覆盖。首层的防护层厚度不应小于6mm，其他层不应小于3mm
		$100 > H \geq 60$	不应低于B_2级	当采用B_2级保温材料时，每层应设置水平防火隔离带	
		$60 > H \geq 24$	不应低于B_2级	当采用B_2级保温材料时，每两层应设置水平防火隔离带	
		$H < 24$	不应低于B_2级	当采用B_2级保温材料时，每三层应设置水平防火隔离带	
	其他民用建筑	$H \geq 50$	应为A级		
		$50 > H \geq 24$	应为A级或B_1级	当采用B_1级保温材料时，每两层应设置水平防火隔离带	
		$H < 24$	不应低于B_2级	当采用B_2级保温材料时，每层应设置水平防火隔离带	
幕墙式建筑		$H \geq 24$	应为A级		采用不燃材料作防护层。防护层应将保温材料完全覆盖。防护层厚度不应小于3mm
		$H < 24$	应为A级或B_1级	采用B_1级保温材料时，每层应设置水平防火隔离带	

（续）

建筑分类		高度 H /m	保温材料燃烧性能	防火隔离带	防护层
屋顶	基层采用耐火极限≥1.00h的不燃烧体的建筑		不应低于 B_2 级	屋顶与外墙交界处、屋顶开口部位四周的保温层，应采用宽度≥500mm 的 A 级保温材料设置水平防火隔离带	屋顶防水层或可燃保温层应采用不燃材料进行覆盖
	其他情况		不应低于 B_1 级		
金属夹芯复合板材			用于临时性居住建筑的金属夹芯复合板材，其芯材应采用不燃或难燃保温材料		

根据上述规定，在外墙保温材料的燃烧性能低于 A 级的情况下，应在每层保温层内设置不燃材料的水平防火隔离带。设置防火隔离带时，应沿楼板位置设置宽度不小于 300mm 的 A 级保温材料。防火隔离带与墙面应进行全面积粘贴。

建筑外墙的装饰层，除采用涂料外，还应采用不燃材料。当建筑外墙采用可燃保温材料时，不宜采用着火后易脱落的瓷砖等材料。

当建筑外墙采用幕墙结构时，如果使用的是金属、石材等非透明幕墙板材，则应在幕墙结构内侧设置基层墙体，其耐火极限应符合现行防火规范关于外墙耐火极限的有关规定；玻璃幕墙的窗间墙、窗槛墙、裙墙的耐火极限和防火构造应符合现行防火规范关于建筑幕墙的有关规定。

另外，户外电发光广告牌也是引起火灾的常见原因之一，此类设施不应直接设置在有可燃、难燃材料的墙体上。户外广告牌的设置不应遮挡建筑的外窗，不应影响外部灭火救援行动。

在《民用建筑外保温系统及外墙装饰防火暂行规定》颁布实施后的一段时间内，由于建筑外墙保温系统火灾形势变得更加严峻，公安部又多次出台规范性文件，对保温材料燃烧性能的要求一度提高到仅允许选用燃烧性能为 A 级的保温材料，但由于保温材料市场及建设工程的实际情况所限，这一从严要求未能持续实施。

随着新材料的不断研制生产和防火规范的不断合理调整，外墙保温系统的防火要求必将逐步成熟稳定下来。

自学指导

本章学习重点：室内装修材料按部位的分类情况，装修材料燃烧性能分级，建筑内部装修设计要求，民用建筑外保温系统及外墙装饰防火要求。

1）室内装修材料按其使用部位和功能可划分为：顶棚装修材料、墙面装修材料、地面装修材料、隔断装修材料、固定家具、装饰织物、其他装饰材料七类。

2）装修材料按燃烧性能分为：不燃性材料（A 级）、难燃性材料（B_1 级）、可燃性材料（B_2 级）、易燃性材料（B_3 级）四级。

3）建筑内部装修设计要求：按《建筑内部装修设计防火规范》条文，对低多层民用建筑、高层民用建筑、工业建筑的类别，分别列表对不同部位装修材料的燃烧性能等级作出规定，并应注意规范条文对表格规定的调整情况。

4）民用建筑外保温系统及外墙装饰防火要求：见表 7-8 及其调整要求。

注意在学习重点内容 3）、4）时，由于装修设计防火要求的内容繁多，针对各类建筑的各个装修部位均有所规定,故此对该部分内容不应死记硬背,而应领会其作出规定的意图。

本章学习难点:综合判定装修设计的合格性。

调查一栋建筑装修设计所使用的材料及构造做法,判断材料的燃烧性能等级;对照建筑内部装修设计、外保温系统及外墙装饰设计的防火要求,逐一核对各装修部位材料的燃烧性能是否满足规范或规定要求。各部位设计均符合要求,则可判定装修设计合格。

复习思考题

一、单项选择题

1. 建筑中的（　　）房间,其内部装修无需全部使用 A 级材料。
   A. 固定灭火系统钢瓶间　　B. 消防水泵房、排烟机房、通风和空调机房
   C. 配电室、变压器室　　D. 经常使用明火的餐厅、科研试验室
2. 建筑墙面如果采用大量可燃材料装修,并设置大量可燃家具,将会（　　）。
   A. 使轰燃出现的时间后延　　B. 增加火灾荷载
   C. 降低建筑物耐火等级　　D. 影响防火间距

二、简答题

1. 建筑装修工程按照施工部位划分为哪两大类?各自包括哪些典型的装修部位?
2. 可燃建筑装修给建筑消防安全带来的负面影响主要表现在哪些方面?
3. 装修材料按化学组成可以分成哪些类型?
4. 内装修材料按装修部位可以分成哪些类型?各部位的装修有哪些基本的装修方法?
5. 建筑装修材料的燃烧性能分级是如何划定的?各级别的典型材料有哪些?
6. 纸面石膏板的燃烧性能属于哪一级别?在工程应用中有何调整?
7. 建筑中需要特别注意装修材料安全性的特殊房间有哪些?
8. 建筑中庭和变形缝处的装修应满足哪些要求?
9. 疏散楼梯和走道在装修方面应注意什么问题?
10. 建筑内部的消火栓等消防设备在装修中应注意什么问题?
11. 建筑外部装修中的外墙保温系统可以根据保温层的位置不同分为哪三类?

第八章　建筑防爆设计

学习目标

1. 应了解、知道的内容
   ◇ 爆炸的破坏作用。
   ◇ 爆炸危险性厂房（仓库）的结构选型、布置。
   ◇ 爆炸危险性厂房（仓库）的构造。
2. 应理解、清楚的内容
   ◇ 隔爆设施。
   ◇ 泄压设施。
3. 应掌握、会用的内容
   ◇ 建筑防爆的对策。
4. 应熟练掌握的内容
   ◇ 泄压面积的计算。

自学时数　6学时。

老师导学

　　本章主要对建筑防爆设计做了详细介绍，通过介绍建筑防爆的基本理论与方法，如爆炸对建筑的破坏作用、爆炸危险性厂房（仓库）的布置与结构选型、工业建筑泄压等提出了建筑防爆的策略，还介绍了常用的隔爆与泄压设施。在学习本章内容的过程中，应重在应用，能够熟悉建筑防爆的主要措施与泄压计算的一般方法。

　　随着我国工业生产水平的不断提高，对工业建筑的设计需求也随之提高。特别是为了满足国民生产生活需要，各地大量兴建了一些生产和储存具有爆炸危险物质的厂房和仓库。如果在建筑设计中不采取严格的防爆措施，一旦发生爆炸事故将会造成大量的人员伤亡和巨额经济损失。因此，对于有爆炸危险的厂房或仓库进行有效的防爆设计是工业建筑设计的重要组成部分。

第一节　概　　述

一、爆炸及其特征

　　爆炸是指大量能量（物理能量或化学能量）在瞬间迅速释放或急剧转化为功和机械能、光、热、声等能量形态的现象。一般来讲，爆炸现象具有以下特征：

1）爆炸过程高速进行。
2）爆炸点附近的介质压力急剧升高，多数伴随温度升高。
3）周围介质发生振动或邻近物质遭到破坏。
4）发出响声。

二、爆炸的类型

根据爆炸的原因与性质来分，爆炸可分为物理爆炸、化学爆炸和原子爆炸。

1. 物理爆炸

物理爆炸是一种纯物理过程，爆炸前后只发生物态变化，不发生化学反应。这类爆炸是因容器内的气相压力升高，超过容器所能承受的压力，造成容器破裂所致。例如蒸汽锅炉的爆炸就是典型的物理爆炸，其原因是过热的水迅速蒸发出大量蒸汽，使锅炉内蒸汽压力不断提高，当压力超过锅炉的极限强度时就会发生爆炸。再如高压气瓶的爆炸、轮胎爆炸等。

2. 化学爆炸

化学爆炸是由于物质在一定的条件下发生化学反应，在反应的过程中由于急剧释放能量而引起爆炸。爆炸前后物质的组分、性质发生根本变化。例如炸药的爆炸，可燃气体、可燃粉尘与空气形成的爆炸性混合物的爆炸等。本章所述爆炸主要指的是化学爆炸。

3. 原子爆炸

原子爆炸又称核爆炸，是由于某些物质的原子核发生裂变或聚变的连锁反应，瞬间放出巨大能量而形成的爆炸现象。例如原子弹、氢弹的爆炸。

三、爆炸的破坏作用

在爆炸过程中，空间内的物质以极快的速度把其内部所含有的能量释放出来，转变成机械功、光和热等能量形态。所以一旦发生爆炸事故，就会产生巨大的破坏作用，爆炸发生破坏作用的根本原因是构成爆炸的体系内存有高压气体或在爆炸瞬间生成的高温高压气体。爆炸体系和它周围的介质之间发生急剧的压力突变是爆炸的最重要特征，这种压差的急剧变化是产生爆炸破坏作用的直接原因。

1. 爆炸的压力作用

爆炸压力是爆炸产生的机械效应，是爆炸引起的最大破坏作用。爆炸压力的大小与爆炸物质的种类、数量、周围环境等因素有关。爆炸压力是爆炸事故造成杀伤、破坏的主要因素。

2. 爆炸的冲击波作用

爆炸时所产生的高温高压气体以极高的速度膨胀，像活塞一样挤压着周围空气，并把爆炸反应释放出的部分能量传递给这些被压缩的空气，空气受冲击而发生扰动，其压力、密度等因而产生突变，这种扰动在空气中的传播就称为冲击波。冲击波的强度是以标准大气压（101.325kPa）来表示的。冲击波在传播过程中主要是靠其波阵面上的超压产生破坏作用。在爆炸中心附近，空气冲击波波阵面上的超压可达几个甚至十几个大气压，在这样高的超压作用下，建筑物被摧毁，机械设备、管道等也会受到严重破坏，人员伤亡。当冲击波大面积作用于建筑物时，波阵面超压在 20~30kPa，就足以使大部分砖木结构建筑物受到强烈破坏。超压在 100kPa 以上时，除坚固的钢筋混凝土建筑外，其余部分将全部被破坏。冲击波还可以在它的作用区域内产生震荡作用，使物体因震荡而松散，甚至破坏。

一些常见的易爆物质的爆炸冲击波强度见表 8-1 和表 8-2，表 8-3 给出了冲击波对人体的伤害程度，表 8-4 给出了冲击波对砖混结构建筑的破坏程度。

表 8-1 可燃气体和蒸气的爆炸冲击波强度

物质名称	爆炸冲击波强度 /kPa	物质名称	爆炸冲击波强度 /kPa
氢	719.4	乙烯	790.3
氨	491.4	丙酮	901.7
丁烷	628.2	苯	911.9
一氧化碳	709.2	乙醚	932.1
甲烷	729.5	乙炔	1072
乙醇	759.9		

表 8-2 可燃粉尘的爆炸冲击波强度

物质名称	爆炸下限 /(g/m³)	爆炸冲击波强度 /kPa	物质名称	爆炸下限 /(g/m³)	爆炸冲击波强度 /kPa
镁粉	20	506.6	小麦粉	9.7~60	415.4~668.7
铝粉	35~40	628.2	玉米粉	22.7~52	303.9~506.6
镁铝合金	50	435.7	黄豆粉	35~50.4	466.1~709.2
煤粉	35~45	328.3	糖粉	15~19	395.1
木粉	12.6~25	780.2	硬脂酸铝	15	435.7
干奶粉	7.6	202.6	纸浆粉	60	425.5

表 8-3 冲击波对人体的伤害程度

超压值 Δp /kPa	伤害程度	超压值 Δp /kPa	伤害程度
<10	无伤害	45~75	受重伤
10~25	受轻伤	>75	伤势严重,死亡
25~45	受中等伤		

表 8-4 冲击波对砖混结构建筑的破坏程度

超压值 Δp /kPa	建筑物破坏程度	超压值 Δp /kPa	建筑物破坏程度
<2	基本无破坏	30~50	门窗大部分破坏,砖墙出现严重裂缝
2~12	玻璃窗部分或全部破坏	50~76	门窗全部破坏,砖墙部分倒塌
12~30	门窗部分破坏,砖墙出现小裂缝	>75	墙倒屋塌

3. 爆炸的高温作用

爆炸发生后,爆炸气体产物的扩散只发生在极其短促的瞬间,对一般可燃物来说,不足以造成起火燃烧,而且冲击波造成的爆炸风还有灭火作用。但是爆炸时产生的高温高压,建筑物内遗留大量的热或残余火苗,会把从破坏的设备内部不断流出的可燃气体、易燃或可燃液体的蒸气点燃,也可能把其他易燃物点燃引起火灾。

当盛装易燃物的容器、管道发生爆炸时，爆炸抛出的易燃物有可能引起大面积火灾，这种情况在油罐、液化气瓶爆破后最易发生。正在运行的燃烧设备或高温的化工设备被破坏，其灼热的碎片可能飞出，点燃附近储存的燃料或其他可燃物，也能引起火灾。

4. 爆炸碎片的冲击作用

机械设备、装置、容器、建筑构件等在爆炸后会形成碎片飞散出去，在相当广的范围内造成危害，爆炸形成的碎片飞出范围大约在 100～500m。

四、建筑防爆对策

在工业建筑设计时主要从主动与被动两个方面来考虑相关的防爆对策，主动性对策的目标主要是为了实现安全生产、预防第一，采取措施防止或减小产生爆炸的可能性。被动性对策主要是在爆炸发生时尽可能减小爆炸对建筑结构、人员与相关设备造成的损失。

（一）主动性对策

主动性对策主要是破坏爆炸必须具备的三个条件（爆炸性物质、氧气、点火源）之一，从而做到防患于未然。

1) 排除可燃气体、可燃蒸气、可燃粉尘等物质形成爆炸性混合物的可能性。

① 通过改进工艺，用爆炸危险性小的物质代替爆炸危险性大的物质，或在生产过程中尽量不用或少用具有爆炸危险的各类可燃物质。

② 生产设备应尽可能保持密闭状态，防止"跑、冒、滴、漏"。

③ 加强通风除尘，在能够散发可燃气体、蒸气和粉尘的场所采取有效的通风措施以防止爆炸性混合物的形成。

④ 设置可燃气体浓度报警装置。

⑤ 利用惰性介质进行保护。

2) 排除可能引燃爆炸性混合物的点火源。如明火、化学反应热、热辐射、高温表面、摩擦和撞击、光能等。

（二）被动性对策

1) 强化建筑结构主体的强度和刚度，使其在爆炸中足以抵抗爆炸压力和冲击波作用而不倒塌。

2) 在建筑围护构件中设置隔爆和泄压设施。当爆炸发生时，泄压构件首先被破坏，使高温高压气体得以泄放，从而降低建筑其他部位的爆炸压力，使主体结构不致发生破坏。而隔爆设施可将爆炸事故的破坏影响限制在局部范围内，从而避免其他设施受损。

3) 在建筑布置时设法减小爆炸产生的危害。在有爆炸危险的甲、乙类厂房或场所中，防火分区之间因生产工艺需要连通时，要尽量在外墙上开门，利用外廊或阳台联系或在防火墙上做门斗，门斗的两个门错开设置。门斗的隔墙应为耐火极限不低于 2.00h 的防火隔墙，门应采用甲级防火门，并应与楼梯间的门错位设置。考虑到对疏散楼梯的保护，设置在有爆炸危险场所内的疏散楼梯也要考虑设置门斗，以此缓冲爆炸冲击波的作用，降低爆炸对疏散楼梯间的影响。此外，门斗还可以限制爆炸性可燃气体、可燃蒸气混合物的扩散，如图 8-1 所示。

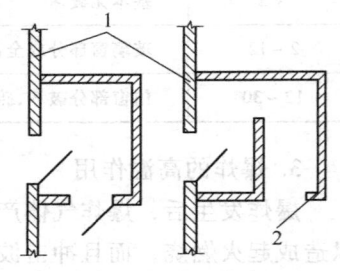

图 8-1 门斗的设置形式
1—防爆墙 2—弹簧门

第二节 爆炸危险性厂房（仓库）的布置

对具有爆炸危险的厂房（仓库）在总平面布置和平面及空间进行布置时，都要为有助于防止爆炸事故的发生和减少这些爆炸事故造成的损失而创造有利的条件。

一、总平面布置

1）有爆炸危险的厂房（仓库）周围应留有适当的防火间距。

2）根据当地全年主导风向，有爆炸危险的厂房（仓库）宜在明火或散发火花地点以及其他建筑物常年的下风向，并在不影响邻近其他单位安全的前提下，尽可能布置在本单位的边缘。

3）有爆炸危险的厂房（仓库）的平面主轴线宜与当地全年主导风向垂直或夹角大于45°。这样有利于自然通风吹散可燃气体、可燃蒸气、可燃粉尘，而不容易形成爆炸性混合物。

4）有爆炸危险的厂房（仓库）的朝向应避免朝西或采取避阳措施，减少阳光照射，避免使室温过高。

5）有爆炸危险的厂房（仓库）在山区时应布置在迎风山坡一面，并应位于自然通风良好的地方。

二、平面及空间布置

依据前述防爆对策，有爆炸危险的厂房（仓库）在平面及空间布置时，应遵循以下原则：

1）尽量单独建造或采用单层建筑。这是因为：

① 便于利用屋顶通风。单层建筑可在屋顶设置天窗、风帽，形成良好的通风条件，有利于排除可燃气体、可燃蒸气、可燃粉尘等物质，降低形成爆炸性混合物的可能性。

② 便于利用屋盖泄压。当屋盖为轻质易碎材料或开设天窗时，可大幅度增加泄压面积，有效降低爆炸压力。

③ 便于设置更多的安全出口以利于安全疏散和火灾扑救。

④ 爆炸后影响范围小，便于修复。

⑤ 单层库房可有效利用地面设置相关设施回收危险性液体。

2）有爆炸危险的甲、乙类厂房（仓库）不应设置在地下或半地下。当设置在地下或半地下时主要有以下不利因素：

① 由于自然通风条件受限，易于形成爆炸性混合物。

② 不能设置较多的安全出口，不便于人员疏散和火灾扑救。

③ 不便于利用侧墙、侧窗泄压。

④ 不利于防水和防潮。

⑤ 爆炸后影响上部房间结构，不便于修复建筑。

3）尽量采用敞开式或半敞开式建筑。在生产工艺允许的条件下，具有爆炸危险性的厂房宜采用敞开式或半敞开式建筑，这对通风相当有利，不易形成爆炸性混合物；而且泄压效果好，可大大减轻爆炸时的破坏强度，避免因主体结构遭受破坏而造成重大人员伤亡和经济损失。如果生产工艺不允许，则应将具有爆炸危险的生产部位设置在单层厂房靠外墙处或多层厂房最顶层靠外墙处，如图8-2所示。

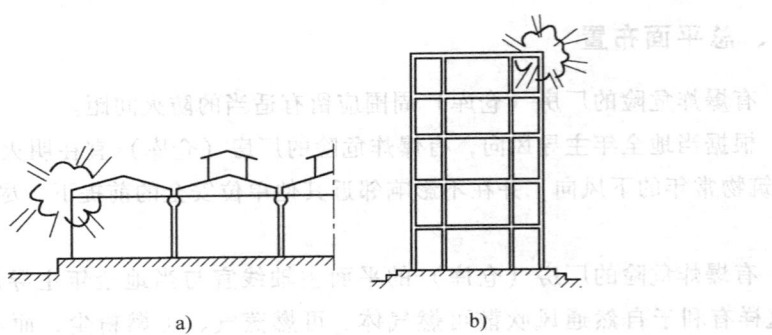

图 8-2 爆炸危险性部位在厂房中的合理布置
a) 单层厂房靠外墙处 b) 多层厂房最顶层靠外墙处

4）建筑体量尽可能小型化。有爆炸危险的厂房（仓库）面积不宜过大，平面形状尽量简单。对于面积较大或爆炸危险性不同的工段、设备，不同的危险品储存间之间用防火、防爆墙分隔，以便在发生爆炸时缩小受灾范围。

5）甲、乙类厂房内不应设置办公室、休息室。当办公室、休息室必须贴邻厂房设置时应采用一、二级耐火等级建筑，并用耐火极限不低于3.00h的不燃烧体防爆墙隔开和设置独立的安全出口。

6）甲、乙类仓库内严禁设置办公室、休息室等，并不应贴邻建造。在丙、丁类仓库内设置的办公室、休息室，应采用耐火极限不低于2.50h的不燃烧体隔墙和1.00h的楼板与库房隔开，并应设置独立的安全出口。如隔墙上需开设相互连通的门时，应采用乙级防火门。

7）爆炸危险性厂房应尽量加强通风。爆炸危险性厂房在侧墙上应多开侧窗，在屋顶开设天窗。不满足时应采用机械通风。有天窗时，高大设备布置在厂房中央，矮小设备靠窗布置以避免挡风。易爆设备布置在常年主导风向的下风侧。

8）有爆炸危险的甲、乙类厂房的总控制室应独立设置。分控制室宜独立设置，当贴邻外墙设置时，应采用耐火极限不低于3.00h的防火隔墙与其他部位分隔。总控制室设备仪表较多、价值高，是某一工厂或生产过程的重要指挥、控制、调度与数据交换、储存场所。为了保障人员、设备仪表的安全和生产的连续性，应将总控制室与有爆炸危险的甲、乙类厂房分开，单独建造。同时，考虑到有些分控制室通常和其厂房紧邻，甚至设在其中，有的要求能直接观察厂房中的设备运行情况，如分开设则要增加控制系统，增加建筑用地和造价，还给生产管理带来不便。因此，当分控制室在受条件限制需与厂房贴邻建造时，须靠外墙设置，以尽可能减小其所受危害。

防爆厂房的平面布置示例如图8-3所示。

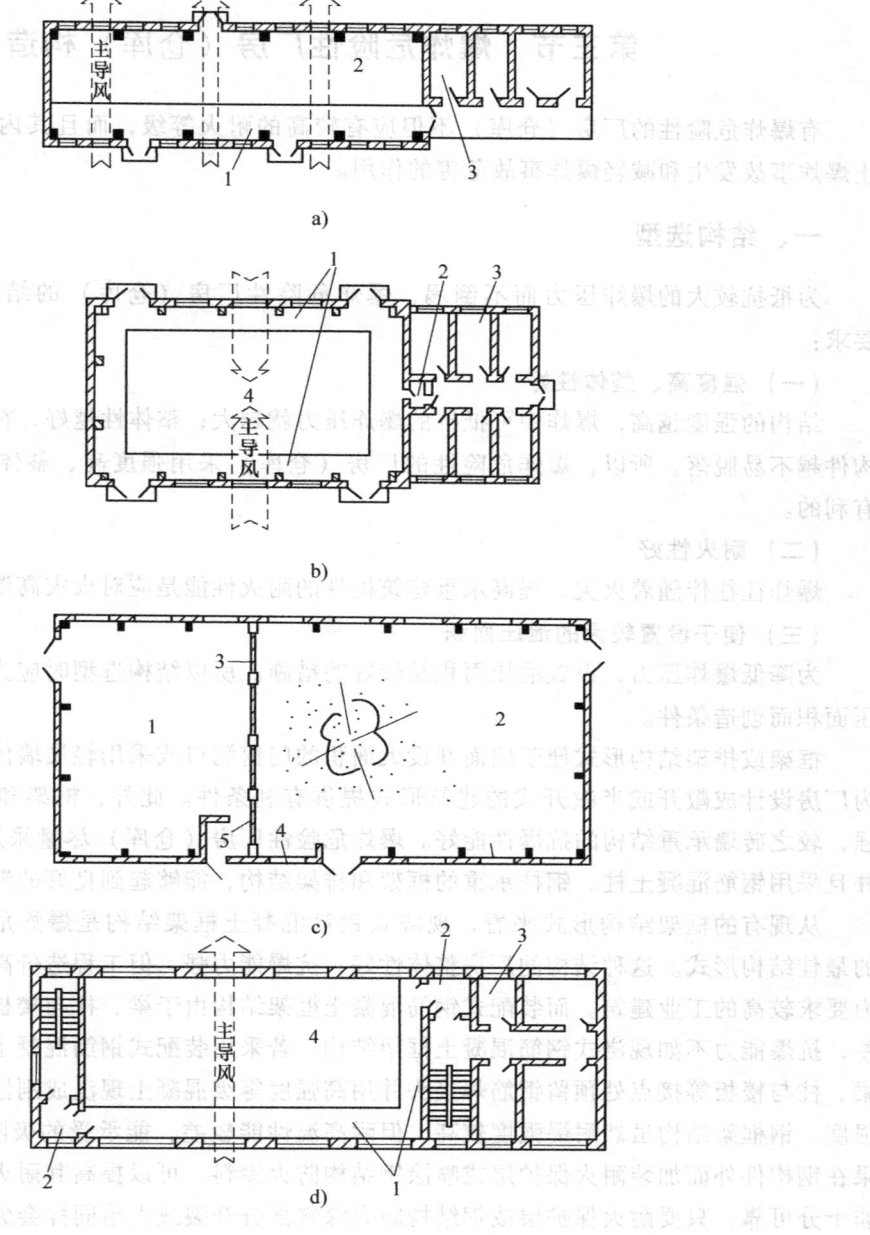

图 8-3　防爆厂房的平面布置示例

a）厂房狭长时宜将生产设备布置在一侧，并处于常年主导风向的下风处
1—工人操作区　2—生产设备区　3—无爆炸危险的辅助用房

b）厂房跨度较大、屋顶有天窗时，生产设备可布置在中央部位
1—工人操作区　2—门斗　3—无爆炸危险的辅助用房　4—生产设备区

c）在有、无爆炸危险生产工序之间设置防爆墙
1—无爆炸危险生产工序　2—有爆炸危险生产工序　3—防爆墙　4—泄压窗　5—门斗

d）多层防爆厂房的平面布置
1—工人操作区　2—门斗　3—无爆炸危险的辅助用房　4—生产设备区

第三节 爆炸危险性厂房（仓库）构造

有爆炸危险性的厂房（仓库）不但应有较高的耐火等级，而且其内部构造也应具有防止爆炸事故发生和减轻爆炸事故危害的作用。

一、结构选型

为抵抗较大的爆炸压力而不倒塌，爆炸危险性厂房（仓库）的结构形式应满足以下要求：

（一）强度高、整体性好

结构的强度越高，爆炸中可抵抗的爆炸压力就越大；整体性越好，在爆炸后的震荡中各构件越不易脱落。所以，爆炸危险性的厂房（仓库）采用强度高、整体性好的结构是非常有利的。

（二）耐火性好

爆炸往往伴随着火灾，提高承重建筑构件的耐火性能是应对火灾高温影响的必要措施。

（三）便于设置较大的泄压面积

为降低爆炸压力，设置泄压面积是较好的措施。所以结构选型时应为能够更多地设置泄压面积而创造条件。

框架或排架结构形式便于墙面开设大面积的门窗洞口或采用轻质墙体作为泄压面积，能为厂房设计成敞开或半敞开式的建筑形式提供有利条件。此外，框架和排架结构的整体性强，较之砖墙承重结构的抗爆性能好。爆炸危险性厂房（仓库）尽量采用敞开、半敞开式，并且采用钢筋混凝土柱、钢柱承重的框架和排架结构，能够起到良好的泄压和抗爆效果。

从现有的框架结构形式来看，现浇式钢筋混凝土框架结构是爆炸危险性厂房（仓库）的最佳结构形式。这种结构的厂房整体性好，抗爆能力强，但工程造价高，通常用于抗爆能力要求较高的工业建筑。而装配式钢筋混凝土框架结构由于梁、柱与楼板等接点处的刚性较差，抗爆能力不如现浇式钢筋混凝土框架结构。若采用装配式钢筋混凝土框架结构，则应在梁、柱与楼板等接点处预留钢筋焊接头并用高强度等级混凝土现浇成刚性接头，以提高耐爆强度。钢框架结构虽然耐爆强度较高，但耐高温性能较差，能承受的极限温度仅400℃。如果在钢构件外面加装耐火保护层或喷涂钢结构防火涂料，可以提高其耐火极限，但这样做并非十分可靠，只要耐火保护层或钢结构防火涂料部分开裂或剥落同样会失效。

二、工业建筑泄压

所谓泄压就是使爆炸瞬间产生的巨大压力通过泄压设施由建筑物内部向外排出，以保证建筑主体结构不遭受破坏。泄压是在发生爆炸时避免建筑主体遭受破坏的最有效措施。在有爆炸危险的甲、乙类厂房内，应设置必要的泄压设施。试验表明，在 $1m^3$ 容积内爆炸，产生燃烧产物所形成的最大压力小于30kPa时，设置 $0.05m^2$ 的泄压面积就能够满足泄压要求。随着爆炸性混合物浓度的增加，爆炸压力也相应增加，当超过30kPa时，设置 $0.05m^2$ 的泄压面积就不能满足泄压要求了。此时应尽量加大泄压面积以满足泄压的需要。

（一）泄压比

为确保建筑结构的安全，应该首先确定建筑应有的泄压面积，以保证建筑内产生的爆炸压力不超过允许限值，而此限值便可作为设计承重结构的依据。

泄压比是指爆炸危险性厂房全部泄压面积与厂房体积之比。泄压比越大，泄压效果越好。参照国外的有关规定，并结合我国有关科研单位的研究成果，我国规定有爆炸危险的厂房的泄压比一般为 0.05~0.22。爆炸介质威力较强或爆炸压力上升速度较快的厂房，应尽量加大比值。体积超过 1000m³ 的建筑，如采用上述比值有困难时，可适当降低，但不宜小于 0.03。表 8-5、表 8-6 分别给出了美国和日本厂房的爆炸危险等级与泄压比。

表 8-5　美国厂房的爆炸危险等级与泄压比 C

爆炸危险等级	$C/(m^2/m^3)$	爆炸危险等级	$C/(m^2/m^3)$
弱级（颗粒粉尘）	0.0332	强级（干燥室内的油漆、溶剂蒸气、铝粉、镁粉等）	0.220
中级（煤粉、合成树脂、锌粉等）	0.065	特级（丙酮、汽油、甲醇、乙炔、氢等）	尽可能大

表 8-6　日本厂房的爆炸危险等级与泄压比 C

爆炸危险等级	$C/(m^2/m^3)$
弱级（谷物、纸、皮革、铝、铬、铜等粉末、醋酸蒸气）	0.0334
中级（木屑、炭屑、煤粉、锑、锡等粉尘、乙烯树脂、尿素、合成树脂粉尘等）	0.0667
强级（油漆干燥或热处理室、醋酸纤维、苯酚树脂粉尘、铝粉、镁粉尘等）	0.200
特级（丙酮、汽油、甲醇、乙炔、氢等）	>0.200

（二）泄压面积

《建筑设计防火规范》规定：有爆炸危险的甲、乙类厂房，其泄压面积按式（8-1）计算，但当厂房的长径比大于 3 时，宜将该建筑物划分为长径比小于等于 3 的多个计算段，各计算段中的公共截面不得作为泄压面积

$$A = 10CV^{\frac{2}{3}} \tag{8-1}$$

式中　A——泄压面积（m²）；

　　　V——厂房的容积（m³）；

　　　C——厂房容积为 1000m³ 时的泄压比（m²/m³），按表 8-7 选取。

表 8-7　厂房的爆炸危险等级与泄压比 C

厂房爆炸危险等级	$C/(m^2/m^3)$
氨以及粮食、纸、皮革、铅、铬、铜等 $K_尘$ <10MPa·m/s 的粉尘	≥0.030
木屑、炭屑、煤粉、锑、锡等 $K_尘$ =10~30MPa·m/s 的粉尘	≥0.055
丙酮、汽油、甲醇、液化石油气、甲烷、喷漆间或干燥室以及苯酚树脂、铝、镁、锆等 $K_尘$ >30MPa·m/s 的粉尘	≥0.110
乙烯	≥0.16
乙炔	≥0.20
氢	≥0.25

长径比为建筑物平面几何外形尺寸中的最长尺寸与其横截面周长的积和4倍的该建筑物横截面面积之比。长径比过大的空间,在泄压过程中会产生较高的压力。以粉尘为例,如空间过长,则在爆炸后期,未燃烧的粉尘-空气混合物受到压缩,初始压力上升,燃气泄放流动会产生湍流,使燃速增大,产生较高的爆炸压力。因此,有可燃气体或可燃粉尘爆炸危险性的建筑物要避免建造得长径比过大,以防止爆炸时产生较大超压,保证所设计的泄压面积能有效作用。

【例8-1】 某液化石油气灌装车间,平面尺寸为 $24m \times 8m$,高 $6m$,采用钢筋混凝土框架结构,柱距 $6m$。试设计该车间的泄压面积。

【解】 车间最大长度为 $24m$,车间横截面面积为 $48m^2$,横截面周长为 $(6+8)m \times 2 = 28m$,则车间长径比 $= (24m \times 28m) \div (4 \times 48m^2) = 3.5 > 3$,需分段计算泄压面积。将车间分为2个长为 $12m$ 的计算段,其长径比小于3,试设计该车间的泄压面积。

每段车间体积:$V = 12m \times 48m^2 = 576m^3$,查表8-5知液化石油气厂房的泄压比为 $0.11m^2/m^3$,则每段泄压面积为

$$A = 10CV^{\frac{2}{3}} = 10 \times 0.11 \times 576^{\frac{2}{3}} m^2 = 76.2m^2$$

故该液化石油气灌装车间所需泄压面积为

$$A_1 = 76.2m^2 \times 2 = 152.4m^2$$

在实际设置泄压面积时,既可以选择利用门窗进行泄压,也可选择通过轻质屋盖进行泄压,但应保证这些进行泄压部位的面积之和满足建筑自身所需的泄压面积要求。

(三) 泄压设施

有爆炸危险的厂房或厂房内有爆炸危险的部位应设置泄压设施。理论上讲,凡强度大大低于主体结构的围护构件都可作为泄压设施。用于泄压设施的材料主要有两个特点:一是轻质,其自重不宜超过 $60kg/m^2$;二是脆性,在爆炸压力较小时即可破碎。石棉瓦、加气混凝土、石膏板等均可选用。常见的泄压设施主要有易于泄压的门窗、轻质墙体、轻质屋盖。易于泄压的门窗、轻质墙体、轻质屋盖是指门窗的单位质量轻、玻璃受压易破碎、墙体屋盖材料表观密度较小、门窗选用的小五金断面较小、构造节点的处理上要求易断裂和脱落等。如用于泄压的门窗可采用楔形木块固定,门窗上用的金属百叶、插销等可选用断面小一些的,门窗的开启方向选择向外开。这样一旦发生爆炸,因室内压力大,原本关着的门窗上的小五金可能遭冲击波而被破坏,门窗则可自动打开或自行脱落,达到泄压的目的。

在设置泄压设施时应注意以下几点:

1) 对于散发较空气轻的可燃气体、可燃蒸气的甲类厂房,宜全部或局部采用轻质屋盖作为泄压设施,而且顶棚应尽量平整、避免死角,厂房上部空间应通风良好。

2) 有爆炸危险的甲、乙类厂房爆炸后,泄压设施将会被摧毁,高压气流夹杂大量的爆炸物碎片从泄压面冲出,如邻近人员集中的场所、主要交通道路就可能造成人员大量伤亡和交通道路堵塞,因此泄压面积应避开人员集中的场所和主要的交通道路,并宜靠近有爆炸危险的部位。

3) 对于北方和西北寒冷地区,由于冰冻期长、积雪时间长,易增加屋面上泄压面积的单位面积荷载而使其产生较大静力惯性,导致泄压受到影响。因而为了防止冰雪积聚影响屋顶泄压设施的泄压效果,屋顶上的泄压设施还应采取防冰雪积聚的措施。

(四) 泄压构造

1. 轻质外墙构造

轻质外墙分为有保温层、无保温层两种形式。常采用石棉水泥瓦作为无保温层的轻质外墙，而有保温层的轻质外墙则是在石棉水泥瓦外墙的内壁加装难燃木丝板作保温层，用于要求采暖保温或隔热降温的防爆厂房。

（1）无保温轻质外墙构造　无保温层的轻质外墙适用于无采暖、无保温要求的爆炸危险性厂房（仓库），常以石棉水泥波形瓦作为墙体材料。图 8-4 所示为无保温层的轻质外墙构造，它采用预制钢筋混凝土横梁作为骨架，在其上悬挂石棉水泥波形瓦，螺栓柔性连接，在石棉水泥波形瓦的室内表面涂抹石灰水或白色油漆。在有爆炸危险的多层厂房设置此类轻质外墙时，在靠近窗、板处应设置保护栏杆，以防止碰坏石棉水泥波形瓦或发生意外事故。

（2）有保温轻质外墙构造　有保温层的轻质外墙适用于有采暖保温或隔热降温要求的爆炸危险性厂房（仓库）。该墙是在石棉水泥波形瓦的内壁增设保温层。保温层采用难燃烧的木丝板和不燃烧的矿棉板等，具体构造如图 8-5 所示。

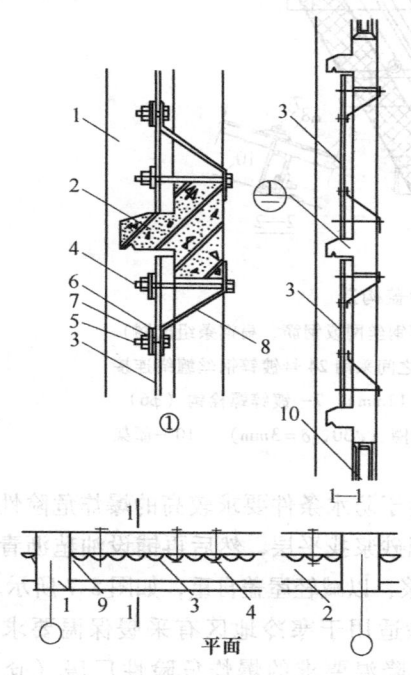

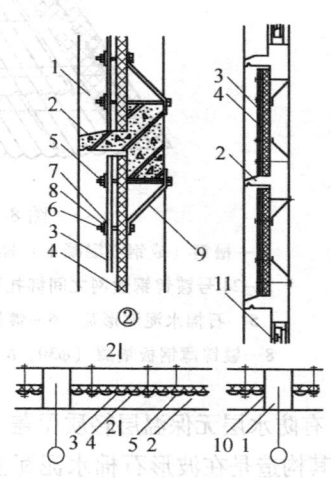

图 8-4　无保温层的轻质外墙构造
1—钢筋混凝土柱　2—钢筋混凝土横梁
3—石棉水泥波形瓦　4—镀锌长螺栓（φ6）
5—镀锌短螺栓（φ6）　6—橡胶垫圈（φ30，δ=3mm）
7—镀锌薄钢板垫圈（φ30，δ=1.5mm）　8—扁钢（3mm×30mm）　9—麻丝水泥石灰浆缝　10—带形钢窗

图 8-5　有保温层轻质外墙构造
1—钢筋混凝土柱　2—钢筋混凝土横梁
3—石棉水泥波形瓦　4—保温层
5—镀锌长螺栓（M6）　6—镀锌短螺栓（M6）
7—橡胶垫圈（φ30，δ=3mm）　8—镀锌薄钢板垫圈（φ30，δ=1.5mm）　9—镀锌扁钢（3mm×30mm）
10—麻丝水泥石灰浆缝　11—带形钢窗

2. 轻质屋盖构造

轻质屋盖根据需要可分别由石棉水泥波形瓦和加气混凝土等材料制成，并有保温层或无

保温层、有防水层或无防水层之分。在泄压构造的选择上宜优先采用轻质屋盖。

轻质屋盖的构造按照使用要求可以分为三种：

（1）无保温层和防水层的轻质屋盖　与一般波形石棉水泥瓦屋面的构造基本相同，所不同之处是在波形石棉水泥瓦下面增设安全网，此网在发生爆炸时可防止瓦的碎片落下伤人，如图8-6所示。

安全网一般用24号镀锌钢丝绑扎，在有腐蚀性气体的厂房应采用钢筋、扁钢条制作，网孔不宜大于250mm×250mm，钢筋、扁钢条与檩条的连接应采取焊接固定，并涂刷防腐蚀的涂料。镀锌钢丝网与檩条的连接可采用24号镀锌钢丝绑扎，网与网之间也应采用24号镀锌钢丝缠绕，使之连接成一个整体。

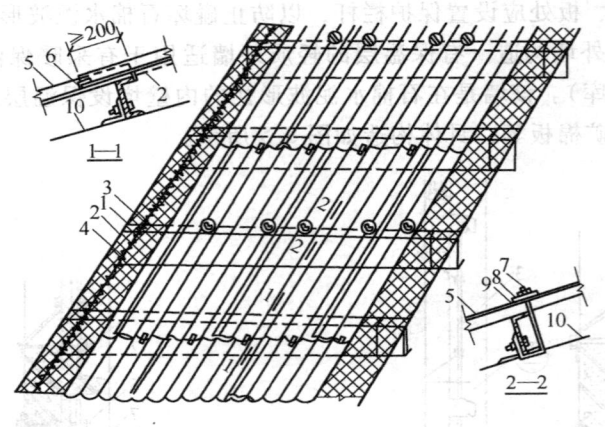

图8-6　无防水层轻质屋盖构造

1—槽钢（或钢筋混凝土）檩条　2—安全网（镀锌钢丝网或钢筋、扁钢条组成网）
3—24号镀锌钢丝网之间绑扎固定　4—镀锌钢丝网之间采用24号镀锌钢丝缠绕连接
5—石棉水泥波形瓦　6—镀锌扁钢挂瓦钩（3mm×12mm）　7—镀锌螺栓钩（φ6）
8—镀锌薄钢板垫圈（φ30，δ=1.5mm）　9—橡胶垫圈（φ30，δ=3mm）　10—屋架

（2）有防水层无保温层轻质屋盖　该轻质屋盖适用于防水条件要求较高的爆炸危险性厂房（仓库）。其构造是在波形石棉水泥瓦上面铺设轻质水泥砂浆找平层，然后再铺设油毡沥青防水层。轻质水泥砂浆宜采用蛭石水泥砂浆、珍珠岩水泥砂浆，以减轻屋盖自重，如图8-7所示。

（3）有保温层和防水层轻质屋盖　该轻质屋盖除适用于寒冷地区有采暖保温要求的爆炸危险性厂房（仓库）外，还适用于炎热地区有隔热降温要求的爆炸危险性厂房（仓库）。此类屋盖的构造是在波形石棉水泥瓦上面铺设轻质水泥砂浆找平层和保温层、防水层，由于自重不宜大于60kg/m²，故保温层必须选用表观密度较小的保温材料，如泡沫混凝土、加气混凝土、水泥膨胀蛭石、水泥膨胀珍珠岩等，如图8-8所示。图中保温层采用预制水泥膨胀蛭石保温板，保温层厚度按热工计算确定。

3. 泄压窗构造

泄压窗宜采用木窗，且可自动弹开。高窗可用轴心偏上的中悬式。

泄压窗设置在有爆炸危险性的厂房（仓库）的外墙，应向外开。在发生爆炸瞬时，泄压窗应能在爆炸压力递增稍大于室外风压时自动开启，瞬间释放大量气体和热量，使室内爆炸压力降低，以达到保护承重结构的目的。

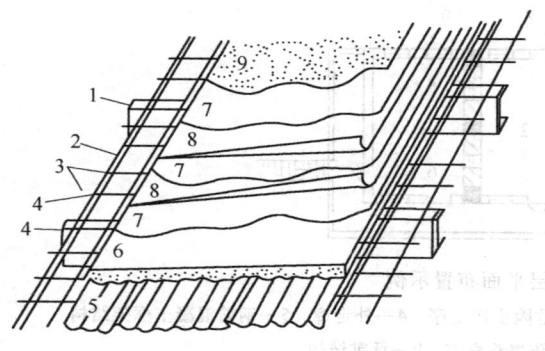
图 8-7　有防水层的轻质屋盖构造
1—槽钢（或钢筋混凝土）檩条　2—扁钢（4mm×30mm，间距 1.5m）　3—钢筋（φ6，间距 250mm）　4—焊接　5—石棉水泥波形瓦　6—水泥蛭石砂浆找平层　7—热沥青结合层　8—油毡防水层　9—绿豆砂保护层

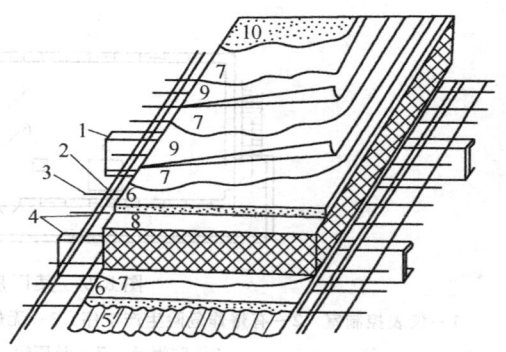
图 8-8　有保温层、防水层的轻质屋盖构造
1—槽钢（或钢筋混凝土）檩条　2—扁钢（6mm×60mm，间距 1.5m）　3—钢筋（φ6，间距 250mm）　4—焊接　5—石棉水泥波形瓦　6—水泥蛭石砂浆找平层　7—热沥青结合层　8—水泥蛭石保温板　9—油毡防水层　10—绿豆砂保护层

三、隔爆设施

为了限制爆炸事故波及的范围，减轻爆炸事故所造成的损失，在容易发生爆炸事故的场所应设置隔爆设施，如防爆墙、防爆门、防爆窗等。

（一）防爆墙

防爆墙是指具有抗爆炸能力、能将爆炸的破坏作用限制在一定范围内的墙。当爆炸发生时，强度较高的防爆墙可抵抗爆炸压力而不倒塌破坏，从而保护墙后的人员和设备。防爆墙除了其强度较高外，耐火性也应较好。防爆墙上不得设置通风孔，不宜开门窗洞口，必须开设时，应加装防爆门窗。目前常用的防爆墙有砖砌防爆墙、钢筋混凝土防爆墙、钢板防爆墙等。

1. 砖砌防爆墙

砖砌防爆墙强度有限，只能用于爆炸压力较小的爆炸危险性厂房（仓库）。

2. 钢筋混凝土防爆墙

钢筋混凝土防爆墙强度高，整体性好，抗爆能力强，当爆炸压力较高时采用，是理想的防爆墙。

3. 钢板防爆墙

钢板防爆墙用型钢作骨架，单侧或双侧焊接钢板，或在双层钢板中填充混凝土或砂子。图 8-9 所示为某厂房二层平面布置示例。

（二）防爆门

防爆门也称抗爆门、装甲门，主要是为了保护建筑内部人员和设备免受建筑物外面装置爆炸的危害。防爆门的骨架一般采用角钢和槽钢拼装焊接，门板选用抗爆强度高的锅炉钢板或装甲钢板。防爆门的铰链衬有青铜套轴和垫圈，门扇四周边衬贴橡胶带软垫，以防止防爆门启闭时因摩擦撞击而产生火花。

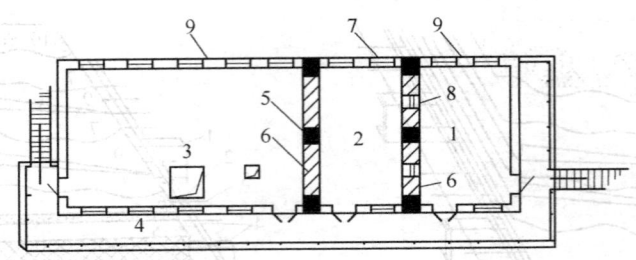

图 8-9 某厂房二层平面布置示例
1—仪表控制室 2—有爆炸危险生产工序 3—无爆炸危险生产工序 4—外走廊 5—钢筋混凝土框架结构
6—防爆墙 7—泄压窗 8—防爆观察窗 9—承重结构

(三) 防爆窗

防爆窗窗框多用角钢板制作，窗玻璃通常选用抗爆强度高、爆炸时不易破碎的安全玻璃。按照选用的玻璃不同，防爆窗可分为安全玻璃防爆窗和防弹玻璃防爆窗。前者用于防爆厂房的防爆墙上，后者多用于高压容器试压、高压化学反应、爆炸试验等特殊用途的耐爆小室。

四、其他部位构造

在散发比空气重的可燃气体、可燃蒸气的甲类厂房，或在有粉尘纤维爆炸危险的乙类厂房，通常铺设不发火地面。不发火地面由石英砂或金刚砂、高聚物、特殊添加剂、特种水泥组成，具有较高的耐磨损性，抗冲击，耐潮湿，装饰性强，不起粉，易施工，且遇到冲击或摩擦不产生火花。

不发火地面按构造材料性质可分为两大类，即不发火金属地面和不发火非金属地面。不发火金属地面的材料一般常用铜板、铝板等非铁金属制作。不发火非金属材料地面又可分为不发火有机材料制造的地面，如沥青、木材、塑料、橡胶等敷设的，但由于这些材料的导电性差，具有绝缘性，因此对导除静电不利，当使用这种材料时必须同时考虑导除静电的接地装置；另一种为不发火无机材料地面，它采用不发火水泥石砂、细石混凝土、水磨石等无机材料制造，骨料多选用石灰石、大理石、白云石等不发火材料。

不发火地面的技术要求见表 8-8。

表 8-8 不发火地面的技术要求

面层类别	技术要求
细石混凝土、水泥砂浆、水磨石等	骨料必须为石灰石、白云石、大理石等不发火材料 材料及制品应按《建筑地面工程施工质量验收规范》(GB 50209—2010) 有关规定进行不发火试验合格 施工中严禁混入金属
绝缘材料整体面层	应有防静电措施
木板面层	钢钉不得外露
沥青砂浆、沥青混凝土面层	骨料应按《建筑地面工程施工质量验收规范》(GB 50209—2010) 有关规定进行不发火试验合格 应有防静电措施

自学指导

本章学习重点：爆炸的破坏作用，爆炸危险性厂房（仓库）的结构选型要求，主要的隔爆与泄压设施。

1) 爆炸的破坏作用：压力作用、冲击波作用、碎片的冲击作用和高温作用。

2) 爆炸危险性厂房（仓库）的结构选型要求：强度高、整体性好；耐火性好；便于设置较大的泄压面积。

3) 主要的隔爆设施：防爆墙、防爆门窗。

4) 主要的泄压设施：轻质外墙、轻质屋盖和易于泄压的门窗。

本章学习难点：泄压面积的确定。

确定泄压面积应根据泄压比大小采用合适的方法来确定。

复习思考题

一、简答题

1. 爆炸的破坏作用有哪些？
2. 常见的建筑隔爆及泄压设施都有哪些？
3. 钢筋混凝土框架结构为什么适宜作防爆厂房？
4. 请举例说明有哪些主要的建筑防爆策略。
5. 什么是泄压比？

二、计算题

已知某乙炔生产厂房，平面尺寸为 36m×9m，高 6m，采用钢筋混凝土框架结构，柱距 6m。已知：$C = 0.20 m^2/m^3$，试设计该车间的泄压面积。

第九章 建筑消防设施的设置原则

学习目标

1. 应了解、知道的内容
◇ 建筑消防设施的类型与组成。
◇ 各类建筑消防设施的工作原理。
2. 应理解、清楚的内容
◇ 室内、外消火栓给水系统主要构成部分及其作用。
◇ 各类型自动喷水灭火系统主要构成部分及其作用。
◇ 气体灭火系统、火灾自动报警系统及泡沫灭火系统主要构成部分及其作用。
◇ 防、排烟常用的方式及不同场所防、排烟方式的选用。
3. 应掌握、会用的内容
◇ 建筑场所或部位设置室内消火栓给水系统的判定。
◇ 各类自动喷水灭火系统的选用，建筑场所或部位设置自动喷水灭火系统的判定，气体灭火系统的主要适用场所。
◇ 建筑或场所防、排烟方式的判定。
◇ 建筑或场所设置自动报警系统的判定。
◇ 建筑灭火器的选型及设置要求。
4. 应熟练掌握的内容
◇ 各类建筑消防设施的设置场所的判定。

自学时数 6 学时。

老师导学

通过本章的学习，应掌握各类建筑消防设施的设置原则。本章介绍的建筑消防设施主要包括水灭火系统、气体灭火系统、火灾自动报警系统、防排烟系统及泡沫灭火系统。

建筑消防设施，就是设置在建筑内部，用于在火灾发生时能够及时发现、确认、扑救火灾的设施，也包括用于传递火灾信息，为人员疏散创造便利条件和对建筑进行防火分隔的装置等。建筑消防设施的作用概括地讲就是限制火灾蔓延的范围，及时发现和扑救火灾，为有效地扑救火灾和人员疏散创造必要的条件，从而减少火灾所造成的财产损失和人员伤亡。

本章主要讲解室内、外消火栓给水系统，自动喷水灭火系统，火灾自动报警系统，机械防、排烟系统，泡沫灭火系统的设置原则。自学过程中，在了解上述各类系统的基本原理及主要组成构件的基础上，重点掌握各类系统的设置原则，能够根据特定场所的条件，判定所需设置的建筑消防设施种类。

本章讲解的建筑消防设施设置依据是《建筑设计防火规范》（GB 50016—2006），对规范规定以外的特殊场所，如人民防空工程、石油和天然气工程、石油化工工程和火力发电厂与变电站等的建筑消防设施的设置，当有专门的国家标准时，宜从其规定。

第一节 水灭火系统的设置原则

水是一种最常用的天然灭火剂，在灭火中具有高效、经济、获取方便、使用简单的特点。水灭火系统有室内、外消火栓系统，自动喷水灭火系统，水幕系统和水喷雾灭火系统等类型。

水灭火系统的组成主要包括消防水源、消防泵和消防稳压泵、消防增（稳）压设施、消防水箱、水泵接合器、给水管网和末端用水设施等。

1. 水源

消防水源是指提供消防给水系统的水源。主要有天然水源、给水管网、消防水池等。

天然水源主要有江河、湖泊、池塘等。天然水源担任消防水源时，天然水源的水质应符合消防给水系统水质要求，水量应能满足消防用水量的要求。

给水管网包括市政给水管网、企业（内部）消防给水管网。

消防水池是人工建造的储存消防用水的构筑物，是天然水源或市政给水管网的一种重要补充手段。在市政给水管道或天然水源不能满足消防用水量的情况下建（构）筑物应设置消防水池。

2. 供水设施

供水设施主要有：消防水泵、水泵接合器、消防水箱和消防用气压给水设备、增压设施（增压泵）和稳压设施（稳压泵）。

消防水泵，用于保证室内消防给水设施在扑救火灾时有可靠的和充足的水量和水压。大多数消防水源提供的消防用水，都需要消防水泵进行加压，以满足灭火时对水压和水量的要求。

消防水箱和消防用气压给水设备，主要用于提供扑救初期火灾所需水量和水压。消防水箱设置在建筑最高部位，并储存有一定量的水量；气压给水设备由气压罐、气压泵组成。

增压泵的作用是解决建筑物在火灾初期消防水箱供水量对建筑物顶部几层水压不足的问题，稳压泵是用以保证消防给水系统给水管网的水压要求。

水泵接合器是供消防车向消防给水系统的给水管网供水的接口，通常与建筑物内的自动喷水灭火系统或消火栓等消防设备的供水系统相连接，用于保障室内消防给水管网的水量和水压要求。

一、消火栓给水系统

（一）消火栓给水系统分类及组成

消火栓给水系统按设置的场所来分，有室外消火栓给水系统和室内消火栓给水系统。按管网压力来分，有常高压给水系统、临时高压给水系统和低压给水系统。按管网形式分，有环状管网给水系统和枝状管网给水系统。

室外消火栓给水系统通常设置在建筑物室外，主要承担城市、集镇、居住区或工矿企业等建筑物室外部分的消防给水任务。一般要求设置成环状管网，只有满足规范规定条件时，才可以临时设置成枝状管网。

室内消火栓给水系统设置在建筑物室内,由消防水源、供水设备、给水管网和灭火设施组成。室内消火栓给水系统组成如图 9-1 所示。

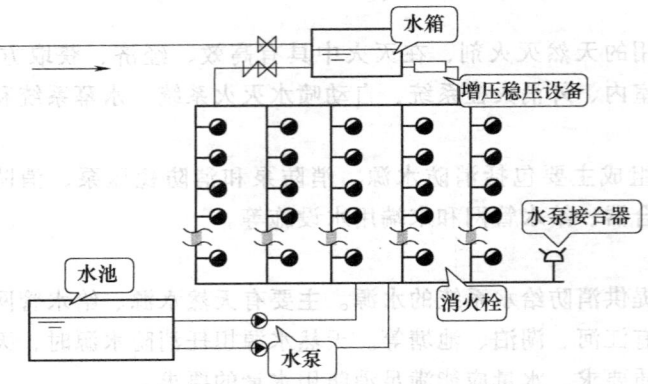

图 9-1 室内消火栓给水系统组成

(二)室外消火栓系统设置场所

城镇(包括居住区、商业区、开发区、工业区等)应沿可通行消防车的街道设置市政消火栓系统。

民用建筑、厂房、仓库、储罐(区)和堆场周围应设置室外消火栓系统。

用于消防救援和消防车停靠的屋面上,应设置室外消火栓系统。

耐火等级不低于二级且建筑体积不大于 $3000m^3$ 的戊类厂房,居住区人数不超过 500 人且建筑层数不超过二层的居住区,可不设置室外消火栓系统。

(三)室内消火栓灭火系统设置场所

下列建筑或场所应设置室内消火栓系统:

1) 建筑占地面积大于 $300m^2$ 的厂房和仓库。
2) 建筑高度大于 21m 的住宅建筑。
3) 体积大于 $5000m^3$ 的车站、码头、机场的候车(船、机)建筑、展览建筑、商店建筑、旅馆建筑、医疗建筑和图书馆建筑等。
4) 特等、甲等剧场,超过 800 个座位的其他等级的剧场和电影院等,超过 1200 个座位的礼堂、体育馆等。
5) 建筑高度大于 15m 或体积大于 $10000m^3$ 的办公建筑、教学建筑和除住宅建筑外的居住建筑等其他民用建筑。
6) 其他高层民用建筑。
7) 国家级文物保护单位的重点砖木或木结构的古建筑。

注:建筑高度不大于 27m 的住宅建筑,设置室内消火栓系统确有困难时,可只设置干式消防竖管和不带消火栓箱的 DN65 的室内消火栓。

上述未规定的建筑或场所和符合下列规定的建筑或场所可不设置室内消火栓系统,但宜设置消防软管卷盘或轻便消防水龙。

1) 耐火等级为一、二级且可燃物较少的单、多层丁、戊类厂房(库房)。
2) 耐火等级为三、四级且建筑体积不大于 $3000m^3$ 丁类厂房;耐火等级为三、四级且建筑体积不大于 $5000m^3$ 的戊类厂房(库房)。

3）粮食仓库、金库、远离城镇且无人值班的独立建筑。

4）存有与水接触能引起燃烧爆炸的物品的建筑。

5）室内没有生产、生活给水管道，室外消防用水取自储水池且建筑体积不大于 $5000m^3$ 的其他建筑。

国家级文物保护单位的重点砖木或木结构的古建筑，宜设置室内消火栓系统。

人民防空工程、石油和天然气工程、石油化工工程和火力发电厂与变电站等的建筑消火栓给水系统的设置，当有专门的国家标准时，宜从其规定。

二、自动喷水灭火系统

自动喷水灭火系统是在火灾情况下，喷头能自动洒水灭火，以保障人身和财产安全的一种控火、灭火系统。

1. 组成及分类

自动喷水灭火系统由洒水喷头、报警阀组、水流报警装置（水流指示器、压力开关）等组件，以及管道、供水设施组成。

为应对不同性质建筑物及不同特性的建筑火灾，自动喷水灭火系统有不同的类型。根据系统使用喷头的形式，分为闭式自动喷水灭火系统和开式自动喷水灭火系统两类；根据系统的用途和配置状况，分为湿式自动喷水灭火系统、干式自动喷水灭火系统、预作用自动喷水灭火系统、雨淋自动喷水灭火系统、水喷雾灭火系统和水幕系统等。

2. 工作原理、适用范围及设置基本要求

（1）湿式自动喷水灭火系统　湿式自动喷水灭火系统采用闭式喷头和湿式报警阀，发生火灾时，在火灾温度的作用下，闭式喷头的热敏元件动作，喷头开启并开始喷水。此时，管网中的水由静止变为流动，水流指示器动作送出电信号，在报警控制器上指示某一区域已在喷水。由于喷头持续喷水，湿式报警阀在压差的作用下自动开启。此时压力水通过湿式报警阀流向管网，同时打开通向水力警铃的通道，延迟器充满水后，使水力警铃发出声响警报、压力开关动作输出启动供水泵的信号。供水泵投入运行后，完成系统的启动过程。湿式自动喷水灭火系统的工作原理如图 9-2 所示。

低于 4℃ 的场所，管道和组件内充水有冰冻的危险；高于 70℃ 的场所管道和组件内充水，蒸汽压的升高有破坏管道的危险。因此湿式自动喷水灭火系统适合在环境温度不低于 4℃ 并不高于 70℃ 的场所中使用。

（2）干式自动喷水灭火系统　干式自动喷水灭火系统在准工作状态时，管道内充入有压气体（我国通常采用压缩空气），报警阀处于关闭状态。发生火灾时，闭式喷头受热开启，开始管道的排气充水过程，压力开关动作并输出启泵信号，自动系统供水泵及管道完成排气冲水过程后，开启的喷头开始喷水。干式自动喷水灭火系统的工作原理如图 9-3 所示。

干式自动喷水灭火系统适用于环境温度低于 4℃ 或高于 70℃ 的场所。

（3）预作用喷水灭火系统　准工作状态时，由消防水箱或稳压泵、气压给水设备等稳压设施维持雨淋阀入口前管道内充水的压力，雨淋阀后的管道内平时无水或充以有压气体。发生火灾时，与喷头一起安装在同一保护区的火灾探测器，首先发出火警报警信号，报警控制器确认后，在声光报警的同时即自动启动雨淋阀的电磁阀，将雨淋阀打开，开始配水管道

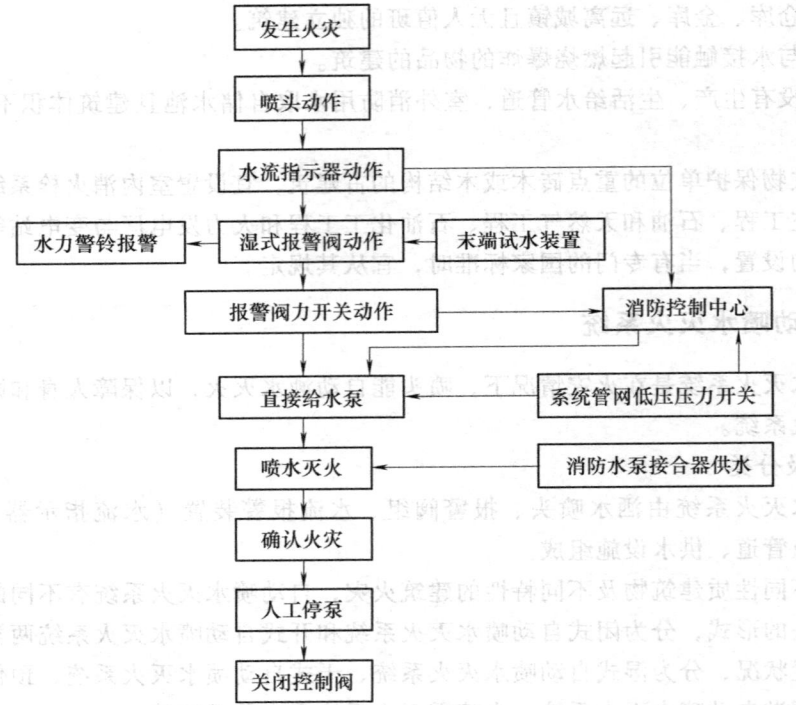

图 9-2 湿式自动喷水灭火系统的工作原理

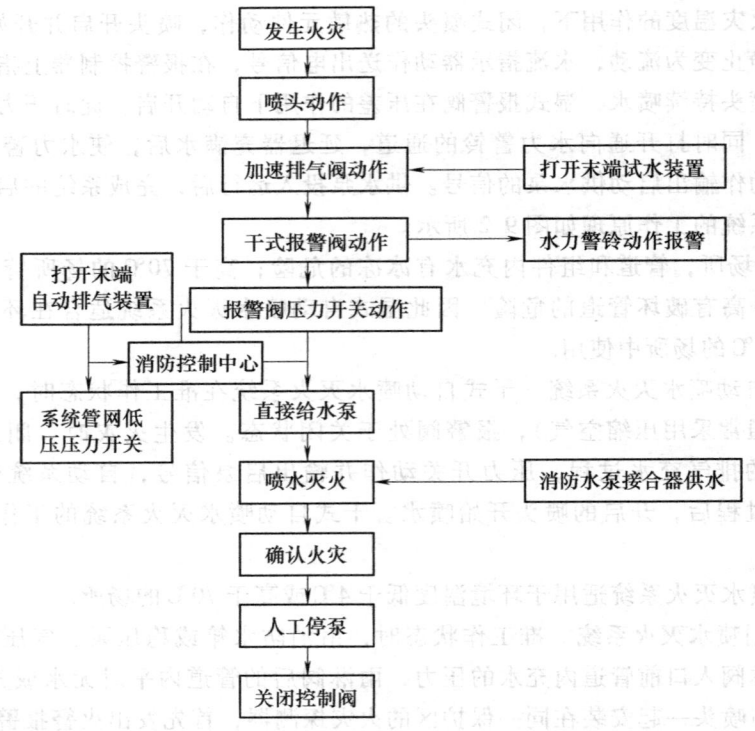

图 9-3 干式自动喷水灭火系统的工作原理

排气充水的预作用过程,使系统在闭式喷头动作前转换成湿式系统,并在闭式喷头开启后立即喷水,因此可消除干式系统喷头开放后延迟喷水的弊病。预作用式自动喷水灭火系统的工作原理如图9-4所示。

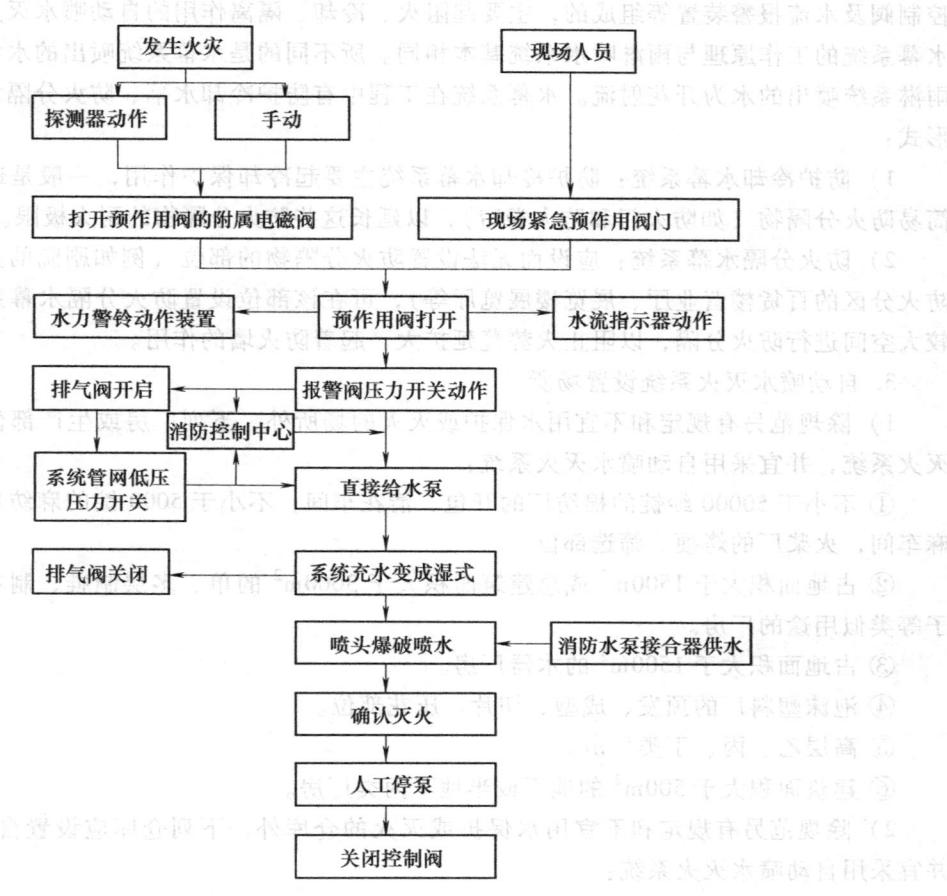

图9-4 预作用式自动喷水灭火系统的工作原理

预作用自动喷水灭火系统在低温和高温环境中替代干式系统,以及在防止误喷和对水质损失要求较高的场所使用。

(4) 雨淋喷水灭火系统 雨淋喷水灭火系统是由火灾探测系统、开式喷头、传动装置、喷水管网、雨淋阀等组成的。发生火灾时,系统管道内给水是通过火灾探测系统控制雨淋阀来实现的,并设有手动开启阀门装置。雨淋喷水灭火系统采用开式喷头。只要雨淋阀开启后,就可以在它的保护区内迅速地、大面积地喷水灭火,因此降温和灭火效果均十分显著。以下区域也适宜设置雨淋喷水灭火系统:液化石油气储配站的灌瓶间、实瓶间,乙炔站的灌装气瓶间以及泡沫塑料的预发、成型、切片、压花部位等。

(5) 水喷雾灭火系统 水喷雾灭火系统在组成上与雨淋喷水灭火系统基本相同,所不同的是喷头采用水雾喷头。水雾喷头的设置应根据保护对象的类别、保护面积、喷雾强度和喷头的水力特性确定,水雾应均匀地喷射到保护对象的表面,并能完全覆盖保护对象。

水喷雾灭火系统可用于扑救固体火灾、闪点高于60℃的液体火灾和电气火灾;可用于可燃气体和甲、乙、丙类液体的生产，储存装置或装卸设备的防护冷却。但水喷雾灭火系统不能用于保护纸张、木材等可燃物以及保护大、中型电子计算机等贵重设备。

（6）消防水幕系统　消防水幕系统是由水幕喷头、雨淋报警阀组、供水与配水管道、控制阀及水流报警装置等组成的，主要起阻火、冷却、隔离作用的自动喷水灭火系统。消防水幕系统的工作原理与雨淋喷水系统基本相同。所不同的是水幕系统喷出的水为水帘状，而雨淋系统喷出的水为开花射流。水幕系统在工程中有防护冷却水幕、防火分隔水幕两种应用形式：

1）防护冷却水幕系统：防护冷却水幕系统主要起冷却保护作用，一般是通过喷水冷却简易防火分隔物（如防火门和防火卷帘），以延长这些防火分隔物的耐火极限。

2）防火分隔水幕系统：应设而无法设置防火分隔物的部位（例如剧院的舞台口、超过防火分区的百货楼营业厅、展览楼展览厅等），可在该部位设置防火分隔水幕系统，用来对较大空间进行防火分隔，以阻止火势蔓延扩大，起着防火墙的作用。

3．自动喷水灭火系统设置场所

1）除规范另有规定和不宜用水保护或灭火的场所外，下列厂房或生产部位应设置自动灭火系统，并宜采用自动喷水灭火系统：

① 不小于50000纱锭的棉纺厂的开包、清花车间，不小于5000锭的麻纺厂的分级、梳麻车间，火柴厂的烤梗、筛选部位。

② 占地面积大于1500m^2 或总建筑面积大于3000m^2 的单、多层制鞋、制衣、玩具及电子等类似用途的厂房。

③ 占地面积大于1500m^2 的木器厂房。

④ 泡沫塑料厂的预发、成型、切片、压花部位。

⑤ 高层乙、丙、丁类厂房。

⑥ 建筑面积大于500m^2 的地下或半地下丙类厂房。

2）除规范另有规定和不宜用水保护或灭火的仓库外，下列仓库应设置自动灭火系统，并宜采用自动喷水灭火系统：

① 每座占地面积大于1000m^2 的棉、毛、丝、麻、化纤、毛皮及其制品的仓库。

② 每座占地面积大于600m^2 的火柴仓库。

③ 邮政建筑内建筑面积大于500m^2 的空邮袋库。

④ 可燃、难燃物品的高架仓库和高层仓库。

⑤ 设计温度高于0℃的高架冷库或每个防火分区建筑面积大于1500m^2 的非高架冷库。

⑥ 总建筑面积大于500m^2 的可燃物品地下仓库。

3）除规范另有规定和不宜用水保护或灭火的场所外，下列高层民用建筑或场所应设置自动灭火系统，并宜采用自动喷水灭火系统：

① 一类高层公共建筑（除游泳池、溜冰场外）及其地下、半地下室。

② 二类高层公共建筑及其地下、半地下室的公共活动用房、走道、办公室和旅馆的客房、可燃物品库房、自动扶梯底部。

③ 高层民用建筑内的歌舞娱乐放映游艺场所。

④ 建筑高度大于100m的住宅建筑。

4）除规范另有规定和不宜用水保护或灭火的场所外，下列单、多层民用建筑或场所应

设置自动灭火系统,并宜采用自动喷水灭火系统:

① 特等、甲等剧场,超过 1500 个座位的其他等级的剧场,超过 2000 个座位的会堂或礼堂,超过 3000 个座位的体育馆,超过 5000 人的体育场的室内人员休息室与器材间等。

② 任一层建筑面积大于 1500m^2 或总建筑面积大于 3000m^2 的展览、商店、餐饮和旅馆建筑以及医院中同样建筑规模的病房楼、门诊楼和手术部。

③ 设置送回风道(管)的集中空气调节系统且总建筑面积大于 3000m^2 的办公建筑等。

④ 藏书量超过 50 万册的图书馆。

⑤ 大、中型幼儿园,总建筑面积大于 500m^2 的老年人建筑。

⑥ 总建筑面积大于 500m^2 的地下或半地下商店。

⑦ 设置在地下或半地下或地上四层及以上楼层的歌舞娱乐放映游艺场所(除游泳场所外),设置在首层、二层和三层且任一层建筑面积大于 300m^2 的地上歌舞娱乐放映游艺场所(除游泳场所外)。

上述规定外的公共娱乐场所、幼儿园、托儿所、养老院和寄宿制学校的寝室与公共活动场所,宜设置自动喷水局部应用系统。

5)下列部位宜设置水幕系统:

① 特等、甲等剧场,超过 1500 个座位的其他等级的剧场,超过 2000 个座位的会堂、礼堂,高层民用建筑内超过 800 个座位的剧场和礼堂的舞台口及上述场所内与舞台相连的侧台、后台的洞口。

② 应设置但无法设置防火墙等防火分隔物而设置的局部开口部位。

③ 需要防护冷却的防火卷帘或防火幕的上部。

注:舞台口也可采用防火幕分隔,侧台、后台的较小洞口宜设置乙级防火门、窗。

6)下列建筑或部位应设置雨淋自动喷水灭火系统:

① 火柴厂的氯酸钾压碾厂房,建筑面积大于 100m^2 且生产或使用硝化棉、喷漆棉、火胶棉、赛璐珞胶片、硝化纤维的厂房。

② 建筑面积大于 60m^2 或储存量大于 2t 的硝化棉、喷漆棉、火胶棉、赛璐珞胶片、硝化纤维的仓库。

③ 日装瓶数量大于 3000 瓶的液化石油气储备站的灌瓶间、实瓶库。

④ 特等、甲等剧场,超过 1500 个座位的其他等级剧场和超过 2000 个座位的会堂或礼堂的舞台葡萄架下部。

⑤ 建筑面积不小于 400m^2 的演播室,建筑面积不小于 500m^2 的电影摄影棚。

⑥ 乒乓球厂的轧坯、切片、磨球、分球检验部位。

7)下列场所应设置自动喷水灭火系统,并宜采用水喷雾系统:

① 单台容量在 40MV·A 及以上的厂矿企业油浸电力变压器、单台容量在 90MV·A 及以上的油浸电厂电力变压器,或单台容量在 125MV·A 及以上的独立变电所油浸电力变压器。

② 飞机发动机试验台的试车部位。

③ 设置在高层民用建筑内的油浸电力变压器、充可燃油的高压电容器和多油开关室。

设置在室内的油浸电力变压器、充可燃油的高压电容器和多油开关室,可采用细水雾灭火系统。

第二节 气体灭火系统设置原则

气体灭火系统以某些气体作为灭火介质，火灾时能在防护区空间内形成规定的灭火浓度且保持规范规定的浸渍时间，扑灭该防护区的火灾。

气体灭火系统主要用在要求使用不污染被保护物的"清洁"灭火剂的场所；有电气危险而要求使用不导电的灭火剂场所；有贵重设备、物品，要求使用能够迅速灭火的高效灭火剂的场所；不宜或难以使用其他类型的灭火剂的场所。

一、系统分类及组成

气体灭火系统通常由灭火剂储存装置、启动分配装置、输送释放装置、监控装置等部分组成，如图9-5所示。

气体灭火系统按灭火剂不同可分为二氧化碳灭火系统、七氟丙烷灭火系统、IG541混合气体灭火系统等。曾广泛应用的卤代烷1301灭火系统、卤代烷1211灭火系统由于其对大气臭氧层的破坏，使用已受到严格限制。气体灭火系统按应用方式可分为全淹没灭火系统和局部应用灭火系统，按装配形式可分为管网灭火系统和预制灭火系统。

1. 全淹没灭火系统

在规定的时间内向防护区喷射一定浓度的灭火剂并使其均匀地充满整个防护区的气体灭火系统称为全淹没灭火系统。

2. 局部应用灭火系统

向保护对象以设计喷射强度直接喷射灭火剂，并持续一定时间，在燃烧体附近空间内形成局部高浓度的气体灭火系统称为局部应用灭火系统。

3. 管网灭火系统

按一定的应用条件进行设计计算，将灭火剂从存储装置经由干管输送至喷放组件实施喷放的气体灭火系统称为管网灭火系统。

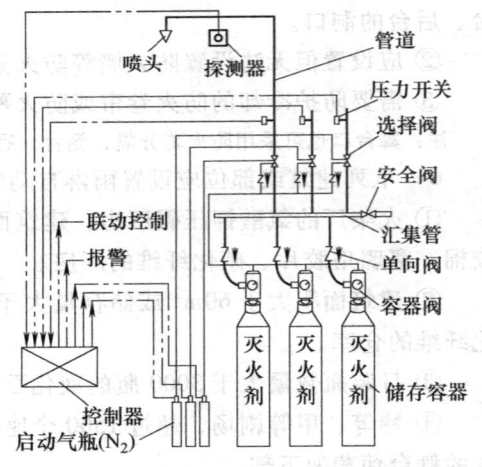

图9-5 气体灭火系统组成示意图

4. 预制灭火系统

按一定的应用条件，将灭火剂储存装置和喷放组件等预先设计、组装成套且具有联动控制功能的气体灭火装置称为预制灭火系统，又称预制灭火装置。

二、系统工作原理

防护区发生火灾后，火灾报警控制器对火灾信号接收并确认，同时发出声、光火灾报警信号；控制盘接到火灾信号后延迟30s左右，发出动作信号，关闭防护区与外界相通的门窗、开口等，启动灭火剂存储装置，灭火剂通过阀门、管道和喷嘴喷放到防护区中，实施灭火。

三、气体灭火系统的设置场所

下列场所应设置自动灭火系统,并应采用气体灭火系统:

1) 国家、省级或人口超过 100 万的城市广播电视发射塔内的微波机房、分米波机房、米波机房、变配电室和不间断电源(UPS)室。

2) 国际电信局、大区中心、省中心和一万路以上的地区中心内的长途程控交换机房、控制室和信令转接点室。

3) 两万线以上的市话汇接局和六万门以上的市话端局内的程控交换机房、控制室和信令转接点室。

4) 中央及省级公安、防灾和网局级及以上的电力等调度指挥中心内的通信机房和控制室。

5) 主机房建筑面积不小于 $140m^2$ 的电子信息系统机房内的主机房和基本工作间的已记录磁(纸)介质库。

6) 中央和省级广播电视中心内建筑面积不小于 $120m^2$ 的音像制品库房。

7) 国家、省级或藏书量超过 100 万册的图书馆内的特藏库;中央和省级档案馆内的珍藏库和非纸质档案库;大、中型博物馆内的珍品库房;一级纸绢质文物的陈列室。

8) 其他特殊重要设备室。

本条第 1)、4)、5)、8) 款规定的部位,可采用细水雾灭火系统;当有备用主机和备用已记录磁(纸)介质,且设置在不同建筑内或同一建筑内的不同防火分区内时,本条第 5) 款规定的部位可采用预作用自动喷水灭火系统。

第三节 泡沫灭火系统设置原则

泡沫灭火系统是一种以泡沫灭火剂作为灭火介质的灭火系统,火灾时将泡沫灭火剂通过泡沫产生器喷洒于着火区域实施灭火。主要适用于甲、乙、丙类液体储罐区及石油化工装置区场所,一些特殊场所如机场、飞机库、地下工程、矿井管道等场所火灾也常选用泡沫灭火系统。

一、系统组成及分类

泡沫灭火系统一般由消防水源、水泵、泡沫液储存装置、输送管道、泡沫产生装置等几部分组成。不同类型的系统,上述各组成部分构件安装方式及功能特点有所不同。

泡沫灭火系统按照不同的标准有不同的分类方法,主要有依据泡沫灭火剂的发泡倍数、系统设备的安装形式、系统泡沫喷射形式三种分类方法。

1) 按发泡倍数分为低倍数泡沫灭火系统(发泡倍数为 20 以下)、中倍数泡沫灭火系统(发泡倍数为 21~200)、高倍数泡沫灭火系统(发泡倍数为 201~1000)。

2) 按系统主要组成构件的安装形式可分为固定式泡沫灭火系统、半固定式泡沫灭火系统、移动式泡沫灭火系统。

3) 按系统泡沫喷射形式分为液上喷射泡沫灭火系统、液下喷射泡沫灭火系统、半液下喷射泡沫灭火系统。

泡沫-水喷淋联用系统是将传统泡沫喷淋灭火系统与自动喷水灭火系统相结合,喷洒一定时间的泡沫实施灭火,再喷洒水冷却防护以防复燃。该系统具备灭火、冷却双功效。

实践中根据具体保护对象的燃烧特性、场所周围空间条件选用合适的系统类型。

二、系统工作原理

对于甲、乙、丙类液体储罐区及石油化工装置区场所火灾,需选用泡沫灭火剂作为灭火介质,泡沫灭火系统则是通过将水和泡沫液按规定的比例进行混合,形成泡沫混合液,并将泡沫混合液通过输送管道输送到泡沫产生器产生泡沫,形成的泡沫覆盖到燃烧区域将燃烧液体与空气隔离实现灭火。

三、泡沫灭火系统设置场所

甲、乙、丙类液体储罐的灭火系统设置应符合下列规定:
1)单罐容量大于 $1000m^3$ 的固定顶罐应设置固定式泡沫灭火系统。
2)罐壁高度小于 $7m$ 或容量不大于 $200m^3$ 的储罐可采用移动式泡沫灭火系统。
3)其他储罐宜采用半固定式泡沫灭火系统。
4)石油库、石油化工、石油天然气工程中的甲、乙、丙类液体储罐的灭火系统设置应符合《石油库设计规范》(GB 50074—2002)等标准的规定。

下列汽车库、修车库宜采用泡沫-水喷淋联用系统,泡沫—水喷淋联用系统的设计应符合《泡沫灭火系统设计规范》(GB 50151—2010)的有关规定:
1)Ⅰ类地下、半地下汽车库。
2)Ⅰ类修车库。
3)停车数大于 100 辆的室内无车道且无人员停留的机械式汽车库。

地下汽车库可采用高倍数泡沫灭火系统。高倍数泡沫灭火系统的设计,应符合《泡沫灭火系统设计规范》(GB 50151—2010)的规定。

第四节 火灾自动报警系统设置原则

火灾自动报警系统是火灾探测报警与消防联动控制系统的简称,是人们为了更早期发现、通报火灾信息,并及时联动各种消防设施,引导人员疏散并接收设备的反馈信号而设置在建筑中或其他场所的一种自动消防设施。

一、系统组成及分类

火灾自动报警系统一般由触发器件、火灾报警装置、火灾警报装置和电源四部分组成,复杂的系统还包括消防联动控制设备、电气火灾监控设备和可燃气体报警控制设备。火灾自动报警系统的组成如图9-6所示。

火灾探测报警系统划分为三种基本形式,即区域报警系统、集中报警系统和控制中心报警系统。

区域报警系统是一种简单的火灾报警系统,其保护对象一般是规模较小,对联动控制功能要求简单或没有联动控制功能的场所。区域报警系统的组成如图9-7所示。

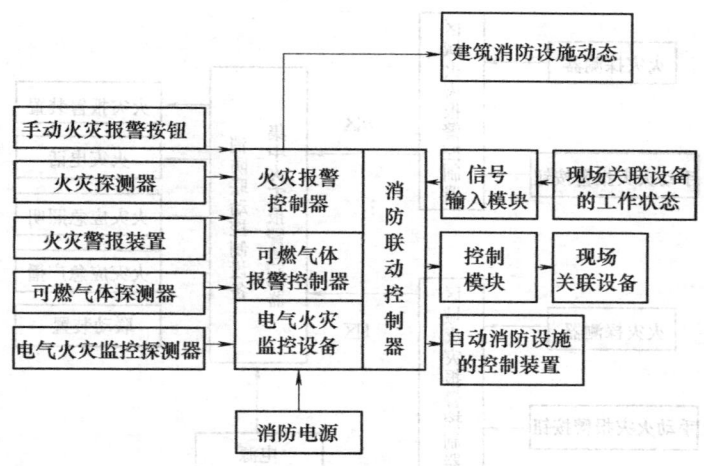

图 9-6 火灾自动报警系统的组成

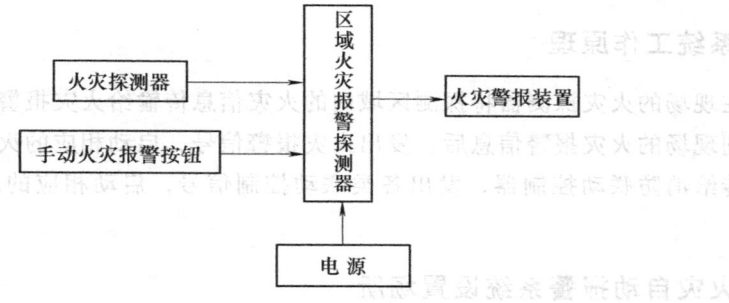

图 9-7 区域报警系统的组成

集中报警系统是一种较复杂的报警系统,其保护对象一般规模较大,联动控制功能要求较复杂。集中报警系统的组成如图 9-8 所示。

控制中心报警系统是一种复杂的报警系统,其保护对象一般规模大,联动控制功能要求复杂。控制中心报警系统的组成如图 9-9 所示。

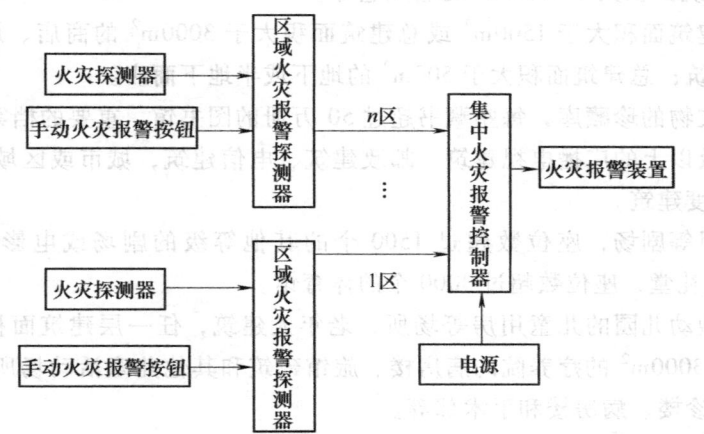

图 9-8 集中报警系统的组成

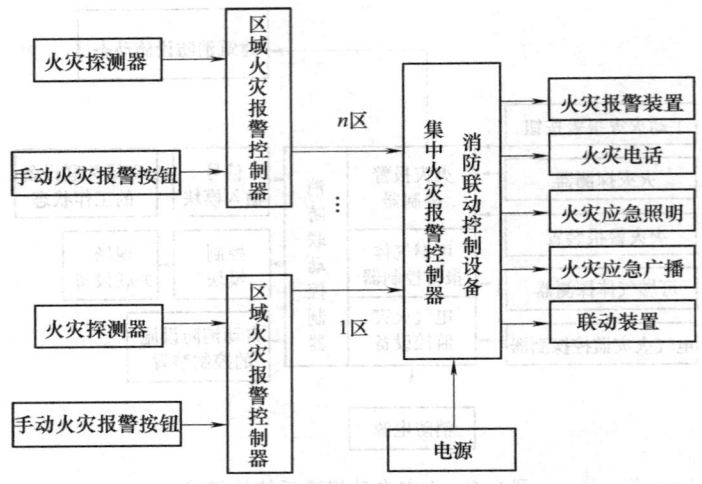

图 9-9 控制中心报警系统的组成

二、系统工作原理

安装在现场的火灾探测器将探测区域内的火灾信息传输给火灾报警控制器，火灾报警控制器接收到现场的火灾报警信息后，发出火灾报警信号，启动相应的火灾警报装置并将火灾报警信息传给消防联动控制器，发出各类联动控制信号，启动相应的疏散设施和各类灭火设施。

三、火灾自动报警系统设置场所

下列建筑或场所应设置火灾自动报警系统：

1）任一层建筑面积大于 $1500m^2$ 或总建筑面积大于 $3000m^2$ 的制鞋、制衣、玩具、电子等厂房。

2）每座占地面积大于 $1000m^2$ 的棉、毛、丝、麻、化纤及其织物的仓库，占地面积大于 $500m^2$ 或总建筑面积大于 $1000m^2$ 的卷烟仓库。

3）任一层建筑面积大于 $1500m^2$ 或总建筑面积大于 $3000m^2$ 的商店、展览、财贸金融、客运和货运等建筑；总建筑面积大于 $500m^2$ 的地下或半地下商店。

4）图书或文物的珍藏库，每座藏书超过 50 万册的图书馆，重要的档案馆。

5）地市级及以上的广播电视建筑、邮政建筑、电信建筑，城市或区域性的电力、交通和防灾等指挥调度建筑。

6）特等、甲等剧场，座位数超过 1500 个的其他等级的剧场或电影院，座位数超过 2000 个的会堂或礼堂，座位数超过 3000 个的体育馆。

7）大、中型幼儿园的儿童用房等场所，老年人建筑，任一层建筑面积大于 $1500m^2$ 或总建筑面积大于 $3000m^2$ 的疗养院的病房楼、旅馆建筑和其他儿童活动场所，不少于 200 个床位的医院的门诊楼、病房楼和手术部等。

8）一类高层公共建筑，二类高层公共建筑内建筑面积大于 $50m^2$ 的可燃物品库房和建筑面积大于 $500m^2$ 的营业厅。

9) 歌舞娱乐放映游艺场所。

10) 净高大于2.6m且可燃物较多的技术夹层，净高大于0.8m且有可燃物的闷顶或吊顶内。

11) 大、中型电子计算机房及其控制室、记录介质库，特殊、贵重或火灾危险性大的机器、仪表、仪器设备室、贵重物品库房，设置气体灭火系统的房间。

12) 设置机械防、排烟系统，雨淋或预作用自动喷水灭火系统，固定消防水炮灭火系统等需与火灾自动报警系统连锁动作的场所或部位。

13) 建筑高度大于100m的住宅建筑，应设置火灾自动报警系统。

14) 建筑高度大于54m、不大于100m的住宅建筑，其公共部位应设置火灾自动报警系统，套内宜设置火灾探测器。

15) 建筑高度不大于54m的高层住宅建筑，宜设置火灾自动报警系统。当需设置联动控制的消防设施时，公共部位应设置火灾自动报警系统。

16) 高层住宅建筑的公共部位应设置具有语音功能的火灾声警报装置或应急广播。

17) 建筑内可能散发可燃气体、可燃蒸气的场所应设置可燃气体报警装置。

第五节 防、排烟系统设置原则

防、排烟系统是设置在建筑内用于有效地控制火灾烟气，为安全疏散、消防扑救创造有利条件，并且可有效控制火势蔓延扩大的消防设施。

一、防、排烟方式

（一）防烟方式

1. 非燃化防烟

非燃化防烟是指建筑材料、室内家具、装饰及装修材料等尽量采用不燃材料或难燃材料制作，从而把火灾烟气的生成量降低到最低程度。包括两个方面：①建筑材料、装饰材料、装修材料、家具材料、管材及其保温绝热材料的非燃化；②可燃物品储藏方式的非燃化。

2. 密闭防烟

密闭防烟是指用密闭性能好的墙壁和门窗把房间密闭起来，隔绝新鲜空气的供给，从而达到防烟灭火的目的。这种防烟方式防烟效果好，但使用不方便，适用于对外开口少且面积较小的房间。

3. 阻碍防烟

阻碍防烟是指在烟气扩散流动路线上设置各种阻碍，以防止烟气继续扩散。这种防烟方式初期效果好，但只能作为一种辅助手段，不能单独使用。常用的阻碍装置有防火门、防烟卷帘或隔烟的防火卷帘、挡烟垂壁、防火阀和空气幕。

4. 机械防烟

机械防烟是指对非着火区加压送风，使其保持一定的正压，防止烟气侵入。这种防烟方式能有效地防止烟气侵入，效果最好，特别适用于楼梯间、电梯间及前室的防烟。

（二）排烟方式

排烟方式分为自然排烟和机械排烟两种方式。

1. 自然排烟

自然排烟是指借助室内外气体温度差引起的热压作用和室外风力所造成的风压作用而形成的室内烟气和室外空气之间的对流运动实现排烟。

2. 机械排烟

机械排烟是指利用排烟机把着火区域中所产生的烟气通过排烟口排至安全地点的方式。

(三) 选择防、排烟方式

防、排烟方式主要有自然排烟、机械防烟、机械排烟三种，在不同的建筑、不同的部位有不同的设置要求。

二、防、排烟系统设置场所

(一) 应设置防烟设施的场所或部位

1) 防烟楼梯间及其前室。
2) 消防电梯间前室或合用前室。
3) 避难走道的前室、避难层（间）。

建筑高度不大于50m的公共建筑、厂房、仓库和建筑高度不大于100m的住宅建筑，当其防烟楼梯间的前室或合用前室符合下列条件之一时，楼梯间可不设置防烟系统：

1) 前室或合用前室采用敞开的阳台、凹廊。
2) 前室或合用前室具有不同朝向的可开启外窗，且可开启外窗的面积满足自然排烟口的面积要求。

(二) 应设置排烟设施的场所

1) 厂房或仓库

① 丙类厂房内建筑面积大于300m²，且经常有人停留或可燃物较多的地上房间；人员或可燃物较多的丙类生产场所。

② 建筑面积大于5000m²的丁类生产车间。

③ 占地面积大于1000m²的丙类仓库。

④ 高度大于32m的高层厂（库）房内长度大于20m的内走道，其他厂（库）房内长度大于40m的疏散走道。

2) 民用建筑

① 设置在一、二、三层且房间建筑面积大于100m²和设置在四层及以上楼层、地下或半地下的歌舞娱乐放映游艺场所。

② 中庭。

③ 公共建筑内建筑面积大于100m²且经常有人停留的地上房间和建筑面积大于300m²且可燃物较多的地上房间。

④ 建筑内长度大于20m的疏散走道。

3) 总建筑面积大于200m²或一个房间建筑面积大于50m²，且经常有人停留或可燃物较多的地下或半地下建筑（室）应设置排烟设施。

第六节 建筑灭火器配置

建筑灭火器（简称灭火器）是一种人工移动和使用的灭火器具，具有结构简单、操作方便、轻便灵活、应用广泛的特点，是扑救各类工业与民用建筑初期火灾的常规灭火设备。

一、灭火器配置场所的火灾种类

灭火器配置场所是指存在可燃的气体、液体和固体物质，可能发生火灾，需要配置灭火器的所有场所。

根据火灾分类，灭火器配置场所分为五种：

（1）A类火灾场所　固体物质如木材、棉、毛、麻、纸张及其制品等燃烧的火灾场所。

（2）B类火灾场所　液体或可融化固体物质如汽油、柴油、煤油、原油、甲醇、乙醇、沥青、石蜡等燃烧的场所。

（3）C类火灾场所　气体如煤气、天然气、甲烷、乙烷、丙烷、氢气等燃烧的场所。

（4）D类火灾场所　金属如钾、纳、镁、钛、锆、锂、铝镁合金等燃烧的场所。

（5）E类（带电）火灾场所　燃烧时仍带电的物体如发电机、变压器、配电盘、开关箱、仪器仪表、电子计算机等带电物体燃烧的场所。

对于那些仅有常规照明线路和普通照明灯具，以及也没有上述电气设备的普通建筑场所，可不按E类火灾场所的规定配置灭火器。

二、灭火器的选型原则

A类火灾场所应选择水基型灭火器、ABC干粉灭火器、泡沫灭火器或洁净气体灭火器。

B类火灾场所应选择泡沫灭火器、BC干粉灭火器、ABC干粉灭火器、二氧化碳灭火器、适用于B类火灾的水型灭火器或洁净气体灭火器。

C类火灾场所应选择ABC干粉灭火器、BC干粉灭火器、二氧化碳灭火器或洁净气体灭火器。

D类火灾场所应选扑灭金属火灾的专用灭火器。

E类火灾场所应选择ABC干粉灭火器、BC干粉灭火器、二氧化碳灭火器或洁净气体灭火器，但不得选择装有金属喇叭喷筒的二氧化碳灭火器。

三、灭火器的设置要求

灭火器的设置要求不仅与灭火器本身的放置位置有关，而且还关系到灭火器的使用及相关的疏散等安全问题。灭火器设置的具体要求主要有以下几个方面。

1. 设置位置

灭火器应设置在位置明显和便于取用的地点，且不得影响安全疏散。对有视线障碍的灭火器设置点，应设置指示其位置的发光标志。通常，在建筑场所（室）内，应沿经常有人路过的通道、楼梯间、电梯间和出入口等处设置灭火器，且不应有遮挡物。灭火器箱的箱门及灭火器的挂钩、托架操作空间不应占据疏散通道。灭火器箱的箱体正面和灭火器筒体、铭牌应粘贴发光标志。

2. 设置方法

手提式灭火器应放置在挂钩上、托架上或灭火器箱内，并应稳固摆放，其铭牌（包含操作方式、扑救的火灾种类、警告标记等内容）应朝外、可见。灭火器箱不得上锁。推车式灭火器放在室外时，应采取遮阳挡雨措施。

3. 设置高度

手提式灭火器的顶部离地面一般为 1～1.5m，不应大于 1.5m；底部离地面高度不宜小于 0.08m。对于环境条件较好的场所，如洁净室、专用电子计算机房等，可以直接放置在干燥、洁净的地面上。

4. 设置环境

设置环境对灭火器的使用和保存有很大的影响。实际应用中，多数推车式灭火器和部分手提式灭火器设置在室外。其设置环境应满足以下条件：

(1) 防潮湿 潮湿的地点一般不宜设置灭火器。灭火器如果长期设置在潮湿的地点，会因锈蚀而严重影响灭火器的使用性能和安全性能。

(2) 防腐蚀 灭火器不宜放置在腐蚀性强的空气中或可能被腐蚀性液体浸泡的地方。

(3) 环境温度 灭火器不得设置在超出其使用温度范围的地点。

自学指导

本章学习重点：

在本章学习过程中，应掌握各类建筑消防设施的设置场所判定，能够根据特定场所的条件，判定所需设置的建筑消防设施种类。重点掌握室内消火栓给水系统、自动喷水灭火系统、泡沫灭火系统、防、排烟系统及火灾自动报警系统的设置场所判定。

本章学习难点：

本章难点在各类自动喷水灭火系统、火灾自动报警系统的主要组成构件作用及系统适用场所的区分。

复习思考题

简答题

1. 常见的建筑消防设施主要有哪些？
2. 消火栓给水系统由哪些部分组成？一座 $4000m^2$ 的服装厂房是否应设置室内消火栓给水系统？
3. 根据使用喷头的形式，自动喷水灭火系统分为哪几种类型？
4. 湿式、干式自动喷水灭火系统对设置场所的环境温度要求有何不同？
5. 占地面积为 $2500m^2$ 的木器厂房是否应设置自动喷水灭火系统？总建筑面积为 $2500m^2$ 的商场是否应设置自动喷水灭火系统？
6. 气体灭火系统主要适用于哪些场所？常用的气体灭火剂主要有哪些？
7. 火灾自动报警系统主要由哪些部分组成？一座 $100000m^2$ 的商场需设置区域火灾报警系统、集中火灾报警系统还是控制中心报警系统？
8. 总建筑面积为 $1500m^2$ 的地下商场是否应设置火灾自动报警系统？
9. 不具备自然排烟的防烟楼梯间及其前室应设置哪些消防设施？

第十章 建设工程消防设计审核

学习目标

1. 应了解、知道的内容
   ◇ 建设工程消防设计审核的主要任务。
   ◇ 建设工程消防设计审核的程序。
2. 应理解、清楚的内容
   ◇ 建设工程消防设计审核的申报要求。
   ◇ 规范强制性条文与规范其他要求的关系。
3. 应掌握、会用的内容
   ◇ 通用规范的有关内容。
   ◇ 根据建设工程确定适用规范。
4. 应熟练掌握的内容
   ◇ 建设工程消防设计审核的范围。
   ◇ 建设工程消防设计审核的重点内容。

自学时数 10 学时。

老师导学

通过本章的学习，了解建设工程消防设计审核的任务、目的和意义。并掌握建设工程消防设计审核的内容和方法。自学过程中应首先理解建设工程消防监督管理的内容，同时掌握建设工程消防设计审核的重点内容。

本章介绍了建设工程消防设计审核的依据、方法和内容，以及工业建筑、民用建筑、人民防空工程、石油化工企业、电力企业等几大类建设工程的审核方法和步骤。

第一节 建设工程消防设计审核的范围和技术依据

建设工程消防设计是建设工程设计的重要组成部分。对建设工程实施消防监督管理是国家法律赋予公安消防机构的重要职责之一。《中华人民共和国消防法》（以下简称《消防法》）明确规定：国务院公安部门规定的大型的人员密集场所和其他特殊建设工程，建设单位应当将消防设计文件报送公安机关消防机构审核。公安机关消防机构依法对审核的结果负责。第十二条规定：依法应当经公安机关消防机构进行消防设计审核的建设工程，未经依法审核或者审核不合格的，负责审批该工程施工许可的部门不得给予施工许可，建设单位、施工单位不得施工；其他建设工程取得施工许可后经依法抽查不合格的，应当停止施工。

因此，做好建设工程消防设计审核（以下简称"建审"）工作不仅意义重大，而且责任重大。做好建审工作，能加强建设工程消防监督管理，落实建设工程消防设计、施工质量和安全责任，规范消防监督管理行为；能督促工程设计、建设、施工单位在工程建设过程中，认真执行国家消防法规和技术规范，加强对建筑防火工作的管理；能有效地落实建设工程的各项防火措施，预防建筑火灾发生或有效地防止火灾蔓延，为及时扑救火灾创造条件。

一、建审的范围

《消防法》规定：大型的人员密集场所和其他特殊建设工程，建设单位应当将消防设计文件报送公安机关消防机构审核。在《建设工程消防监督管理规定》中对大型的人员密集场所和特殊建设工程进行了界定。

（一）公众聚集场所

公众聚集场所是指宾馆、饭店、商场、集贸市场、客运车站候车室、客运码头候船厅、民用机场航站楼、体育场馆、会堂以及公共娱乐场所等。

（二）人员密集场所

人员密集场所是指公众聚集场所，医院的门诊楼、病房楼，学校的教学楼、图书馆、食堂和集体宿舍，养老院、福利院，托儿所、幼儿园，公共图书馆的阅览室，公共展览馆、博物馆的展示厅，劳动密集型企业的生产加工车间和员工集体宿舍，旅游、宗教活动场所等。

（三）大型人员密集场所

1) 建筑总面积大于 $20000m^2$ 的体育场馆、会堂，公共展览馆、博物馆的展示厅。
2) 建筑总面积大于 $15000m^2$ 的民用机场航站楼、客运车站候车室、客运码头候船厅。
3) 建筑总面积大于 $10000m^2$ 的宾馆、饭店、商场、市场。
4) 建筑总面积大于 $2500m^2$ 的影剧院，公共图书馆的阅览室，营业性室内健身、休闲场馆，医院的门诊楼，大学的教学楼、图书馆、食堂，劳动密集型企业的生产加工车间，寺庙、教堂。
5) 建筑总面积大于 $1000m^2$ 的托儿所、幼儿园的儿童用房，儿童游乐厅等室内儿童活动场所，养老院、福利院，医院、疗养院的病房楼，中小学校的教学楼、图书馆、食堂，学校的集体宿舍，劳动密集型企业的员工集体宿舍。
6) 建筑总面积大于 $500m^2$ 的歌舞厅、录像厅、放映厅、卡拉OK厅、夜总会、游艺厅、桑拿浴室、网吧、酒吧，具有娱乐功能的餐馆、茶馆、咖啡厅。

（四）特殊建设工程

1) 设有大型人员密集场所的建设工程。
2) 国家机关办公楼、电力调度楼、电信楼、邮政楼、防灾指挥调度楼、广播电视楼、档案楼。
3) 本条第1)项、第2)项规定以外的单体建筑面积大于 $40000m^2$ 或者建筑高度超过50m的公共建筑。
4) 国家标准规定的一类高层住宅建筑。
5) 城市轨道交通、隧道工程，大型发电、变配电工程。
6) 生产、储存、装卸易燃易爆危险物品的工厂、仓库和专用车站、码头，易燃易爆气体和液体的充装站、供应站、调压站。

二、建审的技术依据

建设工程消防设计审核的主要技术依据是现行的国家消防技术标准，这些技术标准（设计规范）代表了国家对有关建设工程的最低消防技术要求，具有很强的约束力，是国家强制性标准，任何单位和个人都必须严格遵守、不得违反。同时，一些地方和行业也制定并颁布了一些适合于本地、本行业建筑工程的消防技术标准，也是进行审核的重要依据。根据适用范围，将这些技术标准划分为国家标准、地方标准、行业标准、技术规程等四大类。

（一）国家标准

1. 《建筑设计防火规范》（GB 50016—2006）
2. 《建筑内部装修设计防火规范》（GB 50222—1995）
3. 《爆炸和火灾危险环境电力装置设计规范》（GB 50058—1992）
4. 《农村防火规范》（GB 50039—2010）
5. 《人民防空工程设计防火规范》（GB 50098—2009）
6. 《汽车库、修车库、停车场设计防火规范》（GB 50067—1997）
7. 《飞机库设计防火规范》（GB 50284—2008）
8. 《火力发电厂与变电站设计防火规范》（GB 50229—2006）
9. 《石油化工企业设计防火规范》（GB 50160—2008）
10. 《石油天然气工程设计防火规范》（GB 50183—2004）
11. 《石油库设计规范》（GB 50074—2002）
12. 《石油储备库设计规范》（GB 50737—2011）
13. 《汽车加油加气站设计与施工规范》（GB 50156—2012）
14. 《氧气站设计规范》（GB 50030—1991）
15. 《氢气站设计规范》（GB 50177—2005）
16. 《乙炔站设计规范》（GB 50031—1991）
17. 《城镇燃气设计规范》（GB 50028—2006）
18. 《火灾自动报警系统设计规范》（GB 50116—1998）
19. 《自动喷水灭火系统设计规范》（GB 50084—2001）
20. 《水喷雾灭火系统设计规范》（GB 50219—1995）
21. 《二氧化碳灭火系统设计规范》（GB 50193—1993）
22. 《泡沫灭火系统设计规范》（GB 50151—2010）
23. 《固定消防炮灭火系统设计规范》（GB 50338—2003）
24. 《干粉灭火系统设计规范》（GB 50347—2004）
25. 《气体灭火系统设计规范》（GB 50370—2005）
26. 《建筑灭火器配置设计规范》（GB 50140—2005）

（二）地方、行业标准

地方、行业标准包括地方标准和行业标准。地方标准是根据当地的经济发展状况和工程实际情况而制定的适合于本地的设计标准，如上海市工程建设规范《建筑钢结构防火技术规程》等；行业标准是由行业主管部门等制定颁布的针对某一行业的设计标准，如《消防站建筑设计标准》《广播电视工程设计防火标准》《邮电建筑设计防火标准》等。地方、行业标准的约束力小于国家规范且不得与国家规范相抵触。

（三）技术规程

技术规程又称作业规程，它是为设备、构件或产品的设计、制造、安装、维修或使用介绍规程或程序的文件。它也可以是一项标准、一项标准的一部分或一项标准中的独立部分。

在我国，对工艺、操作、安装等具体技术要求和实施程序所做的统一规定称为规程。这些规程也是标准文件的一种形式。建设工程消防设计审核中常用的是中国工程建设标准化协会标准，主要有：

1. 《大空间智能型主动喷水灭火系统技术规程》（CECS 263—2009）
2. 《旋转型喷头自动喷水灭火系统技术规程》（CECS 213—2006）

第二节 建设工程消防设计审核的基本内容和方法

一、建设工程消防设计审核需提供的资料

《建设工程消防监督管理规定》第十五条规定：建设单位申请消防设计审核应当提供下列材料：

1）建设工程消防设计审核申报表。
2）建设单位的工商营业执照等合法身份证明文件。
3）设计单位资质证明文件。
4）消防设计文件。
5）法律、行政法规规定的其他材料。

依法需要办理建设工程规划许可的，应当提供建设工程规划许可证明文件；依法需要城乡规划主管部门批准的临时性建筑，属于人员密集场所的，应当提供城乡规划主管部门批准的证明文件。

第十六条规定：具有下列情形之一的，建设单位除提供本规定第十五条所列材料外，应当同时提供特殊消防设计文件，或者设计采用的国际标准、境外消防技术标准的中文文本，以及其他有关消防设计的应用实例、产品说明等技术资料。

1）国家工程建设消防技术标准没有规定的。
2）消防设计文件拟采用的新技术、新工艺、新材料可能影响建设工程消防安全，不符合国家标准规定的。
3）拟采用国际标准或者境外消防技术标准的。

二、消防设计文件申报要求及内容

建设单位依法申报建设工程消防设计审核和备案所提供的消防设计文件应当符合建设工程消防设计文件申报要求。

（一）一般要求

1）消防设计文件应当包括设计说明书，有关专业的设计图样，主要消防设备、消防产品及有防火性能要求的建筑构件、建筑材料表，重点反映依照国家工程建设消防技术标准强制性要求设计的内容。

2）消防设计文件应当按照下列顺序编排：

① 封面：项目名称、设计单位、日期。
② 扉页：设计单位法定代表人、技术总负责人、项目总负责人和各专业负责人的姓名，经上述人员签署或授权盖章。

③ 设计文件目录。
④ 设计说明书。
⑤ 设计图样。

(二) 新建、扩建工程消防设计文件申报内容

1. 设计说明书

(1) 工程设计依据 包括政府有关主管部门的批文，设计所执行的主要法规和所采用的主要标准（包括标准的名称、编号、年号和版本号），有关部门对本工程批准的规划许可技术条件，建设单位提供的有关使用要求或生产工艺等资料。

(2) 建设规模和设计范围 包括工程的设计规模及项目组成，分期建设内容和对续建、扩建的设想及相关措施，承担的设计范围与分工。

(3) 总指标 包括能反映建筑规模的总建筑面积、建筑占地面积、建筑高度，剧院、体育场馆等场所的座位数、车库的停车位数量，厂房、仓库等的火灾危险性类别等。

(4) 创新情况 采用新技术、新材料、新设备和新结构的情况。

(5) 待定问题 具有特殊火灾危险性的消防设计和需要设计审批时解决或确定的问题。

(6) 总平面 包括场地所在地的名称及位置，场地内原有建（构）筑物以及保留、拆除的情况，建（构）筑物满足防火间距的情况，功能分区，竖向布置方式（平坡式或台阶式），人流和车流的组织、出入口、停车场（库）的布置及停车数量的确定，消防车道及高层建筑消防扑救场地的布置，道路主要的设计技术条件。

(7) 建筑、结构 包括建筑面积、层数、层高和总高，建筑防火类别、耐火等级和结构选型，建筑物构件的构造及燃烧性能、耐火极限，建筑物使用功能和工艺要求，建筑的功能分区、平面布局、立面造型及与周围环境的关系，建筑的安全疏散、消防电梯以及交通组织、垂直交通设施的布局，防火防烟分区的划分等。

(8) 建筑电气

1) 消防电源、配电线路及电气装置。包括消防电源供电负荷等级确定、消防用电设备的配电线路选择及敷设方式、备用电源性能要求及启动方式；变、配、发电站的位置、数量、容量及设备技术条件和选型要求；消防技术标准有要求的导线、电缆、母干线的材质、型号和敷设方式，以及配电设备、灯具的选型、安装方式；消防应急照明的照度值、电源形式、灯具配置、线路选择及敷设方式、控制方式、持续时间；消防疏散指示标志的设置部位、照度、供电时间等。

2) 火灾自动报警系统和消防控制室。包括保护等级的确定及系统组成，消防控制室位置的确定，火灾探测器、报警控制器、手动报警按钮、控制台（柜）等设备的选择，火灾报警与消防联动控制要求，控制逻辑关系及控制显示要求，概述火灾应急广播、火灾警报装置及消防通信，概述电气火灾报警，消防主电源、备用电源供给方式，接地及接地电阻要求，传输、控制线缆选择及敷设要求，应急照明的联动控制方式等。当有智能化系统集成要求时，应说明火灾自动报警系统与其他子系统的接口方式及联动关系。

(9) 消防给水和灭火设施

1) 消防水源，包括由市政管网供水时，应说明供水干管方位、接管管径及根数、能提供的水压；采用天然水源时，应说明水源的水质及供水能力、取水设施；采用消防水池供水时，应说明消防水池的设置位置、有效容量及补水量的确定，取水设施及其技术保障措施。

2) 消防水泵房，包括设置位置、结构形式、耐火等级、设备选型、数量、主要性能参数和运行要求。

3) 室外消防给水系统，包括室外消防用水量标准及一次灭火用水量、总用水量的确定，室外消防给水管道及室外消火栓的布置，系统供水方式、设备选型及控制方式。

4) 室内消火栓系统，包括室内消火栓的设置场所、用水量的确定，室内消防给水管道及消火栓的布置，系统供水方式、设备选型及控制方式，消防水箱的容量、设置位置及技术保障措施。

5) 灭火设施，包括自动喷水灭火系统等各类自动灭火系统的设计原则、设计参数、系统组成、控制方式以及主要设备选择等。

（10）防、排烟及暖通空调 包括设置防、排烟的区域及方式，防、排烟系统送风量、排烟量的确定，防、排烟系统及设施配置、控制方式；暖通空调系统的防火措施。

（11）热能动力 包括室内燃料系统的种类、管路设计及敷设方式、燃气用具安装使用要求等燃料系统的设计说明；锅炉形式、规格、台数及其燃料系统等锅炉房设计说明；气体站房、柴油发电机房、气体瓶组站等其他动力站房的设计说明。

2. 设计图样

（1）总平面

1) 区域位置图。

2) 总平面图：场地四邻原有及规划道路的位置和主要建筑物及构筑物的位置、名称、层数、间距；建筑物、构筑物的位置、名称、层数；消防车道及高层建筑消防扑救场地的布置等。

（2）建筑、结构

1) 平面图，包括主要结构和建筑构、配件，平面布置，房间功能和面积，安全疏散楼梯、走道，消防电梯，平面或空间的防火、防烟分区面积、分隔位置和分隔物。

2) 立面图，包括立面外轮廓及主要结构和建筑构件的可见部分；屋顶及屋顶高耸物、檐口（女儿墙）、室外地面等主要标高或高度。

3) 剖面图，包括应准确、清楚地标示内外空间比较复杂的部位（如中庭与邻近的楼层或错层部位）；各层楼地面和室外标高、室外地面至建筑檐口或女儿墙顶的总高度、各楼层之间尺寸及其他必需的尺寸等。

（3）建筑电气

1) 消防控制室位置平面图。

2) 火灾自动报警系统图，各层报警系统设置平面图。

（4）消防给水和灭火设施

1) 消防给水总平面图。

2) 各消防给水系统的系统图与平面布置图。

3) 消防水池和消防水泵房平面图。

4) 其他灭火系统的系统图及平面布置图。

（5）防、排烟及暖通空调

1) 防烟系统的系统图、平面布置图。

2) 排烟系统的系统图、平面布置图。

3) 暖通空调的系统图、平面布置图。
（6）热能动力
1) 锅炉房设备平面布置图。
2) 其他动力站房平面布置图。

（三）改建（内装修、设计变更、用途变更）工程消防设计文件申报内容

1. 设计说明书

（1）工程设计依据　包括设计所执行的主要法规和所采用的主要标准（包括标准的名称、编号、年号和版本号），建设单位提供的有关使用要求或生产工艺等资料。

（2）建设规模和设计范围　包括工程的设计规模及项目组成、承担的设计范围与分工。

（3）改建说明　改建的内容，改建部分的建筑高度、层数、面积等指标。

（4）已设置内容　工程原已设置（或新增）的主要消防设备、消防产品及有防火性能要求的建筑构件、建筑材料等。

（5）创新情况　采用新技术、新材料、新设备和新结构的情况。

（6）待定问题　具有特殊火灾危险性的消防设计和需要设计审批时解决或确定的问题。

（7）装修专业　包括原工程用途、分类和耐火等级等概况以及本工程概况；本工程使用功能和工艺要求、功能分区、平面布局以及对原工程的改建情况；装修各部位采用的装修材料燃烧性能等级，除用文字说明以外也可用表格形式表达。

2. 装修专业设计图样

（1）建筑平面图　包括原工程总平面图和平面图；本工程平面图，含平面或空间的防火、防烟分区面积，分隔位置和分隔物情况。

（2）装修图样　应体现工程各部位顶棚、墙面、地面、隔断的装修材料以及固定家具、装饰织物、其他装饰材料的选用，可采用平面图、立面图、剖面图和节点详图表示。

三、审核的主要内容

建设单位报送审核的资料可分为两部分内容，一是《建筑消防设计审核申报表》及相关资料，二是建筑设计图样。《建筑消防设计审核申报表》及相关资料是对建筑工程基本情况（包括消防设施情况）及其周围相关情况的说明；建筑设计图样原则上应包含本工程的所有设计图样，包括建筑、结构、水、电、暖通等各专业施工图等。

审核的主要内容一般应包括以下几个方面：

1) 工业建筑的火灾危险性类别或民用建筑的使用性质。
2) 建筑物的耐火等级。
3) 总平面布局和平面布置中涉及消防安全的防火间距、消防车道、消防登高面及登高操作场地、消防水源等。
4) 建筑防火防烟分区和建筑构造。
5) 安全疏散和消防电梯。
6) 消防给水和自动灭火设备。
7) 防、排烟，通风和空调系统的防火设计。
8) 消防电源及其配电。
9) 火灾应急照明、疏散指示标志和应急广播。

10）火灾自动报警系统和消防控制室。
11）建筑灭火器配置。
12）建筑内部装修的防火设计。
13）有爆炸危险的甲、乙类厂房防爆设计。
14）国家工程建设标准中有关消防设计的其他内容。

四、建审的一般程序和基本方法

对建设单位申报的建设工程消防设计文件和有关资料进行消防设计审核时，一般是本着由总体到局部、由外到内、由建筑到设备的顺序按以下程序和方法进行。

1. 认真阅读资料，掌握建筑基本情况

首先要认真阅读《建设工程消防设计审核申报表》《建筑设计总说明》《建设工程防火设计专篇》等有关资料，通过阅读资料，了解建筑物四周的建筑情况；确定建筑物的使用性质和火灾危险性类别；掌握建设工程的高度、层数、建筑总面积、占地面积等基本情况，明确所适用的消防规范，并结合初步阅读建筑施工图中的平、立、剖面图，建立起建筑的立体印象。

建筑的信息是通过读图获得的，而读图对初学者是比较困难的。建议初学者找几个已经建成的建筑物图样进行读图训练，通过读图—想象—实地察看并反复练习，读图能力会逐渐提高。

2. 审核建筑物的耐火等级

建筑物的使用性质（火灾危险性）和耐火等级决定了建筑物与周围建筑的防火间距和建筑物自身所允许的层数、长度和防火分区的面积，是审核的重要内容之一。

在《建筑设计总说明》中，一般都给出了建筑物设计的耐火等级，但仍需要认真阅读结施图，审查决定建筑物耐火等级的各种墙（包括承重墙、非承重外墙、房间隔墙、楼梯间电梯井的墙、疏散走道两侧的隔墙等）和柱、梁、楼板、疏散楼梯、屋顶承重构件、吊顶等主要建筑构件的燃烧性能和耐火极限，进一步明确建筑物耐火等级是否达到了设计要求，哪些构件没有达到规范要求以及实际达到了哪一级的要求。

3. 审核建筑物的总平面布局

审核建筑物的总平面布局主要是审核建筑物与周围建（构）筑物的防火间距以及消防道路的设置是否符合规范要求。

规范中对各类建筑物之间的防火间距作出了十分明确而严格的规定，防火间距能否满足规范要求是决定建筑消防设计是否合格的首要条件，如果所审核的建筑物不能满足防火间距要求就可以认定为不合格设计，再对建筑物本身的其他内容进行消防设计审核就显得毫无意义了。建筑物之间的防火间距是由相邻建筑物双方的使用性质（火灾危险性）和耐火等级共同决定的。因此，审核建筑物之间的防火间距时，不仅要明确所审核的建筑物的使用性质（火灾危险性）和耐火等级，对周围建（构）筑物的相关情况也必须全面了解。当建筑物自身或周围建筑物的火灾危险性比较大或是性质比较重要时，还应深入现场进行实地勘查。

消防道路是否符合要求是建筑物总平面布局审核的又一重要内容。尤其是对长度比较大的沿街建筑物、大型的公众聚集场所和高层民用建筑、火灾危险性比较大的工业建筑等对消防车道的要求更加严格。

高层建筑发生火灾时扑救困难，所以规范中对建筑物本身的登高面设置以及相对应的登高操作场地的设置都有具体的要求，在审核时应结合建筑物的平面图和立面图对这方面的内容做审查。

有些建筑附近有丰富的天然水源，水质和水量符合消防用水的要求，也可以作为消防水源使用，这时要校核天然水源在枯水期的水位是否能满足建筑物室内外消防用水量，距离能否满足建筑用水要求。

4. 审核建筑物的层数、高度、长度、平面布置和防火、防烟分区

民用建筑的层数和高度决定了所适用的规范不同，不同的规范对民用建筑的平面布置和防火分区又有不同的要求。因此，对民用建筑进行审核时，必须通过阅读建施图中的立面图、剖面图，明确建筑的层数和设计高度，从而明确建筑是属于高层民用建筑还是低多层民用建筑。然后再逐层阅读建施图中的平面图，并结合前面所确定的建筑物的使用性质和耐火等级，对照相应的规范，审核其层数、长度、防火分区间的面积、特殊使用房间和部位的平面布置与防火分隔是否符合要求。同时，建筑物的层数和高度还是决定楼梯间形式的主要因素之一。

工业建筑的允许层数和防火分区的最大允许建筑面积（仓库建筑还包括占地面积指标）是由建筑物的火灾危险性和耐火等级决定的，确定了建筑物的火灾危险性和耐火等级就可以从相关规范中直接查出其设计层数和防火分区面积是否符合要求。

审核建筑物的防火分区不仅要看其面积指标是否符合要求，还要审核其防火分隔物，如防火墙、防火门、防火窗、防火卷帘、防火水幕带等的设置是否符合要求。同时还要考虑竖向分隔问题，如建筑物的中庭与建筑幕墙的处理、竖向管井的分隔等。竖向分隔的审核需要结合阅读立、剖面图来进行。

5. 审核建筑物的安全疏散设计

建筑物的安全疏散设计事关建筑物内人员的生命安全，是审核的重中之重。建筑物的安全疏散设计包括安全出口数量、安全疏散宽度、安全疏散距离和安全疏散设施。安全疏散设施包括安全疏散出口、各种疏散楼梯和楼梯间、疏散走道、高层建筑的避难层（间）、超高层建筑的直升机停机坪等。消防电梯虽然不属于安全疏散设施，但为了方便审核，习惯上一般与安全疏散设施同时审核。而火灾应急照明和疏散指示标志，火灾应急广播和防、排烟设施虽然都属于安全疏散设施，却一般将其分别放在电气和暖通图中审核。

安全疏散设计的相关信息，通过阅读建筑施工图中的平面图即可全部获得，只需将此与相应的规范规定相对照即可。而高层建筑室外辅助防烟楼梯的倾斜角度、楼梯扶手的高度以及加压送风口和排烟口设置的位置和面积等的确定，则需要结合立面图或剖面图的阅读来完成。需要注意的是，不同使用性质的公共民用建筑或同一民用建筑中不同用途的使用场所或房间，对安全出口的数量和疏散宽度要求有着较大差异，必须认真对待，正确把握。

6. 审核建筑内部装修

用易燃、可燃材料对建筑物进行内部装修，加大了火灾荷载，助长了火势蔓延，降低了建筑物的耐火等级，严重阻碍了人员疏散，许多造成群死群伤的特大火灾案例都与可燃装修有着最直接的关系，所以说建筑内部装修也是建审的重点之一。

对建筑物内部装修进行审核的规范依据是《建筑内部装修设计防火规范》。这部规范篇幅很短，十分简单，却相当重要。此规范自1995年颁布实施以来，一直要求有关单位在图

样送审时要同时填写建筑内部装修消防设计的相关内容，其重视程度可见一斑。规范的重点内容无非三点：一是始终贯穿了一个原则，即对性质比较重要的场所、人员密集场所、火灾危险性较大的场所和安全疏散设施的内部装修要严格限制易燃、可燃材料的使用；二是分别对单、多层民用建筑、高层民用建筑、地下民用建筑、工业厂房的室内装修给出了不同的要求；三是对同一建筑物内不同部位的装饰材料的燃烧性能和等级要求不同。审核时，只需认真阅读建筑施工图中的装修材料表，对各部位装修材料的燃烧性能等级与规范的规定仔细对照即可。需要高度注意的是，对燃烧性能等级难以确定的新型装修材料一定要按要求设计或施工单位提供法定的检测报告，必要时可由消防机构封样送检。

7. 审核消防给水和自动灭火系统

水具有良好的灭火性能，是应用最广泛的灭火剂。建筑物内除不宜用水扑救的部位外，一般都设有水灭火系统。水灭火系统包括室内外消防给水系统、自动喷水灭火系统、水幕和水喷雾灭火系统。

室外消防给水系统包括室外消防给水管道和室外消火栓，有的还需设置消防水池和消防水泵房。室外消防给水设施的平面布置情况、给水管道的直径、消防水池的面积等一般可从地上一层的水施平面图或总平面布置图中查得；各种消防水泵的形式、供水压力和强度可从设备选型说明中查得，消防水泵一般还设计有详细的安装图；消防水池的容量则需同时查阅其剖面图以确定其高度，然后通过计算得出。消防水池的容量应能满足火灾延续时间内室内外消防用水总量的要求，不同使用性质的建筑物、不同的水灭火系统其火灾延续时间和供水强度也各不相同，审核时需要对每一水灭火系统的消防用水量认真计算，然后求和，与设计的消防水池容量相比较才能确定是否符合规范要求。火灾时能连续补水的，消防水池的总容量还可以减去火灾延续时间内补充的水量。需要指出的是，有些单体建筑工程的设计没有把室外消防给水系统的设计包含在内，这种设计是不完整的。即使是借用原有的室外给水系统或市政给水系统就能满足本工程设计要求的，也应该在报送的审核资料中作出详尽的说明。

室内消防给水系统包括室内消防水池和水泵房、室内消防供水管道、水泵接合器、室内消火栓和室内消防水箱及其增压设施。首先需要说明的是，大多数建筑工程并不是都需要同时设置室内和室外两个消防水池，只是有些高层建筑受到用地条件的限制或为了使用方便，将消防水池设在了高层建筑的地下部分，其审核办法与室外消防水池相同。确定室内消防管网的布置和横、立管的管径时，需同时阅读水施平面图和室内消火栓给水系统图，确定室内消火栓的平面布置时只需仔细阅读各层的水施平面图即可。楼顶消防水箱及其增压设施与消防水泵和水泵房一样，一般都设计有细部做法和安装图。

规范中对哪些建筑或部位应设置自动喷水灭火系统、水喷雾灭火系统、泡沫灭火系统或各种气体灭火系统都作出了严格的规定。审核时应把握两个重点：一是是否按规范的规定在应当设置的部位设置了相应的灭火系统；二是灭火系统的设计是否达到了相应设计规范的要求。各类自动灭火系统都有自己独立的设计规范，审核时需对照其相应的规范进行，在此不一一叙述。但各类自动灭火系统审核的重点是基本一致的，主要包括喷头的选型和布置，喷水强度（气体系统为设计浓度）、作用面积（体积）等基本参数的选择，管网设计压力、流量及管道设置，灭火剂储存和供给，系统组件设置等。水幕系统虽然属于防火分隔设施，但其设计要求与自动喷水灭火系统相类似，所以现行的消防规范把水幕系统列入了《自动喷水灭火系统设计规范》。

8. 审核建筑物的防烟和排烟

火灾中产生的高温烟气不仅加快了火势的蔓延，更对人的生命安全构成了严重威胁，因此，建筑物的防、排烟设计是建筑防火设计的重要内容之一。防排烟有自然排烟、机械防烟和机械排烟三种形式。规范中对哪些房间和部位应设计哪种防排烟方式作出了明确规定。审核时应首先校核应设计防排烟的房间和部位是否设计了防排烟设施以及防排烟方式是否正确，然后再对其他内容进行审核。

自然排烟审核的内容包括可开启外窗的面积、位置和开启装置；机械防烟审核的内容包括加压送风量的计算，送风道、送风口、新风进口的设置和送风机的选择；机械排烟审核的内容包括排烟风机风量的计算，排烟口、排烟道、排烟防火阀的设置和排烟风机的选择以及防烟分区的划分。这些内容一般是在建筑施工图的平、立、剖面图中体现出来，有的也设计有专门的防排烟施工图或防排烟设计说明。

9. 审核建筑物的暖通和空调系统的防火设计

建筑物的暖通和空调系统的防火设计主要包括送、排风机房、空调机房的平面布置和防火分隔，横、竖向通风管道的布置和防火阀的设置，管道以及管道和设备的保温材料、消声材料、胶粘剂的燃烧性能等。空气中含有容易起火或爆炸危险物质的场所和房间，还要重点考虑采暖、通风、除尘、过滤设备的选型，风循环的控制以及采暖管道和散热器表面的温度控制等。审核时要综合阅读《采暖、通风和空调系统设计说明》、暖施平面图和相应的系统图等，再与规范的相关规定仔细对照。

10. 审核建筑物的电气防火设计

建筑物的电气防火设计包括强电和弱电两个部分。强电部分包括消防电源及其配电、电力线路和灯具等装置，火灾事故照明和疏散指示标志；弱电部分包括火灾自动报警及其联动控制系统。

消防负荷分为三级。规范中根据建筑物使用性质（火灾危险性）的不同、建筑规模的大小或室外消防用水量的多少（高层民用建筑是根据建筑类别的不同）规定了不同的负荷等级和供电要求。审核时，首先要明确建筑物的消防负荷等级，然后再通过阅读《电气设计说明》和电气专业施工图中的供电系统图来确定其供电方式是否能够满足负荷等级要求。当供电不能满足负荷等级要求时，应设自备发电设备，其投入方式应符合规范要求。消防用电设备的配电应采用单独的供电回路，线路敷设应符合耐火耐热配线要求，主要消防设备的供电还应能够实现在最末一级配电箱处自动切换。审核消防设备的配电设计是否符合要求，主要是通过审查电气施工图中的配电系统图和各层的电气施工平面图来实现的。

通过审查电气施工图中的电气照明平面图，可以了解火灾事故照明和疏散指示标志的平面布置情况；事故照明的照度、疏散指示标志的具体安装位置及供电情况则需通过结合设备选型和安装说明来审核。

火灾自动报警及其联动控制系统依据《火灾自动报警系统设计规范》进行审核。审核的重点包括两个方面：一是是否按规定在相关部位设置了自动报警设施，二是系统的设计是否符合规范要求。系统设计审核的重点主要包括探测器的选型和设置、系统布线、警报装置和联动控制功能的实现、手动报警按钮和消防专用电话等系统组件的设置、系统供电和控制室设备布置等。

11. 审核建筑灭火器配置

《建筑灭火器配置设计规范》是审核建筑灭火器配置设计是否符合要求的主要依据。所有的建筑工程设计都要求设计灭火器平面布置图,从灭火器布置平面图中很容易就能查出灭火器布置的位置、数量和型号。审核的关键是需要通过计算对灭火器的数量进行核准,并校核其选型和布置位置是否合理,通常按以下几个步骤进行。①校核所选灭火器的类型是否与配置场所的火灾种类和其他相关因素(环境温度、人员素质、有效程度和污损程度等)相适应。②校核灭火器的数量是否符合要求。灭火器数量的具体计算方法如下:首先确定场所的危险等级以确定其单位灭火级别最大保护面积 U(m^2/A 或 m^2/B),确定计算单元的保护面积 S,根据有无消火栓和灭火系统等确定修正系数 K,然后依据公式 $Q = KS/U$(对于歌舞娱乐放映游艺场所、网吧、商场、寺庙以及地下场所 $Q = 1.3KS/U$)求出该场所的需配灭火级别 Q,用 Q 除以所选灭火器的保护级别就可以得出此保护区域内所需灭火器的数量。③根据场所的危险等级校核灭火器的布置位置是否满足最大保护距离要求。

12. 审核甲乙类厂(库)房防爆

爆炸危险场所的防爆设计应包括两个方面:①电力装置的防爆设计;②建筑的防爆设计。两者相比较而言,电力装置的防爆才是更主动、更积极、更有效、更重要的防爆措施;建筑防爆则主要侧重于爆炸发生后如何采取措施将爆炸波及的范围和造成的危害尽量减小,是一种被动的防火措施。因此,在对爆炸危险场所进行消防设计审核时,不仅要对建筑防爆设计进行审核,同时更要对其电力装置的防爆设计进行认真审核。

《建规》中仅对爆炸危险场所的建筑防爆设计提出了具体要求。其主要内容包括两个方面:①防爆泄压设施和泄压面积;②厂(库)房的总体布局和平面布置。

电力装置的防爆设计依据《爆炸和火灾危险环境电力装置设计规范》等相关规范进行审核。审核的重点包括两个方面:①危险区域和范围的划分及各种防爆电气装置的选型;②区域内电气线路的设计和安装要求及接地设计等。

第三节 工业建筑的消防设计审核

本节所述的工业建筑主要是指没有制定专项规范的工业建筑。其消防设计审核的依据是《建筑设计防火规范》。具有专项规范的工业建筑的审核以专项规范为主要依据,但审核的基本思路和方法与普通工业建筑是基本一致的。

一、厂房和仓库的建筑与结构的消防设计审核

1. 确定火灾危险性

厂房和仓库的火灾危险性决定了建筑物所需要达到的耐火等级,其火灾危险性和耐火等级又决定了建筑物的层数、防火分区面积和防火间距。同时,其火灾危险性也决定了建筑的选址要求,火灾危险性比较大的工业建筑必须考虑周围环境、地势条件、主导风向等因素的影响。因此,确定火灾危险性是工业建筑审核中最关键、最首要的环节。具体应考虑:

1)厂房的火灾危险性根据生产中使用或产生的物质性质及其数量等因素划分为甲、乙、丙、丁、戊五类。

2)同一座厂房或厂房内任一防火分区内有不同火灾危险性的生产时,该厂房或防火分区内的生产火灾危险性分类的确定。

3）仓库的火灾危险性应根据储存物品的性质和储存物品中的可燃物数量等因素分为甲、乙、丙、丁、戊五类，依照规范的相关规定来确定。

需要注意的是，对于甲、乙、丙类储存物品，不仅要明确其分类，还要同时确定其属于哪一类的哪一项。

2. 核定建筑物的耐火等级与建筑构件的燃烧性能和耐火极限

厂房和仓库的耐火等级可分为一、二、三、四级。一般情况下，其建筑构件的燃烧性能和耐火极限不应低于规范的规定。但应注意有些情况需要依据相应规定提高要求或给予适当放宽。

3. 审核建筑物的耐火等级、允许层数和（防火分区）面积

审核建筑物的耐火等级、允许层数和（防火分区）面积时应注意考虑以下几个方面：

1）厂房的耐火等级、层数和每个防火分区的最大允许建筑面积应符合规定。

2）仓库的耐火等级、层数和面积应符合规定。

3）厂房和仓库中设置自动灭火系统时，每个防火分区的最大允许建筑面积可适当放宽。

4）生产使用或储存特殊贵重的机器、仪表、仪器等设备或物品的建筑物，应采用一级耐火等级的建筑。

5）建筑面积小于等于 $300m^2$ 的独立甲、乙类单层厂房，可采用三级耐火等级的建筑。

6）使用或产生丙类液体的厂房和有火花、赤热表面、明火的丁类厂房，其耐火等级应符合规定。

7）锅炉房的耐火等级。

8）油浸变压器室、高压配电装置室的耐火等级。

9）高架仓库的耐火等级不应低于二级。

10）粮仓的耐火等级。

11）冷库等特殊仓库的最大允许建筑面积。

12）进入厂房和仓库内铁路线的设置。

4. 审核防火间距和消防车道

1）厂房与周围建筑之间的防火间距。

2）甲类厂房与重要公共建筑、明火及散发火花地点、架空电力线以及可燃材料储罐和堆场之间的防火间距。

3）甲类厂房与铁路、道路等之间的防火间距。

4）高层厂房与可燃材料储罐和堆场之间的防火间距。

5）厂房外设置有化学易燃物品的设备时，其防火间距的确定。

6）总储量小于等于 $15m^3$ 的丙类液体储罐，当直埋于厂房外墙附近，且面向储罐一面4m范围内的外墙为防火墙时，其防火间距可不限。

7）同一座U形或山形厂房中相邻两翼之间的防火间距。

8）成组布置的厂房其防火间距应按规定确定。

9）仓库与周围建筑以及各类设施之间的防火间距。

10）粮食筒仓与其他建筑物之间及粮食筒仓组与组之间的防火间距。

11）厂（库）区围墙与厂（库）区内建筑之间的间距不宜小于5m，且围墙两侧的建筑物之间还应满足相应的防火间距要求。

12）厂房、仓库的消防车道设置的基本要求与民用建筑相同，应符合规范中的相关规定。

5. 审核建筑物的平面布置和特殊部位的防火分隔

1）甲、乙类生产场所和甲、乙类仓库不应设置在地下或半地下。

2）厂房内严禁设置员工宿舍。办公室、休息室等的设置要求。

3）厂房内设置仓库或中间储罐时的规定。

4）变、配电所的设置。

5）仓库内严禁设置员工宿舍。办公室、休息室等的设置。

6）仓库中的防火分区之间必须采用防火墙分隔。

7）消防控制室的耐火等级和平面布置。附设在建筑物内的消防控制室、固定灭火系统的设备室、消防水泵房和通风空气调节机房等，其防火分隔的规定。

8）一、二级耐火等级建筑的门厅，甲、乙类厂房和使用丙类液体的厂房，有明火和高温的厂房，甲、乙、丙类厂房或仓库内布置有不同类别火灾危险性的房间，其防火分隔的规定。

9）建筑物内的管道井、电缆井的防火分隔的规定。

10）可燃气体和甲、乙、丙类液体的管道的敷设；电缆、可燃气体和甲、乙、丙类液体的管道穿过建筑内的变形缝时的处理。

11）防、排烟系统，采暖、通风和空气调节系统中的管道，在穿越防火分隔处的缝隙以及防火阀周围的缝隙应采用防火封堵材料封堵。

12）建筑幕墙的防火设计。

13）冷库的防火分隔。

14）建筑物闷顶的防火设计。

15）天桥、栈桥和管沟的防火设计。

6. 审核厂房和库房的安全疏散

1）厂房、库房的安全出口设计应符合分散布置、双向疏散的要求。每个防火分区或每层楼层相邻 2 个安全出口最近边缘之间的水平距离不应小于 5m。

2）厂房安全出口数量确定。

3）地下、半地下厂房或厂房的地下室、半地下室，其安全出口确定。

4）厂房的安全疏散距离。

5）厂房内的疏散楼梯、走道、门的宽度。

6）厂房的疏散楼梯形式。

7）建筑高度大于 32m 的高层厂房，其消防电梯设置。

8）仓库的安全出口数量。

9）地下、半地下仓库或仓库的地下室、半地下室的安全出口的确定。

10）仓库的安全疏散距离。

11）粮食筒仓设置 1 个安全出口的条件。

12）仓库、筒仓的室外金属梯作为疏散楼梯的条件。筒仓室外楼梯平台的耐火极限不应低于 0.25h。

13）高层仓库应设置封闭楼梯间。
14）仓库中供垂直运输物品的提升设施。
15）高度大于32m且设置电梯的高层仓库，其消防电梯设置。
16）工厂、仓库建筑对疏散楼梯、楼梯间和门的其他要求与民用建筑相同。

7. 审核厂房和仓库的防爆

1）有爆炸危险的甲、乙类厂房宜独立设置，并宜采用敞开或半敞开式。其承重结构宜采用钢筋混凝土或钢框架、排架结构。
2）有爆炸危险的甲、乙类厂房应设置泄压设施，泄压设施应符合规定。
3）有爆炸危险的甲、乙类厂房，其泄压面积的确定。
4）散发较空气重的可燃气体、可燃蒸气的甲类厂房以及有粉尘、纤维爆炸危险的乙类厂房的内表面、地面、地沟处理的规定。
5）有爆炸危险的甲、乙类生产部位和设备的布置。
6）有爆炸危险的甲、乙类厂房的控制室设置。
7）使用和生产甲、乙、丙类液体厂房的管、沟不应和相邻厂房的管、沟相通，下水道应设置隔油设施。
8）甲、乙、丙类液体仓库应设置防止液体流散的设施。遇湿会发生燃烧爆炸的物品仓库应设置防止水浸渍的设施。
9）有粉尘爆炸危险的筒仓，应采取防爆措施。
10）有爆炸危险的甲、乙类仓库的防爆设计，宜按照厂房的类似规定采取防爆措施、设置泄压设施。

二、甲、乙、丙类液体，气体储罐（区）与可燃材料堆场审核

甲、乙、丙类液体储罐区，液化石油气储罐区，可燃、助燃气体储罐区，可燃材料堆场等，应设置在城市规划区的边缘或相对独立的安全地带，并考虑风向和地势条件的影响；在总平面布局时，应与装卸区、辅助生产区及办公区分开布置；桶装、瓶装甲类液体不应露天存放；甲、乙、丙类液体储罐，液化石油气储罐，可燃、助燃气体储罐，易燃材料堆垛与架空电力线的最近水平距离应符合规范的规定。其防火间距应分别考虑如下：

1. 甲、乙、丙类液体储罐（区）的防火间距

1）甲、乙、丙类液体储罐或储罐区和乙、丙类液体桶装堆场与建筑物的防火间距。
2）甲、乙、丙类液体储罐之间的防火间距。
3）甲、乙、丙类液体储罐成组布置时的防火间距。
4）甲、乙、丙类液体的地上式、半地下式储罐或储罐组，防火堤的设置。
5）防火堤内储罐的布置。
6）甲类液体半露天堆场、乙、丙类液体桶装堆场和闪点大于120℃的液体储罐（区），当采取了防止液体流散的设施时，可不设置防火堤。
7）甲、乙、丙类液体储罐与泵房、装卸鹤管的防火间距。
8）甲、乙、丙类液体装卸鹤管与建筑物、厂内其他铁路线的防火间距。
9）甲、乙、丙类液体储罐与铁路、道路的防火间距。
10）零位罐与所属铁路装卸线的距离不应小于6m。

2. 可燃、助燃气体储罐（区）的防火间距

1）可燃气体储罐与建筑物、储罐、堆场的防火间距。

2）可燃气体储罐或罐区之间的防火间距。

3）氧气储罐与建筑物、储罐、堆场的防火间距。

4）液氧储罐的防火间距。还应注意液氧储罐周围5m范围内不应有可燃物和设置沥青路面。

5）可燃、助燃气体储罐与铁路、道路的防火间距。

6）液氢储罐与建筑物、储罐、堆场的防火间距可按相应储量液化石油气储罐的防火间距规定减少25%确定。

3. 液化石油气储罐（区）的防火间距

1）全压式和半冷冻式液化石油气储罐或罐区与建筑物、储罐、堆场、道路的防火间距。

2）液化石油气储罐之间的防火间距。

3）液化石油气储罐与所属泵房的距离。

4）液化石油气气化站、混气站的储罐，全冷冻式液化石油气储罐与厂房或仓库、重要公共建筑和其他民用建筑、道路等之间的防火间距，应按《城镇燃气设计规范》（GB 50028—2006）的规定执行。

5）工业企业内总容积小于等于$10m^3$的液化石油气气化站、混气站的储罐，其防火间距。

6）液化石油气瓶装供应站的瓶库的设置和防火间距。

4. 可燃材料堆场的防火间距

1）露天、半露天可燃材料堆场与建筑物的防火间距。

2）露天、半露天可燃材料堆场与甲、乙、丙类液体储罐之间的防火间距。

3）露天、半露天可燃材料堆场与铁路、道路之间的防火间距。

5. 堆场、储罐区消防车道设置的基本要求

堆场、储罐区消防车道设置的基本要求与民用建筑相同。

三、其他

工业建筑的消防给水和灭火设施、防、排烟、暖通、电气（包括火灾自动报警及其联动控制系统）以及室内装饰、灭火器配置等的消防设计审核，依据相应规范参照本章第二节的要求进行。

第四节 民用建筑的消防设计审核

这里所指的民用建筑包括以下四类建筑：建筑高度不大于27m的住宅建筑（包括设置商业服务网点的住宅建筑）、建筑高度大于24m的单层公共建筑、建筑高度不大的其他公共建筑及地下民用建筑（不包括地下人民防空工程）。

民用建筑消防设计审核的规范依据是《建筑设计防火规范》（GB 50016—2006）（以下简称《建规》）。进行审核时，应认真把握以下要点。

一、明确使用性质，核定耐火等级

不同使用性质的民用建筑（或建筑中不同使用性质的部位、房间）对建筑物的耐火等级、防火分区面积和防火分隔、平面布置、安全疏散设施、固定消防设施等的要求有着很大差异。审核时必须首先明确建筑物或建筑物各部分的使用性质，才能依据规范的相关规定提出正确的审核意见。

《建规》把建筑物的耐火等级分为一、二、三、四级。一般情况下，要求所有建筑构件的燃烧性能和耐火极限都必须不低于表中的规定，才可以认为建筑物达到了相应耐火等级要求。常用建筑构件的耐火极限和燃烧性能可从附录中查出，附录中没有给出的应附送相关证明材料或检测报告。

特殊情况下对部分建筑构件的燃烧性能和耐火极限也可以适当放宽，但同时对部分建筑构件的燃烧性能和耐火极限也提高了要求。

二、审核防火间距和消防车道

1. 防火间距
1）民用建筑之间的防火间距应符合规定，审核时要注意本条注释中的放宽条件。
2）民用建筑与其他建筑物之间的防火间距的规定。
3）民用建筑与变电所、锅炉房之间的防火间距的规定。
4）数座一、二级耐火等级的多层民用建筑成组布置时防火间距的规定。

2. 消防车道
1）街区内的消防道路、沿街建筑的消防车道和人行通道。
2）建筑物的内院或天井，当其短边长度大于24m时，宜设置进入内院或天井的消防车道。
3）超过3000个座位的体育馆、超过2000个座位的会堂和占地面积大于3000m^2的展览馆等公共建筑，宜设置环形消防车道。
4）供消防车取水的天然水源和消防水池应设置消防车道。
5）消防车道的设置应符合规定。

三、审核层数和防火分区面积

不同耐火等级的非高层民用建筑，其最多允许层数和防火分区最大允许建筑面积应符合规定，并注意以下几点：
1）菜市场的每个防火分区最大允许建筑面积可适当放宽。
2）建筑内设置自动灭火系统时，该防火分区最大允许建筑面积可适当放宽。
3）当多层建筑物内设置走马廊、自动扶梯、敞开楼梯等上下层相连通的开口时的规定。
4）建筑物内设置中庭时的规定。
5）地上商业营业厅符合规定时，其每个防火分区最大允许建筑面积可放宽至10000m^2。
6）地下商店符合规定时，其防火分区最大允许建筑面积可适当放宽。
7）防火分区之间的防火分隔方式应符合规定。当采用防火墙、防火卷帘、防火水幕时，应符合现行国家标准的规定。

四、审核特殊场所的平面布置和防火分隔

1. 歌舞娱乐放映游艺场所

1）歌舞厅、录像厅、夜总会、放映厅、卡拉OK厅（含具有卡拉OK功能的餐厅）、游艺厅（含电子游艺厅）、桑拿浴室（不包括洗浴部分）、网吧等歌舞娱乐放映游艺场所，其平面布置应符合规定。

2）附设在建筑中的歌舞娱乐放映游艺场所，其防火分隔应符合规定。

2. 儿童、老年人活动场所，病房及手术室

1）托儿所、幼儿园的儿童用房及儿童游乐厅等儿童活动场所，老年人建筑和医院、疗养院的住院部分的平面布置应符合相关规定。

2）医院中的洁净手术室或洁净手术部，附设在居住建筑中的托儿所、幼儿园的儿童用房和儿童游乐厅等儿童活动场所，老年人建筑，其防火分隔应规定。

3. 消防控制室和固定灭火系统的设备室、消防水泵房、通风与空气调节机房

1）消防控制室的耐火等级和平面布置应符合规定。

2）附设在建筑物内的消防控制室、固定灭火系统的设备室、消防水泵房和通风空气调节机房等，其防火分隔应符合规定。

4. 剧院、电影院等

剧院、电影院等建筑内部重点部位的防火分隔应符合规定。

综合建筑内设置的电影院应设置在独立的竖向交通附近，并应有人员集散空间。

5. 门厅、厨房等

一、二级耐火等级建筑的门厅和除住宅外的其他建筑内的厨房等的防火分隔应符合规定。

6. 危险物品场所

1）存放和使用易燃易爆危险物品的商业设施、作坊和储藏间，严禁附设在民用建筑中。

2）经营易燃易爆化学物品的商店宜独立建造，当附设在建筑内时，其防火分隔应符合规定。

7. 居住建筑中的商业服务网点、汽车库等

1）居住建筑中布置有商业、汽车库等其他使用功能的场所时，非居住部分应设置在建筑物的底部。

2）当在居住建筑内设置商业服务网点等时，其防火分隔应符合规定。

8. 竖向管井

建筑物内的管道井、电缆井的防火分隔应符合规定。

9. 建筑幕墙

建筑幕墙的防火设计应符合规定。

10. 电缆、管道缝隙的处理

1）电缆、可燃气体和甲、乙、丙类液体的管道穿过建筑内的变形缝时，应符合规定。

2）防烟、排烟系统，采暖、通风和空气调节系统中的管道，在穿越防火分隔处的缝隙

以及防火阀周围的缝隙应采用防火封堵材料封堵。

五、审核安全疏散

（一）安全出口的数量和设置要求

建筑中的安全出口或疏散出口设计应符合分散布置、双向疏散的要求，并且每个防火分区相邻 2 个安全出口或每个房间 2 个疏散出口最近边缘之间的水平距离不应小于 5m。

1. 公共建筑

1）公共建筑或公共建筑内每个防火分区的安全出口数量应符合规定。

2）公共建筑当符合相关规定时，可设置 1 个安全出口。

3）公共建筑顶层局部升高部位符合规定时，其局部升高部位可设置一部疏散楼梯。

4）公共建筑和通廊式宿舍中各房间的疏散出口数量应符合规定。

5）剧院、电影院和礼堂的观众厅，其疏散出口数量应符合规定。

6）设置在综合楼内的电影院应有单独出入口通向室外，并应设置明显标示。

7）体育馆的观众厅，其疏散出口数量应符合规定。

8）医院、疗养院的病房楼，设置空气调节系统的多层旅馆，超过 2 层的商店等人员密集的公共建筑及综合楼，设置歌舞娱乐放映游艺场所且建筑层数超过 3 层的建筑，超过 5 层的其他公共建筑，其室内疏散楼梯均应采用封闭楼梯间（包括首层扩大封闭楼梯间）。

9）封闭楼梯间的设置应符合规定。

2. 居住建筑

居住建筑的安全出口设置应符合规定。

3. 地下、半地下建筑

地下、半地下建筑的安全出口和疏散楼梯设置应符合规定。

地下、半地下建筑的疏散楼梯间应符合规定。

（二）安全疏散距离

建筑物内疏散出口至最近安全出口的距离以及房间内任一点到该房间疏散出口的距离应符合规定。

（三）疏散宽度

1）建筑中的疏散走道和楼梯的宽度以及公共建筑中的安全出口和疏散出口门的宽度应符合规定。

2）人员密集的公共场所、观众厅的入场门和疏散出口设置应符合规定。

3）剧院、电影院、礼堂、体育馆等人员密集的公共场所的疏散走道、疏散楼梯、疏散出口或安全出口的宽度应符合规定。

4）学校、办公楼、候车（船）室、民航候机厅、展览厅、歌舞娱乐放映游艺场所等民用建筑中的疏散走道、疏散楼梯、疏散出口或安全出口的宽度应符合规定。

5）商店的疏散人数应按每层营业厅建筑面积乘以面积折算值和疏散人数换算系数计算。

（四）疏散楼梯间、楼梯和门

1）疏散楼梯间应符合规定。

2）封闭楼梯间的规定。

3）防烟楼梯间的规定。

4）建筑物中的疏散楼梯（间）在各层的平面位置不应改变。地下、半地下建筑的疏散楼梯间应符合规定。

5）室外疏散楼梯应符合规定。

6）疏散用楼梯和疏散通道上的阶梯应符合规定。

7）高度大于10m的三级耐火等级建筑应设置通至屋顶的室外消防梯。室外消防梯应符合规定。

8）建筑中的封闭楼梯间、前室及合用前室以及疏散走道上的门应符合规定。

9）建筑中的疏散门应符合规定。

10）自动扶梯和电梯不应作为消防安全疏散用设施；公共建筑内的敞开楼梯，不应计入安全出口数量。

11）公共建筑内的客货电梯宜设置独立的电梯间，且不宜直接设置在营业厅、展览厅、多功能厅、餐厅等大厅内。

六、审核锅炉房、变压器室、柴油发电机房等的设置

1）燃煤、燃油或燃气锅炉，油浸电力变压器，充有可燃油的高压电容器和多油开关等的设置应符合规定。

2）柴油发电机房布置在民用建筑内时应符合规定。

3）设置在建筑物内的锅炉、柴油发电机，其进入建筑物内的燃料供给管道和丙类液体燃料储罐应符合规定。

七、天桥、栈桥和管沟

民用建筑中如有天桥、栈桥和管沟，其防火设计应符合规定。

八、其他内容

民用建筑的消防给水和灭火设施、防排烟、暖通、电气（包括火灾自动报警及其联动控制系统）以及室内装饰、灭火器配置等的消防设计审核，依据相应规范参照本章第二节的要求进行。

第五节　高层民用建筑的消防设计审核

高层民用建筑包括建筑高度超过24m的两层及两层以上的公共建筑和建筑高度大于27m的住宅建筑（包括设置商业服务网点的住宅建筑）。其消防设计审核的依据是《建筑设计防火规范》（GB 50016—2006）。

一、确定建筑类别

高层建筑根据其使用性质、火灾危险性、疏散和扑救难度（高度）等分为一、二两类。不同类别的高层民用建筑对建筑物的耐火等级、防火分区面积、安全疏散设施、固定消防设施等的要求各不相同。审核时必须首先正确确定建筑物的类别，并明确建筑中各重要部位

（或房间）的使用性质。

二、审核耐火等级

高层建筑的耐火等级应分为一、二两级。各类高层建筑及其裙房和地下室的耐火等级应符合规定。一般情况下，要求所有建筑构件的燃烧性能和耐火极限都必须不低于规范表中的规定才可以认为建筑物达到了相应耐火等级要求。常用建筑构件的耐火极限和燃烧性能可从规范附录 A 中查出，附录中没有给出的应附送相关证明材料或检测报告。审核时还应同时注意以下几点：

1) 预制钢筋混凝土构件的节点缝隙或金属承重构件节点的外露部位，必须加设防火保护层。

2) 二级耐火等级的高层建筑中，面积不超过 100m² 的房间隔墙，可采用耐火极限不低于 0.50h 的难燃烧体或耐火极限不低于 0.30h 的不燃烧体。

3) 二级耐火等级高层建筑的裙房，当屋顶不上人时，屋顶的承重构件可采用耐火极限不低于 0.50h 的不燃烧体。

4) 住宅建筑构件的耐火极限和燃烧性能可按《住宅建筑规范》（GB 50368—2005）的规定执行。

5) 建筑幕墙的防火设计应符合规定。

三、审核总平面布局和平面布置

1. 一般规定

审核高层民用建筑时应注意考虑以下几个方面：

1) 高层建筑的选址。
2) 燃油、燃气的锅炉，可燃油油浸电力变压器，充有可燃油的高压电容器和多油开关等的设置。
3) 柴油发电机房的设置。
4) 消防控制室的设置。
5) 观众厅、会议厅、多功能厅等人员密集场所的设置。
6) 高层建筑内的歌舞厅、卡拉 OK 厅（含具有卡拉 OK 功能的餐厅）、夜总会、录像厅、放映厅、桑拿浴室（除洗浴部分外）、游艺厅（含电子游艺厅）、网吧等歌舞娱乐放映游艺场所（以下简称歌舞娱乐放映游艺场所）的设置。
7) 地下商店的设置。
8) 托儿所、幼儿园、游乐厅等儿童活动场所的设置。
9) 高层建筑裙房的设置。
10) 高层建筑内使用可燃气体作燃料时的规定。
11) 高层建筑使用丙类液体作燃料时的规定。
12) 设置在建筑物内的锅炉、柴油发电机，其燃料供给管道应符合的规定。

2. 防火间距

主要应考虑以下几个方面的间距：

1) 高层建筑之间及高层建筑与其他民用建筑之间的防火间距。

2）相邻的两座建筑当符合规定时，其防火间距可按相关条文规定适当减小。

3）高层建筑与小型甲、乙、丙类液体储罐，可燃气体储罐和化学易燃物品库房的防火间距。

4）高层医院等的液氧储罐总容量不超过 $3m^3$ 时，储罐间可一面贴邻所属高层建筑外墙建造，但应采用防火墙隔开，并应设直通室外的出口。

5）高层建筑与厂（库）房的防火间距。

6）高层建筑与煤气调压站、液化石油气气化站、混气站和城市液化石油气供应站瓶库之间的防火间距应按《城镇燃气设计规范》（GB 50028—2006）中的有关规定执行。

3. 消防车道

高层建筑的消防车道应符合规范的规定。

四、审核防火、防烟分区和建筑构造

1. 防火和防烟分区

防火和防烟分区面积划分应注意：

1）高层建筑内防火分区划分。

2）高层建筑内的商业营业厅、展览厅等符合规定时，防火分区的允许最大建筑面积可相应扩大。

3）高层建筑内设有上下层相连通的走廊、敞开楼梯、自动扶梯、传送带等开口部位时，其防火分区按规定划分。

4）高层建筑中庭的防火分区。

5）防烟分区的划分应符合规定。

2. 防火墙、隔墙和重点部位（房间）的防火分隔

1）防火墙的设置。

2）高层建筑内的隔墙应砌至梁板底部，且不宜留有缝隙。

3）管道穿过防火墙、隔墙、楼板时，应按规定进行防火处理。

4）高层建筑内的自动灭火系统的设备室、通风、空调机房，应采用耐火极限不低于 2.00h 的隔墙，1.50h 的楼板和防火门与其他部位隔开。

5）地下室内存放可燃物平均重量超过 $30kg/m^2$ 的房间隔墙，其耐火极限不应低于 2.00h，房间的门应采用甲级防火门。

3. 电梯井和竖向管井的设置与防火分隔

1）电梯井的设置和防火分隔。

2）电缆井、管道井、排烟道、排气道、垃圾道等竖向管道井的设置和防火分隔。

4. 屋顶金属承重构件和变形缝

1）屋顶采用金属承重结构时应符合规定。

2）高层建筑的中庭屋顶承重构件采用金属结构时应符合规定。

3）变形缝的防火处理应符合规定。

五、审核安全疏散和消防电梯

1. 安全出口设置

1）高层建筑每个防火分区的安全出口不应少于两个，安全出口应分散布置且两个安全出口之间的距离不应小于5m。但符合规范规定的，可设一个安全出口。

2）塔式高层住宅建筑，两座疏散楼梯宜独立设置，当确有困难时，可设置剪刀楼梯，并应符合规定。

3）高层居住建筑的户门不应直接开向前室，当确有困难时，部分开向前室的户门均应为乙级防火门。

4）商住楼中住宅的疏散楼梯应独立设置。

5）综合建筑内设置的电影院应设置在独立的竖向交通附近，并应有人员集散空间。应有单独出入口通向室外，并应设置明显标示。

2. 安全疏散距离

1）房间门或住宅户门至最近的外部出口或楼梯间的疏散距离。

2）跃廊式住宅的安全疏散距离，应从户门算起，小楼梯的一段距离按其1.5倍水平投影计算。

3）高层公共建筑的大空间设计，必须符合双向疏散或袋形走道的规定。

4）高层建筑内的观众厅、展览厅、多功能厅、餐厅、营业厅和阅览室等，其室内任何一点至最近的疏散出口的直线距离，不宜超过30m；其他房间内最远一点至房门的直线距离不应大于规范规定的袋形走道两侧或尽端的疏散门至最近安全出口的距离。

3. 疏散出口、疏散走道及其疏散宽度

1）房间门的数量和宽度。

2）高层建筑内走道和首层疏散外门的宽度。

3）疏散楼梯间及其前室的门的净宽。

4）高层建筑内设有固定座位的观众厅、会议厅等人员密集场所，其疏散走道、出口等。

5）高层建筑地下室、半地下室的安全疏散。

6）高层建筑内的走道。

7）高层建筑的公共疏散门。

8）建筑物直通室外的安全出口上方，应设置宽度不小于1m的防护挑檐。

4. 避难层（间）和直升机停机坪

1）建筑高度超过100m的公共建筑，应设置避难层（间），并应符合规定。

2）高层病房楼应在二层及以上的病房楼层和洁净手术部设置避难间，并应符合规定。

3）建筑高度大于100m的住宅建筑应设置避难层，并应符合规定。

5. 疏散楼梯间和楼梯

1）一类高层公共建筑和建筑高度大于32m的二类高层公共建筑以及建筑高度大于33m的住宅建筑，均应设防烟楼梯间。防烟楼梯间的设置应符合规定。

2）裙房和建筑高度不大于32m的二类高层公共建筑以及建筑高度大于21m、不大于33m的住宅建筑应设封闭楼梯间。封闭楼梯间的设置应符合规定。

3）楼梯间及防烟楼梯间前室。

4）疏散楼梯的设置及宽度要求。

5）地下室、半地下室的楼梯间。

6）室外楼梯符合规定时可作为辅助的防烟楼梯。

7）公共建筑内袋形走道尽端的阳台、凹廊，宜设上下层连通的辅助疏散设施。

6. 消防电梯

1）一类高层公共建筑、超过32m的二类高层公共建筑、建筑高度大于33m的住宅建筑均应设消防电梯。

2）消防电梯的设置数量应符合规定。

3）消防电梯的设置应符合规定。

六、其他内容

高层民用建筑的消防给水和灭火设施、防排烟、暖通、电气（包括火灾自动报警及其联动控制系统）以及室内装饰、灭火器配置等的消防设计审核，依据相应规范参照本章第二节的要求进行。

自学指导

本章学习重点：建设工程消防设计审核的范围、程序和内容。

1）建设工程消防设计审核的范围有：《消防法》规定的大型的人员密集场所和其他特殊建设工程。

2）建设工程消防设计审核程序：认真阅读资料，掌握建筑基本情况；审核建筑物的耐火等级；审核建筑物的总平面布局；审核建筑物的层数、高度、长度、平面布置和防火、防烟分区；审核建筑物的安全疏散设计；审核建筑内部装修；审核消防给水和自动灭火系统；审核建筑物的防烟和排烟；审核建筑物的暖通和空调系统的防火设计；审核建筑物的电气防火设计；审核建筑灭火器配置；审核甲、乙类厂（库）房防爆。

3）各类建设工程消防设计审核要点。

本章学习难点：各类建设工程消防设计审核要点。

确定建设工程类别，根据不同规范按程序审核。

复习思考题

一、单项选择题

1. 下列（　　）工程建设单位应向公安机关消防机构申请消防设计审核。

 A. 总建筑面积为$5000m^2$的制衣车间

 B. 设在临时建筑内的建筑面积为$350m^2$的网吧装修

 C. 房产公司开发的建筑面积为$25000m^2$的多层办公楼

 D. 总建筑面积为$8000m^2$的宾馆

2. 某8层综合楼，建筑高度为40m，标准层面积$3000m^2$，一~三层为商场，四~八层为办公用房，该工程应申请（　　）。

 A. 消防设计审核　　　　　B. 消防设计审核备案

二、简答题

1. 建设工程消防设计审核的范围有哪些？

2. 高层民用建筑消防设计审核有哪些？

3. 常见物品的火灾危险性举例。

4. 新建设工程消防设计审核申报资料有哪些？

第十一章 建筑防火设计案例

自学时数 6学时。

一、概况

1. 工程概况

东南物流大厦位于某市东部新城核心区 A2-12 地块，江澄路以东，规划路以北，水街以南，A2-13 地块以西，建筑高度 67.45m，总建筑面积为 25311.68m²，其中地上建筑面积 18646.55m²，地下建筑面积 6665.13m²。大楼主体 15 层，地下 2 层，如图 11-1 所示。抗震设防烈度为六度。使用功能地下室为汽车库（地下一层 54 车位、地下二层 90 车位）、非机动车库和设备用房，一层为大堂和商业，二层为商业和大堂上空，三层为商业和办公，四层为厨房、餐厅，五～十五层为办公。本工程主楼结构类型为框架剪力墙结构。根据规范设置了消火栓系统、火灾自动报警系统、应急照明、自动喷水灭火系统、防排烟系统等消防设施。

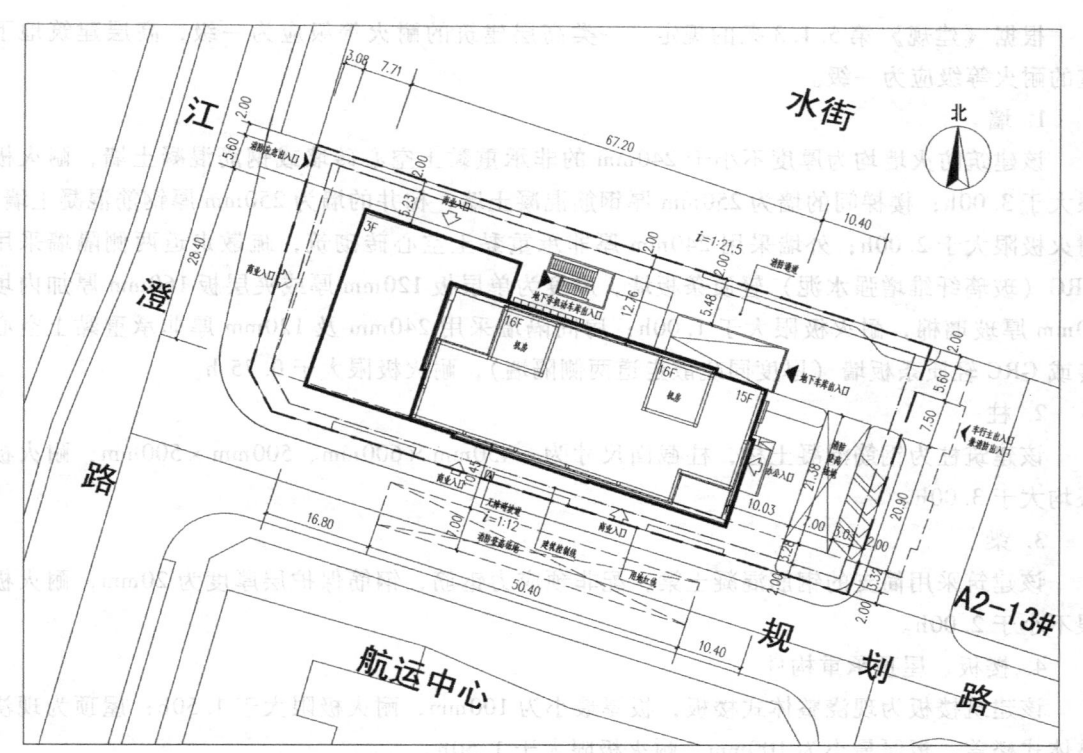

图 11-1 东南物流大厦总平面图

2. 适用规范

由该建筑基本情况和建筑性质确定审核适用的规范主要有：

1)《建筑设计防火规范》（GB 50016—2006）（以下简称《建规》）。
2)《办公建筑设计规范》（JGJ 67—2006）（以下简称《办规》）。
3)《旅馆建筑设计规范》（JGJ 62—1990）（以下简称《旅规》）。
4)《汽车库、修车库、停车场设计防火规范》（GB 50067—1997）（以下简称《汽规》）。
5)《建筑灭火器配置设计规范》（GB 50140—2005）（以下简称《灭规》）。
6)《自动喷水灭火系统设计规范》（GB 50084—2001）（以下简称《喷规》）。
7)《气体灭火系统设计规范》（GB 50370—2005）（以下简称《气规》）。
8)《供配电系统设计规范》（GB 50052—2009）（以下简称《供规》）。
9)《火灾自动报警系统设计规范》（GB 50116—1998）（以下简称《报规》）。
10)《消防给水及消火栓系统技术规范》（报批稿，以下简称《水规》）。
11)《建筑防排烟系统技术规范》（报批稿，以下简称《烟规》）。

3. 建筑性质

根据《建规》第5.1.1条规定，本工程建筑高度为67.45m，为建筑高度超过50m的公共建筑，属于一类高层公共建筑。

二、耐火等级

根据《建规》第5.1.3条的规定，一类高层建筑的耐火等级应为一级，高层建筑地下室的耐火等级应为一级。

1. 墙

该建筑防火墙均为厚度不小于240mm的非承重黏土空心砖墙或钢筋混凝土墙，耐火极限大于3.00h；楼梯间的墙为250mm厚钢筋混凝土墙，梯井的墙为250mm厚钢筋混凝土墙，耐火极限大于2.00h；外墙采用240mm厚非承重黏土空心砖砌筑，疏散走道两侧隔墙采用GRC（玻璃纤维增强水泥）轻质条板墙，厚度为单层板120mm厚或夹层板160mm厚加内填30mm厚玻璃棉，耐火极限大于1.00h；房间隔墙采用240mm及120mm厚非承重黏土空心砖或GRC轻质条板墙（厚度同疏散走道两侧隔墙），耐火极限大于0.75h。

2. 柱

该建筑柱为钢筋混凝土柱，柱截面尺寸为：450mm×600mm、500mm×500mm，耐火极限均大于3.00h。

3. 梁

该建筑采用简支的钢筋混凝土梁，配非预应力钢筋，钢筋保护层厚度为20mm，耐火极限不小于2.00h。

4. 楼板、屋顶承重构件

该建筑楼板为现浇整体式楼板，板厚最小为100mm，耐火极限大于1.50h；屋顶为现浇整体式楼盖，板厚最小为100mm，耐火极限大于1.50h。

5. 吊顶

该建筑在一次设计中采用粘贴铝塑板吊顶、铝合金吊顶、装饰石膏板吊顶及钢吊顶搁栅，耐火极限均不小于0.25h。

该建筑构件的设计选材、耐火极限及规范要求见表 11-1。

表 11-1 构件的设计选材、耐火极限及规范要求

构件	设计选材	耐火极限/h	规范要求的耐火极限/h
防火墙	200mm 厚加气混凝土砌块	大于 8.00	不燃烧体 3.00
承重墙	200mm 厚加气混凝土砌块	大于 8.00	不燃烧体 3.00
楼梯间的墙	200mm 厚加气混凝土砌块	大于 8.00	不燃烧体 2.00
电梯井壁隔墙	200mm 厚加气混凝土砌块	大于 8.00	不燃烧体 2.00
非承重外墙	200mm 厚加气混凝土砌块	大于 8.00	不燃烧体 1.00
疏散走道两侧隔墙	200mm 厚加气混凝土砌块	大于 8.00	不燃烧体 1.00
房间隔墙	150mm 厚加气混凝土砌块	大于 5.75	不燃烧体 0.75
柱	500mm×500mm 钢筋混凝土柱	大于 5.00	不燃烧体 3.00
梁	钢筋混凝土保护层 25mm 厚	大于 2.00	不燃烧体 2.00
楼板、疏散楼梯、屋顶承重构件	100~150mm 厚钢筋混凝土保护层 20mm 厚	大于 1.50	不燃烧体 1.50
吊顶			不燃烧体 0.25

由表 11-1 可知，该建筑的构件的耐火极限和燃烧性能均符合《建规》第 5.1.2 条中对一级耐火等级建筑的要求。根据《建规》第 5.1.2 条，该建筑构件设置满足一级耐火等级要求。建筑耐火等级设定符合《高规》第 3.0.4 条规定。

三、总平面布局设计

1. 总平面布局

该工程四周均为市政道路。该建筑周围无火灾危险性为甲、乙类厂（库）房，甲、乙、丙类液体和可燃气体储罐以及可燃材料堆场，符合《建规》第 5.2.1 条规定。

2. 防火间距

该工程位于江澄路以东，水街路以南，东侧为规划 A2-13 地块，南侧为航运中心，均符合《建规》第 5.2.2 条的要求。

3. 消防车道

根据《建规》第 7.1.2 条规定，高层建筑的周围，应设环形消防车道，当设环形车道有困难时，可沿高层建筑的两个长边设置消防车道；且消防车道的宽度不应小于 4m，消防车道距高层建筑外墙宜大于 5m，消防车道上空 4m 以下范围内不应有障碍物。该建筑四周均为市政道路，宽度均不小于 4m。符合《建规》7.1.2 条中高层建筑应设环形车道的规定。

4. 消防登高扑救面

根据《建规》第 7.2.1 条规定，高层建筑应至少沿一条长边或周边长度的 1/4 且不小于一条长边长度的底边连续布置消防车登高操作场地，该范围内的裙房进深不应大于 4m，且在此范围内应设置直通室外的楼梯或直通楼梯间的入口。消防车登高操作场地靠建筑外墙一侧的边缘距离建筑外墙不宜小于 5m，且不应大于 10m，坡度不宜大于 3%，长度和宽度均不应小于 15m。该建筑西侧设置有裙房，西侧裙房高度为 23.75m，进深为 31.8m；南侧未布置裙房，且设有直通室外的出口，其长度不小于一个长边的长度，该场地靠建筑外墙一侧的边缘距离建筑外墙大于 10m，坡度不大于 3%，长度不小于 15m，宽度为 7m，不符合

《建规》第7.2.1和7.2.2条的要求。

四、防火分区及防火分隔

1. 防火分区的划分

防火分区应包括水平防火分区和垂直防火分区，所谓水平防火分区，就是用防火墙或防火门、防火卷帘等将各楼层在水平方向分隔为两个或几个防火分区；所谓垂直防火分区，就是将具有1.50h或1.00h耐火极限的楼板和窗间墙将上下层隔开。当上下层设有走廊、自动扶梯等开口部位时，应将相连通的各层作为一个防火分区考虑。东南物流大厦每层用途建筑面积见表11-2，其地上部分防火分区划分情况见表11-3，地下部分防火分区划分情况见表11-4。

表11-2 东南物流大厦每层用途、建筑面积

楼层	本层用途	建筑面积/m²
首层	商业+办公大堂	1661.6
二层	商业+办公大堂上空中庭	1533.4
三层	商业+办公	1708.6
四层	厨房+餐厅	1121.9
五~十五层	办公	1133.9

表11-3 东南物流大厦地上部分防火分区划分情况   （单位：m²）

	防火分区一	防火分区二
首层	1286.8	374.8
二层	1533.4	
三层	965.0	743.6
四层	1121.9	
五~十五层	1133.9	

该建筑裙房部分有商业和办公两种功能，一层和三层均按功能划分为两个防火分区。该建筑设有自动灭火系统，最大防火分区面积为1286.8m²，符合《建规》第5.3.1条的要求。防火分区之间均用防火墙、甲级防火门、耐火极限大于3.00h的联动防火卷帘进行分隔。对于首层门厅上下连通部位，其开口部位四周均有防火墙进行分隔，符合《建规》第5.3.2条的要求。各层幕墙层高处均有高度不小于0.8m的窗槛墙，幕墙与主体或楼板缝隙均采用防火材料封堵，且本建筑设置自动喷水灭火系统，符合《建规》第6.2.10条的要求。

表11-4 东南物流地下部分防火分区划分情况   （单位：m²）

分区	地下一层分区一	地下一层分区二	地下二层分区
面积	861.58	2663.17	3264.60

地下车库部分最大防火分区面积为3264.60m²，符合《汽规》第5.1.1条、5.1.2条的要求。

2. 平面布置

该建筑消防控制中心设在一层，采用240mm厚非承重黏土空心砖墙和180mm厚钢筋混凝土楼板与其他部分隔开，并设有直通室外的安全出口，符合《建规》第6.2.6和8.1.7条的要求。

3. 电梯井防火

该建筑电梯均分开独立设置，电梯井之间、电梯井与电缆井、风井等其他竖向管道井之

间采用不小于120mm厚非承重黏土空心砖墙或300mm厚钢筋混凝土墙分隔；井内未敷设可燃气体和甲、乙、丙类液体管道以及与电梯无关的电缆、电线等；电梯井井壁除开设电梯门洞和通气孔洞外，未开设其他洞口；轿门和层门均采用钢制平板门，耐火极限不小于1.00h，均符合《建规》第6.2.8条的要求。

4. 竖向管井的防火分隔

根据《建规》第6.2.8和6.2.9条规定，电缆井、管道井、排烟道、排气道、垃圾道等竖向井道，应分别独立设置；井壁的耐火极限不应低于1.00h，井壁上的检查门应采用丙级防火门。建筑内的电缆井、管道井应在每层楼板处用不低于楼板耐火极限的不燃材料或防火封堵材料封堵；建筑内的电缆井、管道井与房间、走道等相连通的孔隙应采用防火封堵材料封堵。

该建筑的电缆井、管道井、排烟井、送风井均单独设置，井壁采用300m厚的加气混凝土砌块，耐火极限为4.00h，并且井壁上的检查门采用乙级防火门，井内未敷设可燃气体和甲、乙、丙类液体管道，未敷设与电梯无关的电缆、电线等，未开设除电梯门洞和通气孔洞外的其他洞口。电缆井和管道井在每层楼板处用现浇式钢筋混凝土作防火分隔，符合《建规》第6.2.8和6.2.9条的要求。

5. 玻璃幕墙

该建筑主楼立面及裙房均设有玻璃幕墙，根据《建规》第6.2.10条，建筑幕墙应在每层楼板外沿设置耐火极限不低于1.00h、高度不低于1.2m的不燃性实体墙或防火玻璃墙；当室内设置自动喷水灭火系统时，该部分墙体的高度不应小于0.8m。该建筑设有自动喷水灭火系统，幕墙与每层楼板、隔墙处的缝隙均采用岩棉填塞封堵，设有不燃烧体窗槛墙，高度不小于0.8m。在无窗槛墙的部位设有0.8m高的不燃烧体裙墙，由120mm或240mm厚黏土空心砖砌成，耐火极限不低于1.00h，符合规范规定。

五、安全疏散

1. 安全出口

《建规》第5.5.8条规定，公共建筑内每个防火分区或一个防火分区的每个楼层，其安全出口的数量应经计算确定，且不应少于2个。第5.5.7条规定，公共建筑内每个防火分区或一个防火分区的每个楼层，其相邻2个安全出口最近边缘之间的水平距离不应小于5m。

安全出口是供人员安全疏散用的楼梯间、室外楼梯的出入口或直通室内外安全区域的出口。表11-5给出了该建筑地上部分的安全出口数量与规范规定的对比值。

表11-5 地上部分的安全出口数量与规范规定的对比值

防火分区部位		实际值	规范规定值	是否符合
首层	防火分区一	13	2	符合
	防火分区二	2	2	符合
二层	防火分区一	2	2	符合
三层	防火分区一	2	2	符合
	防火分区二	2	2	符合
四层	防火分区一	2	2	符合
五～十五层	防火分区一	2	2	符合

根据《建规》第5.5.8条，公共建筑每个防火分区的安全出口数量不应少于2个，该建筑防火分区安全出口数量满足规范要求。

地下一层防火分区一面积较小，用途为非机动车库、配电房等，仅设有1个安全出口。根据《建规》第5.5.9条规定，一、二级耐火等级公共建筑中建筑面积不大于$1000m^2$且直通室外的安全出口数量不少于1个的防火分区，安全出口全部直通室外确有困难的，可利用通向相邻防火分区的甲级防火门作为安全出口。则防火分区一符合规范要求，可以设置1个安全出口。其余部分安全出口数量设置均符合《建规》第5.5.8条的要求。

该建筑地下一层汽车库车位54个，地下二层汽车库车位90个，共144个，总建筑面积$5927.77m^2$。按照《汽规》第3.0.1条，属于Ⅱ类汽车库。汽车库的汽车疏散出口只有1个，不符合《汽规》第6.0.9条规定。人员安全出口与汽车疏散出口分开设置，符合《汽规》第6.0.1条规定。汽车库的每个防火分区内，人员安全出口都不少于2个，符合《汽规》第6.0.2条规定。

（1）房间内最远点至疏散门的距离　根据《建规》第5.5.17条规定，一、二级耐火等级公共建筑内疏散门或安全出口不少于2个的观众厅、展览厅、多功能厅、餐厅、营业厅等，其室内任一点至最近疏散门或安全出口的直线距离不应大于30m，当该场所设置自动喷水灭火系统时，室内任一点至最近安全出口的疏散距离可增加25%。

如图11-2所示，该建筑一~三层营业厅两个疏散出口的设置符合《建规》第5.5.17条的要求，营业厅内任何一点至最近疏散出口的距离均小于37.5m。如图11-3所示，该建筑五~十五层大空间办公两个疏散出口的设置符合《建规》第5.5.17条的要求，大空间办公内任何一点至最近疏散出口的距离均小于37.5m。

地下一层防火分区内，汽车库内最远工作地点至楼梯间的距离为50m，符合《汽规》第6.0.6条要求。

（2）疏散出口之间的距离　该建筑同一防火分区内2个相邻安全出口最近的距离为标准层2个安全出口的距离，即为23.5m。相邻2个安全出口之间距离均大于5m，符合《建规》第5.5.7条规定。

2. 安全疏散宽度

（1）首层安全出口疏散宽度　根据《建规》第5.5.21条，首层疏散外门的总宽度，应按人数最多的第二层每100人不小于1m计算。即

$$1467.8 \times 0.43 \times 1/100m = 6.31m$$

由图样可得，该建筑首层共设置供二层疏散用楼梯间疏散外门5个，净宽度均大于1.5m，疏散门为开启方式为向外开启的平开门或弹簧门，疏散总宽度为11.2m>6.31m，满足疏散宽度要求。

（2）疏散楼梯宽度

按照《建规》进行的地上商场疏散人员和楼梯宽度计算：

商场一~三层营业面积分别为：$1137.25m^2$、$1467.8m^2$、$822.1m^2$。根据《建规》第5.5.21条，商店的疏散人数应按每层营业厅的建筑面积乘以人员密度计算。考虑该建筑为办公综合楼且不在商业区，消费人群相对较少，因此人员密度分别为0.43人/m^2、0.43人/m^2、0.39人/m^2，百人宽度指标分别为1m/百人，则

$$首层疏散宽度 = 1137.25 \times 0.43 \times 1/100m = 4.89m$$

$$二层疏散宽度 = 1467.8 \times 0.43 \times 1/100m = 6.31m$$

$$三层疏散宽度 = 822.1 \times 0.39 \times 1/100m = 3.21m$$

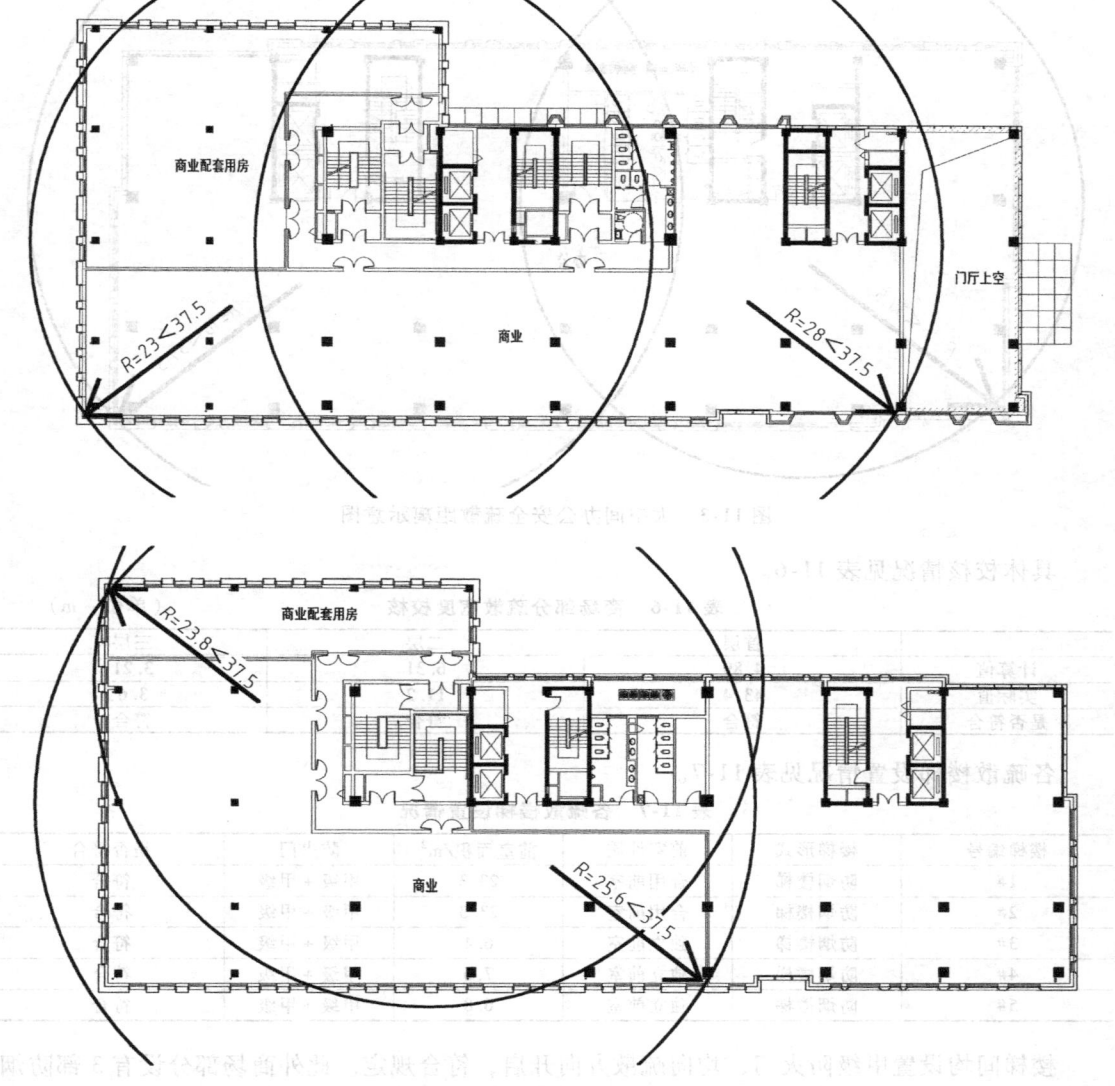

图 11-2 营业厅安全疏散距离示意图

1) 餐厅部分疏散楼梯宽度：餐厅疏散人数根据设计说明取最大值为 200 人，加厨房工作人员 10 人，共计 210 人，疏散楼梯总宽度：210/100×1＝2.1m，取规范最小值，疏散楼梯总宽度为 1.2m。实际两部疏散楼梯总宽度为 2.4m，满足《建规》5.5.21 条的要求。

2) 办公部分疏散楼梯宽度：三～十五层的疏散人数按 $4m^2$/人计算，最大使用层人数为 (1133.9－153)/4＝245 人，办公楼层每层疏散楼梯总宽度为 245/100×1＝2.45m。实际两部疏散楼梯总宽度为 2m，不满足《建规》5.5.21 条的要求。

(3) 走道和房间门疏散宽度　该建筑设计均为大空间，没有走道、房间，不需核算走道和房间门的疏散宽度。

3. 疏散楼梯间

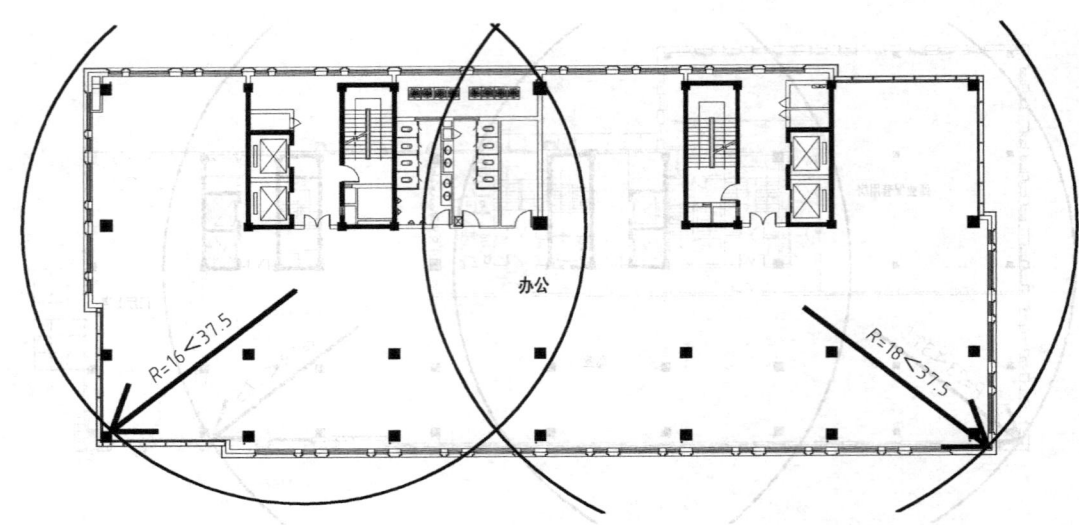

图 11-3 大空间办公安全疏散距离示意图

具体校核情况见表 11-6。

表 11-6 商场部分疏散宽度校核 （单位：m）

	首层	二层	三层
计算值	4.89	6.31	3.21
实际值	43.4	11.2	3.6
是否符合	符合	符合	符合

各疏散楼梯设置情况见表 11-7。

表 11-7 各疏散楼梯设置情况

楼梯编号	楼梯形式	前室性质	前室面积/m²	防火门	是否符合
1#	防烟楼梯	合用前室	23.3	甲级+甲级	符合
2#	防烟楼梯	合用前室	23.3	甲级+甲级	符合
3#	防烟楼梯	独立前室	6.4	甲级+甲级	符合
4#	防烟楼梯	独立前室	7.6	甲级+甲级	符合
5#	防烟楼梯	独立前室	6.8	甲级+甲级	符合

楼梯间均设置甲级防火门，均向疏散方向开启，符合规定。此外商场部分设有 3 部防烟楼梯间，前室面积均大于 $6m^2$。符合《建规》6.4.3 条的要求。

塔楼设有 2 部防烟楼梯，与消防电梯合用的前室面积为 $23.3m^2$，符合《建规》第 6.4.3 条的要求。

地下汽车库共有 2 部楼梯，均为防烟楼梯间，楼梯间疏散门均采用甲级防火门，符合《汽规》第 6.0.3 条的要求。地下部分与地上共用楼梯间在首层与地下出入口处，设置了耐火极限不低于 2.00h 的隔墙和甲级防火门隔开，符合《建规》第 6.4.4 条的要求。

4. 安全疏散距离

根据《建规》第 5.5.17 条的规定，位于两安全出口之间的疏散门和位于袋形走道两侧或尽端的疏散门，至最近的安全出口的最大距离分别为 40m 和 20m，高层建筑内的观众厅、展览厅、多功能厅、餐厅、营业厅等，其室内任何一点至最近的疏散门或安全出口的直线距离不应超过 30 m；其他房间内最远一点至房门的直线距离不应大于袋形走道两侧或尽端的疏散门至最近安全出口的距离。该建筑最远点至楼梯间的距离均符合规范要求。

根据《汽规》第6.0.6条规定，当设有自动灭火系统时，汽车库室内最远工作地点至楼梯间的距离不应超过60m。该建筑地下车库设有自动喷水灭火系统，其中最远工作地点至楼梯间的距离符合规范要求。

5. 消防电梯

该建筑主体部分设有4部消防电梯，连通地下二层至地上十五层，符合《建规》第7.3.1和7.3.2条的要求，消防电梯与防烟楼梯间前室形成合用前室，合用前室的门为甲级防火门，向疏散方向开启，面积为23.3m^2，符合《建规》第7.3.5条的要求。消防电梯设置图如图11-4所示。

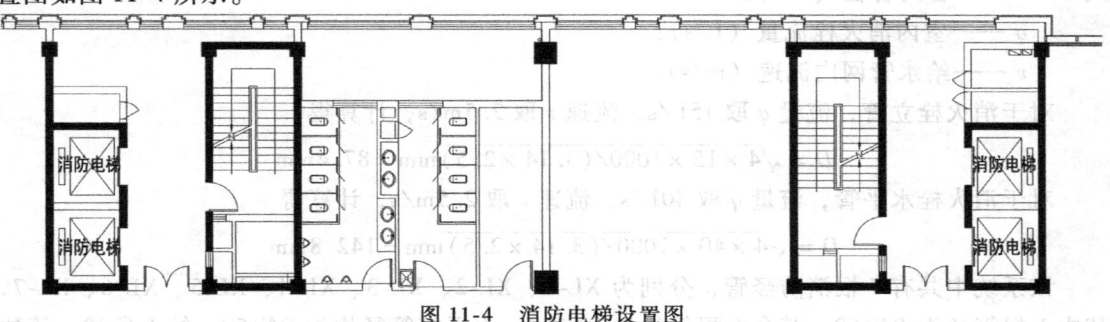

图11-4 消防电梯设置图

《建规》第7.3.2条规定，消防电梯应分别设置在不同防火分区，且每个防火分区不应少于1台。该建筑地上部分仅一层和三层为两个防火分区，且各防火分区内均有2部消防电梯，满足规范要求。

该建筑1#核心筒的2部消防电梯在首层直通室外，2#核心筒的两部消防电梯设有经过长度14.8m的通道通向室外，均不超过30m；消防电梯型载重量为1000kg，大于800kg；其机房与相邻电梯机房应采用120mm厚非承重黏土空心砖墙隔开，耐火极限不低于2.00h；行驶速度为1.75m/s，计算得从底层运行到顶层的时间不超过60s；消防电梯的井底设有排水坑，容量分别为3.9m^3、4m^3，不小于2m^3；设有80JYWQ40-15-1600型潜污泵，排水量为40m^3/h（约合11.1L/s），不小于10L/s。

综上，该建筑消防电梯的设置符合《建规》第7.3.5、7.3.6、7.3.7和7.3.8条的要求。

六、消防给水与灭火系统

高层建筑消防设计应立足于自防自救，设置完整有效的固定消防设施对提高建筑安全性、扑救初期火灾、协助受困人员逃生及减小消防人员工作危险性有很大的帮助。其中科学合理地设置消防栓给水系统、自动喷水灭火系统等显得尤为重要。

1. 室外消火栓系统

该建筑属于一类高层建筑，建筑体积大于50000m^3，单个消火栓的供水量为10~15L/s，室外消火栓供水量为40L/s，计算得室外消火栓数量$n = 40/(10 \sim 15) = 3 \sim 4$，实际设置3个SS100/65-1.6型地上式消火栓，沿被保护建筑均匀设置，符合《水规》的要求。室外消火栓距离建筑外墙分别为21m、22m、12m，均大于5m，小于40m，距离路边分别为5.6m、2.3m、1.8m，有一个消火栓距路边大于2m，不符合《水规》的要求。不便于消防车直接从消火栓取水。

2. 室内消火栓系统

该建筑室内消火栓给水系统采用临时高压给水系统，与生活、生产给水系统分开独立设置。给水管道呈环状布置，由两条进水管补水至消火栓给水泵，符合《水规》规定。该建筑的消防水泵房设在地下一层，从消防水泵房接出 2 根消火栓系统总供水管。

（1）消火栓管网管径　管网最小管径计算公式为

$$D = \sqrt{\frac{4q}{\pi v}}$$

式中　D——管网管径（mm）；
　　　q——室内消火栓流量（L/s）；
　　　v——给水管网内流速（m/s）。

对于消火栓立管，流量 q 取 15L/s，流速 v 取 2.5m/s，计算得

$$D = \sqrt{4 \times 15 \times 1000/(3.14 \times 2.5)}\,\text{mm} = 87.4\,\text{mm}$$

对于消火栓水平管，流量 q 取 40L/s，流速 v 取 2.5m/s，计算得

$$D = \sqrt{4 \times 40 \times 1000/(3.14 \times 2.5)}\,\text{mm} = 142.8\,\text{mm}$$

该系统中共有 7 根消防竖管，分别为 XL-1、XL-2、XL-3、XL-4、XL-5、XL-6、XL-7，其中 1 根管径为 $DN150$，其余 6 根管径为 $DN100$；水平管管径均为 $DN150$。综上所述，该建筑消火栓管网管径均符合《水规》要求。

（2）水枪充实水柱

1）水枪喷嘴压力。水枪喷嘴压力计算公式为

$$H_q = q^2/(10^2 \beta)$$

式中　H_q——水枪喷嘴压力（MPa）；
　　　q——水枪流量（L/s）；
　　　β——系数，与喷嘴直径有关。

根据《水规》规定，每支水枪最小流量为 5L/s，故 q 取 5L/s。查表得喷嘴直径为 19mm 时，β 值为 1.57。计算得

$$H_q = 5^2/(10^2 \times 1.57)\,\text{MPa} = 0.159\,\text{MPa}$$

2）水枪充实水柱。根据层高确定充实水柱

$$S_k = \frac{H_1 - H_2}{\sin\gamma}$$

式中　H_1——被保护建筑的层高（m）；
　　　H_2——消火栓安装高度，该建筑室内消火栓安装高度是 1.1m；
　　　γ——水枪上倾角，按 45°角计算。

$$S_k = (5.4 - 1.1)\,\text{m}/\sin 45° = 6.08\,\text{m} < 10\,\text{m}，取 10\,\text{m}$$

根据水枪喷嘴压力计算充实水柱

$$S_k = 10^2 H_q/\alpha$$

式中　S_k——水枪充实水柱（m）；
　　　H_q——水枪喷嘴压力（MPa）；
　　　α——系数，与喷嘴直径和喷嘴压力有关。

查表得，当喷嘴直径为 19mm 时，α 值为 1.35，计算得

$$S_k = 0.159/(10^{-2} \times 1.35)\text{m} = 11.78\text{m}$$

二者取大值即 $S_k = 11.78\text{m}$。

水枪充实水柱大于 10m，符合《水规》规定。

（3）室内消火栓的保护半径　室内消火栓保护半径

$$R_f = L_d + L_k = L_d + S_k \cos\alpha$$

式中　R_f——室内消火栓保护半径（m）；

L_d——水带铺设长度（m），取 90% 水带长度；

L_k——充实水柱在平面上的投影长度（m）。

上倾角 α 按 45° 计算，充实水柱取 11.78m，则

$$R_f = 0.9 \times 25 + 11.78 \times \cos 45°\text{m} = 30.8\text{m}$$

每个消火栓的保护半径为 30.8m。

图 11-5 所示为地上四层消火栓布置图，图 11-6 所示为五～十五层消火栓布置图。

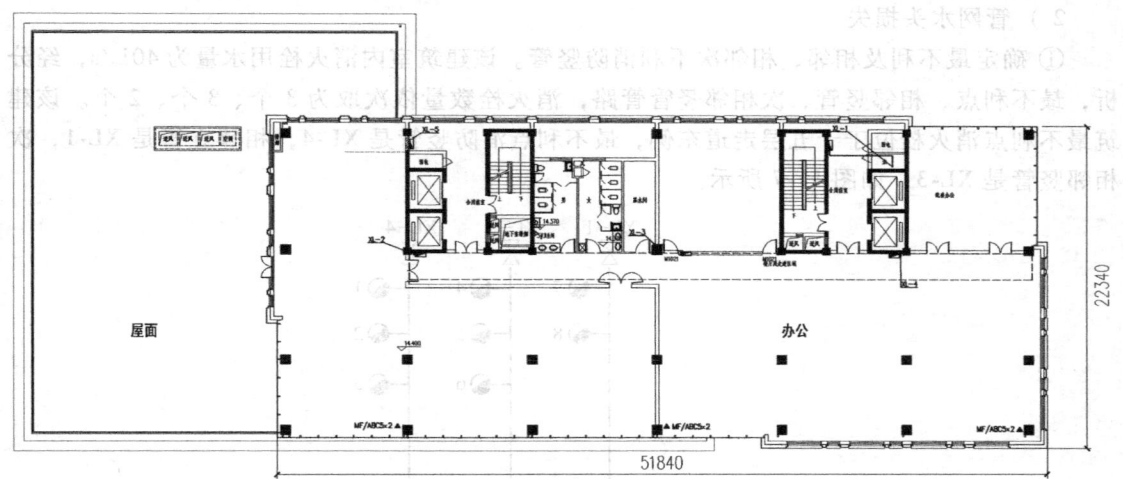

图 11-5　地上四层消火栓布置图

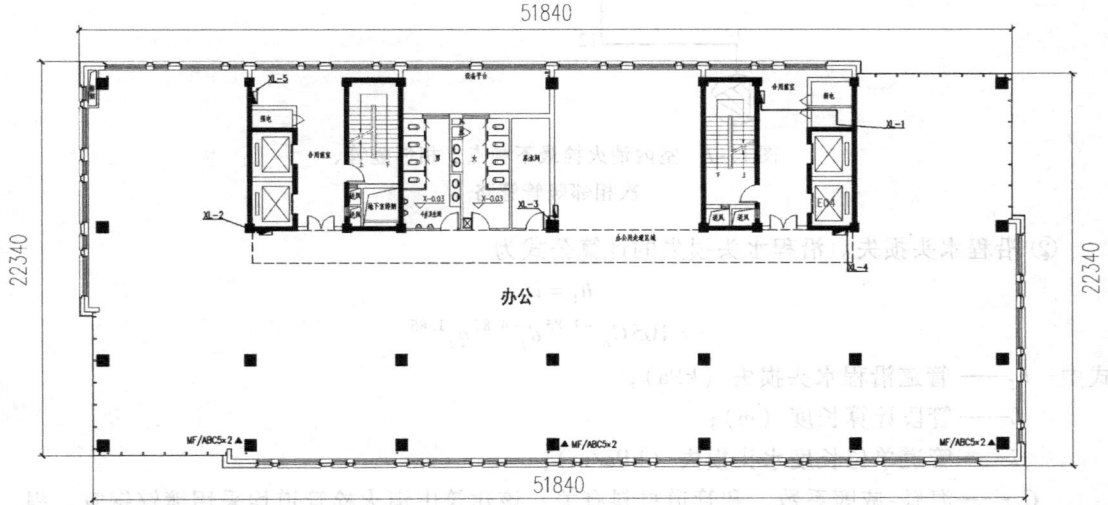

图 11-6　五～十五层消火栓布置图

(4) 消火栓水泵选型复核

1) 室内消火栓栓口处所需水压。室内消火栓栓口处所需水压的计算公式为

$$H_{xh} = H_q + H_d + H_k$$

式中 H_{xh}——室内消火栓栓口处所需水压（MPa）；

H_q——水枪喷嘴处的设计水压（MPa）；

H_d——一条水带的水头损失（MPa）；

H_k——消火栓栓口局部损失，取为 0.02MPa。

$$H_d = SQ^2 = 0.00035 \times 25 \text{MPa} = 0.00875 \text{MPa}$$

式中 S——水带的阻抗系数；

Q——流量。

由以上计算可知，$H_q = 0.159$MPa，故 $H_{xh} = (0.159 + 0.00875 + 0.02)$MPa $= 0.18775$MPa，大于 0.07MPa，符合《水规》规定。

2) 管网水头损失。

① 确定最不利及相邻、相邻次不利消防竖管。该建筑室内消火栓用水量为40L/s，经分析，最不利点、相邻竖管、次相邻竖管管路，消火栓数量依次取为3个、3个、2个。该建筑最不利点消火栓位于十五层走道东侧，最不利点消防竖管是 XL-4，相邻立管是 XL-1，次相邻竖管是 XL-3，如图 11-7 所示。

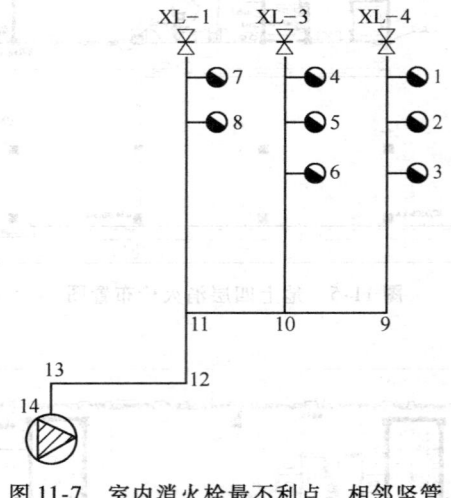

图 11-7 室内消火栓最不利点、相邻竖管、次相邻竖管管路

② 沿程水头损失。沿程水头损失的计算公式为

$$h_f = iL$$

$$i = 105 C_h^{-1.85} d_j^{-4.87} q_g^{1.85}$$

式中 h_f——管道沿程水头损失（kPa）；

L——管段计算长度（m）；

i——管道单位长度水头损失（kPa/m）；

C_h——海登-威廉系数，和管道材料有关，该建筑中消火栓管道均采用镀锌钢管，根

据《自动喷水灭火系统设计规范》条文说明，C_h 均取 100；

d_j——管道计算内径（mm）；

q_g——给水设计流量（m³/s）。

如图 11-7 所示，比照最不利消火栓所在管段的沿程水头损失计算过程对其余管段进行水力计算。

③ 局部水头损失。室内消火栓系统管道的局部水头损失，按沿程水头损失的 20% 计算。

④ 管道总水头损失。管道总水头损失为

$$\sum h = \sum h_f + h_j$$

3）水泵扬程。水泵扬程按下式计算

$$H = H_a + H_{xh} + \sum h$$

式中　H——建筑物室内消火栓给水系统水泵所需扬程（MPa）；

　　　H_a——最不利点消火栓与消防水池的最低水位或系统入口管水平中心线之间的高程差（MPa）；

　　　H_{xh}——最不利点消火栓栓口所需的水压（MPa）；

　　　$\sum h$——管道总水头损失（MPa）。

该建筑配置 XBD40-150-HY 型消火栓泵 2 台，一用一备，设备参数为：流量 $q = 40$L/s，扬程 $H = 110$m，功率 $P = 75$kW。大于计算结果，符合规范规定。

（5）水泵接合器　根据《水规》，室内消火栓给水系统应设水泵接合器，每个水泵接合器的流量应按 10~15L/s 计算。该建筑室内消火栓系统用水量为 40L/s，经计算应设水泵接合器 3~4 个，实际设置 3 个 SQS-150A 型地上式水泵接合器，符合规范要求。

（6）消火栓减压　根据《水规》，消火栓栓口的出水压力大于 0.5MPa 时，应设置减压装置。经计算，主楼十一层消火栓出水口压力为 0.526MPa，应从地下二层到第十一层设置减压设施或采用减压消火栓。实际主楼从地下二层到第十一层采用了减压稳压消火栓，符合规范要求。

（7）消防水箱　根据《水规》，高位消防水箱的消防储水量，一类公共建筑不应小于 36m³，最不利点消火栓静水压力不应小于 0.1MPa，当不能满足要求时，应设增压设施。实际消防水箱有效容积为 18m³，最不利点消火栓静水压力为 0.0745MPa < 0.1MPa，未设增压设备，不符合规范要求。

3. 自动喷水灭火系统

该建筑除电气机房外均设置自动喷水灭火系统，符合《建规》第 8.3.3 条规定。在自动喷水灭火系统中，地下车库为按中危险级Ⅱ级布置喷头，喷水强度为 8L/(min·m²)，作用面积为 160m²。其余场所均按中危险级Ⅰ级布置喷头，喷水强度为 6L/(min·m²)，作用面积为 160m²。自喷系统的设计流量为 30L/s。自喷系统共分为 3 个区：地下一和地下二层、一~五层、六~十五层。室外设置 2 个水泵接合器。

（1）喷头的选择和布置　地下车库采用流量系数 $K = 80$ 的直立型喷头，喷头向上安装，其余有吊顶的房间采用 $K = 80$ 的装饰型玻璃球喷头。风管、桥架等障碍物的宽度大于 1.2m 处下方增设喷头。净空高度大于 800mm 的吊顶层内有可燃物处增设喷头，除厨房采用 93℃ 喷头外，其余均为 68℃ 喷头。符合《喷规》第 6.1.3 条的要求。

（2）报警阀组　该建筑采用湿式报警阀组，共有 4 个报警阀组。根据《喷规》第 6.2.3

条规定，湿式系统中一个报警阀组控制的喷头数量不宜超过800只，本工程各报警阀组控制的喷头数量均不超过800只，符合规范要求。

（3）系统设计用水量

1）沿途计算法。根据《自喷》第5.0.1条，可知中危险级Ⅰ级有：

喷水强度 $q_u = 6L/(min·m^2)$，作用面积 $A = 160m^2$，最不利点处喷头的工作压力不应低于 $0.05MPa$，流量系数 K 取 80。

如图11-8所示，最不利点喷头位于十五层。最不利点喷头所在的保护区设计作用面积为 $160m^2$，作用面积形状为矩形，最不利点处喷头的工作压力确定为 $0.05MPa$。

根据《喷规》第9.1.3条的规定，系统的设计量，应按最不利点处作用面积内喷头同时喷水的总流量确定

$$q_s = \frac{1}{60}\sum_{i=1}^{n} q_i$$

式中 q_s——系统设计流量（L/s）；

q_i——最不利点处作用面积内各喷头节点的流量（L/min）；

n——最不利点处作用面积内的喷头数。

计算得到 $q_s = 31.39L/s$。

该建筑配置的两台喷淋泵流量均为 $q = 30L/s$，一用一备，满足要求。

2）求水泵的扬程和流量。根据《喷规》第9.2.4条的规定，水泵扬程或系统入口的供水压力应按下式计算

$$H = \sum h + P_0 + Z$$

式中 H——系统入口的供水压力（MPa）；

$\sum h$——管道沿程和局部水头损失的累计值（MPa）；

P_0——最不利点处喷头的工作压力（MPa）；

Z——最不利点处喷头与消防水池的最低水位或系统入口管水平中心线之间的高程差。

前面已确定 $P_0 = 0.05MPa$，由图样知

$$Z = (77.15 + 5.4)mH_2O = 82.55mH_2O = 0.8255MPa$$

① 水头损失计算

A. 管道沿程水头损失。管道沿程水头损失的计算采用海登-威廉公式，即

$$h_f = iL$$

$$i = 105C_h^{-1.85}d_j^{-4.87}q_g^{1.85}$$

图11-8 最不利点自喷管道

该建筑内的喷淋系统所用管道采用内外壁热镀锌钢管，C_h 取 100。作用面积内喷头的节点流量计算公式为

$$q = K\sqrt{10P}/60$$

式中　q——喷头流量（L/s）；
　　　K——喷头的流量系数，取 80；
　　　P——节点压力（MPa）。

以节点 2 为例，将节点 2 的压力 0.05MPa 代入上式，计算得

$$q = K\sqrt{10P} = 80 \times \sqrt{10 \times 0.05} \text{L/min} = 56.568542495 \text{L/min} = 0.0009428\text{m}^3/\text{s}$$

将流量代入计算管道水头损失

$$i = 105 C_h^{-1.85} d_j^{-4.87} q_g^{-1.85}$$
$$= 105 \times 100^{-1.85} \times 0.0273^{-4.87} \times 0.0009428^{1.85}/1000 \text{MPa/m}$$
$$= 0.0021865 \text{MPa/m}$$

$DN25$ 三通管的当量长度 L 为 1.5m，所以

$$h_f = iL = 0.0021865 \times (1.2 + 1.5) \text{MPa} = 0.005904 \text{MPa}$$

B. 求管道特性系数。把支管 J-L 作为一个喷头考虑，其流量与压力符合公式。因此只要求出其管道特性系数 K_J，就可确定该支管的流量。

采用相同的算法，以支管 J-L 的尽端喷头 25 作为计算起点，设该喷头压力为 0.5MPa，然后对该支管的喷头逐个进行计算，进而得出 p_k 和 q_k。根据 p_k 和 q_k 的值，计算支管 4-5 的特性系数 K_J，公式如下

$$K_J = \frac{q_k}{\sqrt{10p_k}}$$

则支管 4-5 在水压 p_k 作用下，其总流量为

$$q_{J-K} = K_J \sqrt{10P_k}$$

计算得：$p_k = 0.060923$MPa，$q_k = 232.7901$L/min，代入式 $K_J = \dfrac{q_k}{\sqrt{10p_k}}$ 得 $K_J = 281.331$，又 $P_k = 0.1414$MPa，代入上式得 $q_{J-K} = 328.916$ L/min。按此方法计算其他各管段的流量和水头损失，计算得 J 支管的管路特性系数为 281.3310。其中，局部损失中，湿式报警阀取 0.04MPa，水流指示器取 0.02MPa。最不利点管路的水头损失为 0.22875MPa，水泵流量为 31.39L/s。管道公称口径、外径、壁厚及计算内径见表 11-8。

表 11-8　管道公称口径、外径、壁厚及计算内径　　　　（单位：mm）

公称口径	外径	壁厚	计算内径
25	33.7	3.2	27.3
32	42.4	3.5	35.4
40	48.3	3.5	41.3
50	60.3	3.8	52.7
65	76.1	4.0	68.1
80	88.9	4.0	80.9
100	114.3	4.0	106.3
125	139.7	4.0	131.7
150	168.3	4.5	159.3

② 水泵扬程。由前式计算得水泵扬程为

$$H = \sum h + P_0 + Z = (0.22875 + 0.05 + 0.8255)\text{MPa} = 1.10425\text{MPa}$$

③ 水泵流量。由计算可得，水泵流量为31.39L/s。

该建筑地下一层配置喷淋泵2台，一用一备。该喷淋泵扬程为1.14MPa，大于1.10425MPa；流量为40L/s，大于31.39L/s，符合要求。

（4）水泵接合器复核　该建筑自喷系统设计用水量为30L/s，水泵接合器流量为15L/s，则应至少设置2个水泵接合器。

该建筑室外设置DN150的地上式水泵接合器2个，符合《水规》的要求。

4. 消防水箱

该建筑在屋顶设有1个消火栓系统和自动喷水灭火系统合用的消防水箱。水箱最低消防水位标高为66.6m，最不利消火栓标高为58.4m，则最不利点消火栓静水压力为0.082MPa，根据《水规》规定，高层建筑最不利点消火栓静水压力不应低于0.1MPa，该建筑在屋顶设有两套ZW（L）-I-XZ-10消防稳压装置，符合《水规》要求。消防水箱容积按下式计算

$$V_f = 0.06 q_f T_x$$

式中　V_f——消防水箱有效容积（m³）；

　　　q_f——室内消防用水量（L/s）；

　　　T_x——水箱保证供水时间（min），一般取$T_x = 10$min。

该建筑室内消火栓设计用水量q_f为40L/s，自喷系统设计用水量为30L/s，计算得$V_f = 48$m³，水箱最大容积取36m³。该建筑的消防水箱有效容积为18m³，小于36m³，故不符合《水规》的要求。

5. 消防水池

根据《水规》的规定，当市政给水管网能保证室外消防给水设计流量时，消防水池的有效容积应满足在火灾延续时间内室内消防用水量的要求。综合楼的火灾延续时间应按3.00h计算，自动喷水灭火系统火灾延续时间可按1.00h计算。

消防水池的容积应为火灾延续时间内的室内外消防用水总量与自动灭火系统用水量的总和。由于该建筑的室外消火栓系统由市政管网供水，其供水量满足室外消火栓用水量（30L/s），所以其消防水池只需满足室内消防用水量，其中，室内消火栓用水量为40L/s，自喷系统设计用水量为30L/s。则消防水池的有效容积为

$$V = 3.6 \times (40 \times 3 + 30 \times 1)\text{m}^3 = 540\text{m}^3$$

实际消防水池的容量为600m³，大于540m³，满足要求。该建筑的消防水池总容量超过500m³，分成两个能独立使用的消防水池，符合《水规》要求。

水池补水由一根DN100的水管直接补水。水池连续补充的水量可按下式估算

$$q_c = \frac{D^2}{2} v$$

式中　q_c——火灾时向水池连续补充的水量（L/s）；

　　　D——市政给水管网或进水管的折算直径，即管道的直径（以mm计）被25除的比值；

v——管道内水的当量流速（m/s），环状管网取 1.5m/s。经计算 $q_c=12$L/s，补水时间需要 12.5h，不大于 48h，符合《水规》要求。

6. 建筑灭火器配置

（1）确定建筑的火灾种类　根据《灭规》第 3.1.2 条的规定，A 类火灾为固体物质火灾，B 类火灾为液体火灾或可熔化固体物质火灾。由该建筑的功能和楼层布置可知，该建筑地上部分可燃物绝大部分为固体物质，所以该建筑地上部分火灾种类归为 A 类火灾，地下车库火灾种类归为 B 类火灾。

（2）确定建筑的危险等级　根据《灭规》第 3.2.2 条的规定，民用建筑灭火器配置场所的危险等级应根据其使用性质、人员密集程度、用电用火情况、可燃物数量、火灾蔓延速度、扑救难易程度等因素划分。该建筑设计说明中将地上部分归为严重危险级，灭火器配置按严重危险级 A 类火灾配置，地下车库按中危险等级 B 类火灾配置，符合规范要求。

（3）灭火器类型的选择　该建筑地上部分及地下车库均配置手提式干粉磷酸铵盐灭火器，符合《灭规》第 4.2.1 条的要求。

（4）灭火器配置设计　根据《灭规》第 7.2.1 条的规定，当一个楼层或一个水平防火分区内各场所的危险等级和火灾种类相同时，可将其作为一个计算单元；第 7.2.2 条规定，建筑物的计算单元保护面积应按其建筑面积确定；第 7.3.1 条规定，计算单元的最小需配灭火级别应按下式计算

$$Q = K\frac{S}{U}$$

式中　Q——计算单元的最小需配灭火级别，A 或 B；

　　　K——修正系数，该建筑设有室内消火栓系统和自动喷水灭火系统，故 K 取 0.5；

　　　S——计算单元的保护面积（m²）；

U 为 A 类或 B 类火灾场所单位灭火级别最大保护面积（m²/A 或 m²/B）。

根据第 7.3.4 条的规定，计算单元中每个灭火器设置点的最小需配灭火级别应按下式计算

$$Q_e = \frac{Q}{N}$$

式中　Q_e——计算单元中每个灭火器设置点的最小需配灭火级别，A 或 B；

　　　N——计算单元中的灭火器设置点数（个）。

A、B 类火灾配置场所灭火器配置基准分别见表 11-9 与表 11-10。

表 11-9　A 类火灾配置场所灭火器配置基准

危险等级	严重危险级	中危险级	轻危险级
单具灭火器最小配置灭火级别	3A	2A	1A
单位灭火级别最大保护面积/(m²/A)	50	75	100

表 11-10　B 类火灾配置场所灭火器配置基准

危险等级	严重危险级	中危险级	轻危险级
单具灭火器最小配置灭火级别	89B	55B	21B
单位灭火级别最大保护面积/(m²/B)	0.5	1.0	1.5

经计算可知，该建筑灭火器数量符合规范要求。

灭火器保护距离校核：

由图样可得，A 类火灾场所（地上部分）灭火器最大保护距离为 13m，B 类火灾场所（地下部分）灭火器最大保护面积为 11.2m，满足规范要求。

七、防排烟系统和通风空调系统

1. 防烟分区

防烟分区的划分便于在火灾情况下将上部的热烟气阻挡在一定区域内，一方面有助于减缓火灾的蔓延，另一方面有助于进行排烟。为了保证防火分区和防烟分区的严密性和有效性，防烟分区不应跨越防火分区。如果跨越设置，一方面划分防火分区的防火墙等构件会将跨越防火分区设置的一个防烟分区再次划分为两个独立的防烟分区，影响防烟分区内烟气的有效组织，导致无法按防烟分区合理设置排烟口和排烟阀；另一方面，如果防烟分区跨越防火分区设置，也会无端增加排烟管道穿越防火分区的情况，给防火分区带来不安全因素，容易导致火灾在两个防火分区间蔓延。

本工程一~三层为商场和办公，每个防火分区划分为一个防烟分区，四层的厨房通风、空调系统由专业公司进行二次工艺设计，五~十五层均为办公部分，各层单独划分为一个防烟分区，如图 11-9 所示。

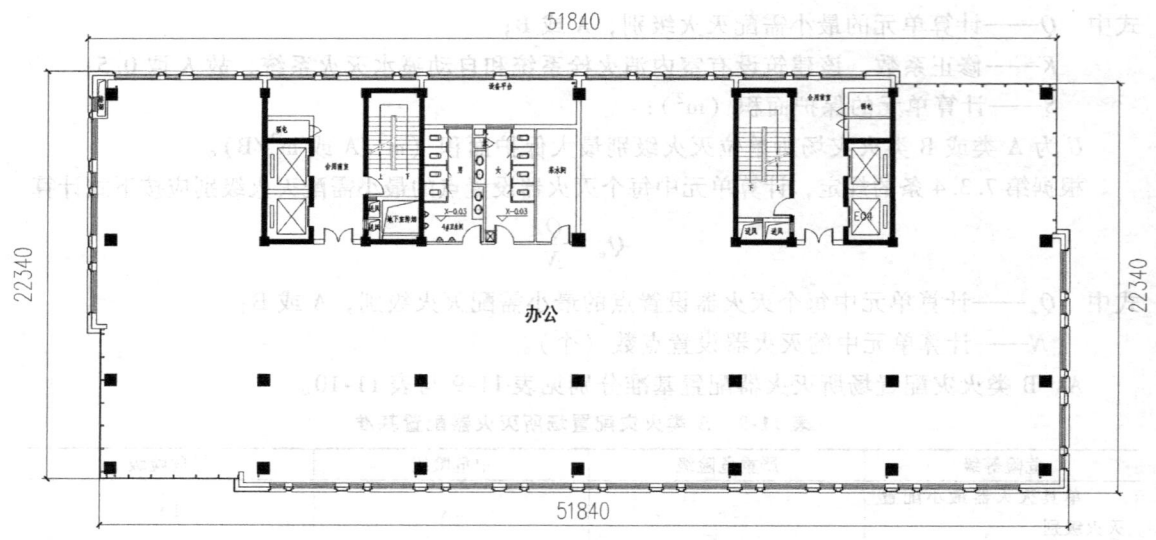

图 11-9　五~十五层办公标准层

由图样可得，各防烟分区的建筑面积均不大于 2000m²，满足规范要求。

地下部分防烟分区的划分，根据《汽规》第 8.2.2 条，设有机械排烟系统的汽车库，其每个防烟分区的建筑面积不宜大于 2000m²，且防烟分区不应跨越防火分区。地下汽车库防烟分区的划分满足规范要求。地下一层防烟分区划分示意图如图 11-10 所示。

2. 自然排烟

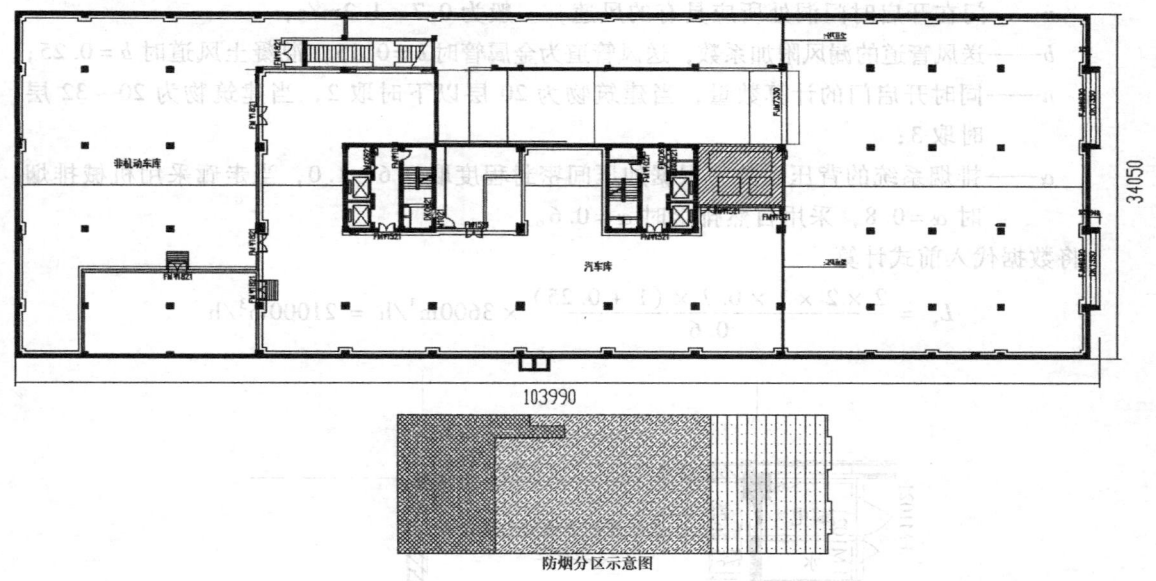

图 11-10 地下一层防烟分区划分示意图

东南物流大厦办公门厅净空高度为 9.9m，采取自然排烟方式。中庭面积为 145m²，应开设外窗面积为 7.25m²，高侧窗总面积为 94.9m²，高侧窗开窗面积为 8.8m²，符合要求。图 11-11 所示为中庭自然排烟示意图。

3. 机械防烟

机械防烟就是在疏散通道等需要防烟的部位送入足够的新鲜空气，使其维持高于建筑物其他部位的压力，从而把着火区域所产生的烟气堵截于防烟部位之外。根据消防部门试验和工业数据，机械防烟在排除污染物方面的效率至少比负压机械排烟高出一倍。

（1）机械防烟设置部位 该建筑为一类高层建筑，共设置五部防烟楼梯间。标准层设两部，其余三部设置在一～三层内，如图 11-12 所示。

由图样可得，该建筑中，楼梯间与消防电梯前室均设置机械防烟设施，该建筑的机械加压送风部位的设置满足《烟规》要求。

（2）机械加压送风量 机械加压送风量的常用计算方法有压差法和风速法。压差法的出发点是当疏散门关闭时，加压部位保持一定的正压值，使烟气不能通过门窗缝隙蔓延进入楼梯间或前室。风速法的出发点是疏散门开启时门洞处保持一定的风速，以阻挡烟气通过开启的门洞蔓延扩散至楼梯间或前室。在建筑物机械防烟设计中，计算得到的加压送风量需和规范中的规定值比较，取较大者。

以 1#楼梯为例：

1）查表法：12000～15000m³/h。

2）风速法：根据下式计算

$$L_y = \frac{nFv(1+b)}{\alpha} \times 3600$$

式中　F——每个门的开启断面积（m²）；

v——门在开启时门洞处所应具有的风速，一般为 0.7～1.2m/s；

b——送风管道的漏风附加系数，送风管道为金属管时 $b=0.15$，混凝土风道时 $b=0.25$；

n——同时开启门的计算数量，当建筑物为 20 层以下时取 2，当建筑物为 20～32 层时取 3；

α——排烟系统的背压系数，根据加压间密封程度取 0.6～1.0，当走廊采用机械排烟时 $\alpha=0.8$，采用自然排烟时 $\alpha=0.6$。

将数据代入前式计算

$$L_y = \frac{2 \times 2 \times 1 \times 0.7 \times (1+0.25)}{0.6} \times 3600 \mathrm{m^3/h} = 21000 \mathrm{m^3/h}$$

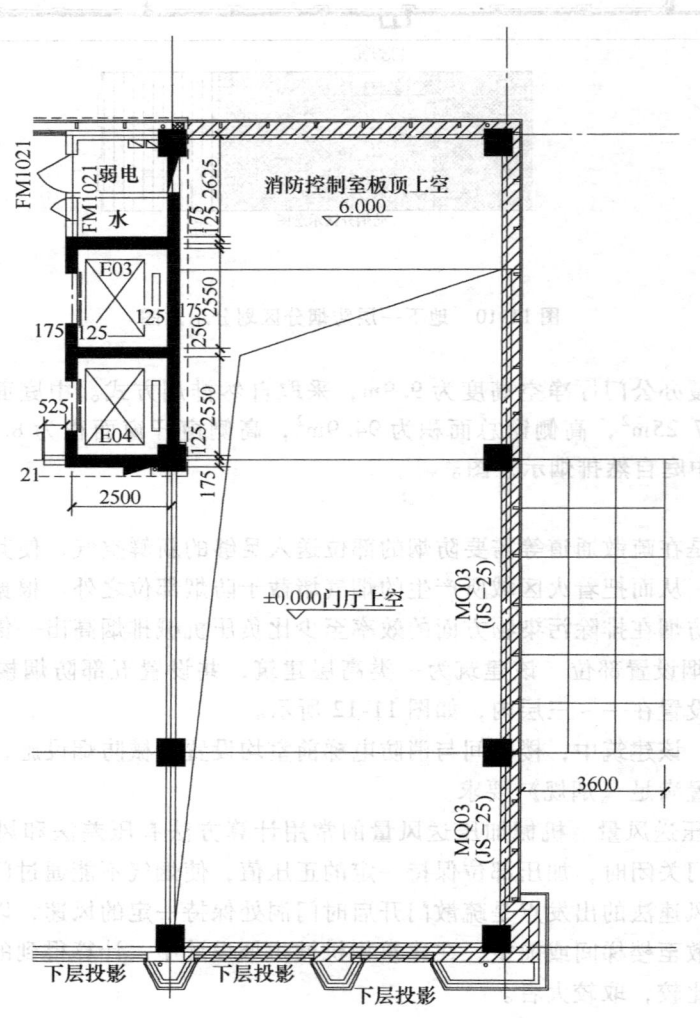

图 11-11　中庭自然排烟示意图

3）压差法：根据下式计算

$$L_y = 0.827 \times A \times \Delta p^{\frac{1}{b}} \times 3600 \times 1.25$$

式中 L_y——加压送风量（m³/h）；
   A——总有效漏风面积（m²）；
   b——指数，门缝取 2，窗缝取 1.6；
   Δp——压差。

总有效漏风面积为

$$A = (1 \times 2 + 2.1 \times 2) \times 3.26 \times 10^{-3} \times 15\text{m}^2 = 0.30318\text{m}^2$$

将上述数值代入前式得

$$L_y = 0.827 \times 0.30318 \times 50^{\frac{1}{2}} \times 3600 \times 1.25 \text{m}^3/\text{h} = 7978.18 \text{m}^3/\text{h}$$

比较三种方法，取最大值，所以加压送风量为 21000m³/h。

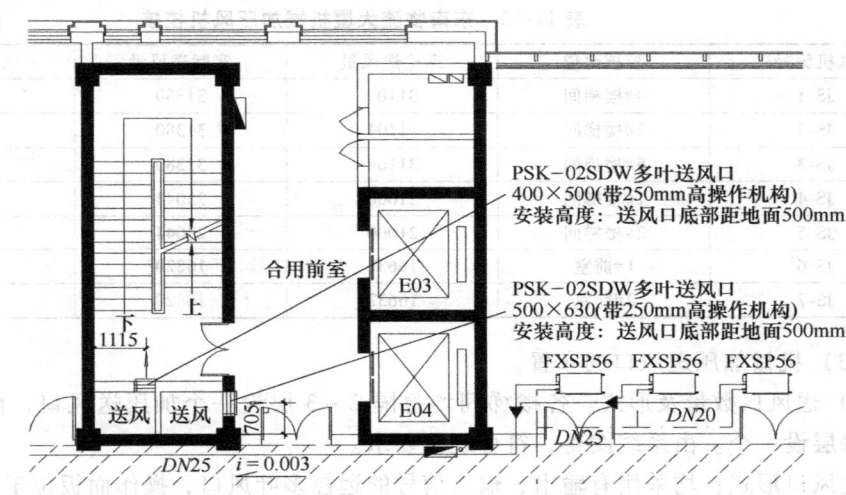

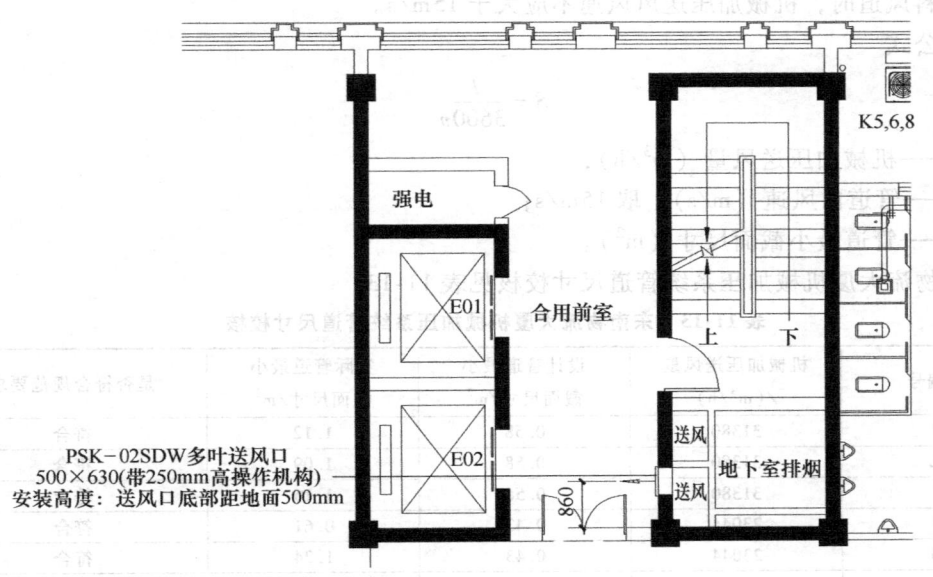

图 11-12　防烟楼梯间示意图

东南物流大厦防烟楼梯间机械加压系统计算见表 11-11，机械加压风机校核见表 11-12。

表 11-11　东南物流大厦防烟楼梯间机械加压系统计算　　　　（单位：m³/h）

	查表法	风速法	压差法	最大值
1#楼梯（楼梯间）	12000~15000	21000	7978	21000
1#楼梯（前室）	12000~16000	16632	3090	16632
2#楼梯（楼梯间）	12000~15000	21000	7978	21000
2#楼梯（前室）	12000~16000	16632	3090	16632
3#楼梯	25000~30000	31104	2548	31104
4#楼梯	25000~30000	31104	2548	31104
5#楼梯	25000~30000	31104	2548	31104

表 11-12　东南物流大厦机械加压风机校核　　　　（单位：m³/h）

风机编号	校核部位	理论送风量	实际送风量	是否符合
JS-1	4#楼梯间	31104	31380	符合
JS-2	3#楼梯间	31104	31380	符合
JS-3	5#楼梯间	31104	31380	符合
JS-4	1#楼梯间	21000	23044	符合
JS-5	2#楼梯间	21000	23044	符合
JS-6	1#前室	16632	16820	符合
JS-7	2#前室	16632	16820	符合

（3）机械加压送风口的布置

1）送风口数量及形式。各楼梯间均每隔 2~3 层设一个加压送风口，前室的加压送风口应每层设一个。由系统图得，符合规范要求。

送风口形式：均采用有输出、输入信号的远控多叶风口，操作面板位于风口的上方。

2）管道尺寸的校核。该建筑通风系统风管均采用无机复合风管，根据《烟规》，采用非金属材料风道时，机械加压送风风速不应大于 15m/s。

根据公式

$$S = \frac{L}{3600v}$$

式中　L——机械加压送风量（m³/h）；

　　　v——管道内风速（m/s），取 15m/s；

　　　S——管道最小截面尺寸（m²）。

东南物流大厦机械加压系统管道尺寸校核见表 11-13。

表 11-13　东南物流大厦机械加压系统管道尺寸校核

风机编号	机械加压送风量/(m³/h)	设计管道最小截面尺寸/m²	实际管道最小截面尺寸/m²	是否符合规范要求
JS-1	31380	0.58	1.12	符合
JS-2	31380	0.58	1.09	符合
JS-3	31380	0.58	1.15	符合
JS-4	23044	0.43	0.61	符合
JS-5	23044	0.43	1.24	符合
JS-6	16820	0.32	0.71	符合
JS-7	16820	0.32	1.24	符合

4. 机械排烟

(1) 机械排烟设置部位　该建筑地下室设置机械排烟设施。符合《建规》8.5.3 条的要求。

(2) 分区机械排烟量及排烟风机的校核　根据《汽规》第 8.2.5 条规定，汽车库、修车库内每个防烟分区排烟风机的排烟量不应小于 30000m³/h。

由计算可得，地下车库排烟风机排烟量符合规范要求。

(3) 排烟口的布置

1) 排烟口数量及形式。排烟口设置在排烟支管上，由图样可知，该建筑排烟系统排烟口距其计算防烟分区内最远点水平距离均小于 30m，排烟支管处均设有超过 280℃时能自行关闭的排烟防火阀，距安全出口的距离大于 1.5m，符合《烟规》第 4.1.5 条。

2) 排烟口尺寸校核。排烟口面积按下式计算

$$f = \frac{L}{3600 \times n \times \eta \times v}$$

式中　f——每个排烟口的面积（m²）；

L——排烟量（m³/h）；

v——风口风速（m/s），取 10m/s；

η——风口有效面积率，一般取 0.85。

经计算，满足规范要求。

5. 通风和空气调节系统

该建筑的通风、空调系统的管道在穿越防火分区处，穿越通风、空调机房及重要的或火灾危险性大的房间隔墙和楼板处，垂直风管与每层水平风管交接处的水平管段上，变形缝的两侧均设置了动作温度为 70℃的防火阀，符合《建规》第 9.3.11 条的要求。

八、消防电气

1. 消防电源及其配电

该建筑为一类高层，消防用电负荷等级为一级。其消防电梯及排污泵、消防排烟风机、消防送风机、防火卷帘、消防水泵、消防控制室、监控室及航空障碍指示灯、走道应急照明、疏散指示照明均为消防一级负荷；由双电源供电，供电电源采用两路 10kV 高压电缆进线，互为备用，由该大楼的西北侧引入。满足一级负荷两个独立电源的要求。符合《建规》10.1.1 条要求。

上述消防负荷均由不同变压器的两段母线引出供电，在最末一级配电箱处设置自动切换装置。符合《建规》第 10.1.8 条要求。

商业及办公用电均引自变配电室的低压室，采用树干式及放射式供电方式。线路敷设方式为无卤阻燃电缆沿电缆防火桥架明敷或穿镀锌钢管吊顶暗敷。地下室及屋顶消防设备用电采用双回路供电，采用放射式的供电方式。线路敷设方式为无卤耐火电缆沿电缆防火桥架明敷或穿镀锌钢管吊顶暗敷。符合《建规》第 10.1.10 条要求。

2. 消防应急照明与疏散指示标志

该建筑在楼梯间、防烟楼梯间及其前室、合用前室、配电室、消防控制室、消防水泵房、防排烟机房等发生火灾仍需坚持工作的其他房间；商场营业厅、办公走道等部位设置应

急照明。各场所应急照明照度为其正常照明照度，符合《建规》第10.3.1和10.3.3条的要求。

该建筑在疏散楼梯间、疏散走道、门厅、地下车库、营业厅等场所设置疏散照明，其安全出口和疏散通道设安全出口标志和疏散指示标志灯。符合《建规》第10.3.1和10.3.5条的要求。

应急照明自带镉镍电池，确认火灾后，自动切断应急照明箱，转为蓄电池供电，连续供电时间不少于90min。疏散指示标志在走道上距地0.5m安装，局部距地2.2m吊装，门上距门顶0.1~0.2m安装。符合《建规》第10.3.5条的要求。

3. 火灾自动报警系统

此建筑为一类高层建筑，火灾自动报警系统保护等级按一级设置，符合《建规》第3.1.1条的要求。

该建筑商场、库房、设备间、办公室、各层走道均设置火灾自动报警系统，符合《建规》第8.4.1条的要求。

（1）消防控制室　一层设消防控制中心，安装火灾报警主机、联动控制台、应急广播设备、消防直接对讲电话设备和电源等设备。消防控制室可接收感烟、感温、可燃气体等探测器的火灾报警信号及水流指示器、检修阀、压力报警阀、手动报警按钮、消火栓按钮的动作信号。消防控制室可以显示消防水池、消防水箱水位，显示消防水泵的电源及运行状况，可联动控制所有与消防有关的设备。符合《报规》6.3.1条要求。

消防控制系统采用联合接地方式。接地电阻应小于1Ω，并且在消防控制中心做好等电位连结。

（2）消防联动控制

1）消火栓系统联动控制。消火栓按钮动作后，直接启动消火栓泵，控制中心能显示报警部位并接收其反馈信号，消防控制中心可控制消火栓泵，并接收其反馈信号。在消防控制中心联动控制台上，可通过硬线手动控制消火栓泵，并接收其反馈信号。控制中心能显示消火栓泵电源情况。消防泵房能手动启动消火栓泵。符合《报规》第6.3.2条要求。

2）喷淋系统联动控制。平时由压力开关自动控制增压泵维持管网压力。火灾时，喷头喷水，水流指示器动作并向控制中心报警；同时，报警阀动作，击响水力警铃，启动喷淋泵。控制中心能接收其反馈信号。消防控制中心可通过控制模块编程，自动启动喷淋泵，并接收其反馈信号。消防控制中心联动控制台上，可通过硬线手动控制喷淋泵，并接收其反馈信号。控制中心能显示泵电源状况。消防泵房可以手动启动喷淋。符合《报规》第6.3.3条要求。

3）防排烟系统联动控制。当火灾发生时，消防控制中心根据火灾情况打开相关层的常闭排烟阀，同时连锁启动相应的排烟风机；当排烟温度达到280℃时，排烟阀熔丝熔断，排烟阀关闭，排烟风机吸入口处280℃的防火阀关闭后，连锁停止相应的排烟风机，反馈信号至消控中心。

消防控制中心自动或手动控制正压送风机的启停，根据火灾情况打开火灾层防烟前室的常闭送风口。在控制中心的联动控制台上，可通过硬线手动控制正压风机，并接收其反馈信号。符合《报规》第6.3.9条要求。

4）防火卷帘联动控制。防火卷帘用于防火分隔，任一侧的火灾探测器动作后，卷帘下降到底，卷帘门关闭信号反馈到消防控制室，门两侧设置手动控制按钮，顶部有声光报警装置。符合《报规》第6.3.8条要求。

（3）探测区域的划分　该建筑的地下汽车库部分和商场部分一个探测区域不应大于500m²，封闭楼梯间、防烟楼梯间前室、消防电梯前室、合用前室应单独划分为一个探测区域，酒店每个房间划分为一个探测区域，内走道划分为一个探测区域。符合《报规》第4.2.1条的要求。

（4）火灾探测器的选择　该建筑地下汽车库部分设置感温探测器，地下设备机房设置感烟探测器。商场部分及办公部分设置感烟探测器，符合《报规》第7.1.1条的规定。

（5）火灾探测器设置　根据《报规》第8.1.4条的规定，一个探测区域内所需设置的探测器数量应按下式计算

$$N = \frac{S}{KA}$$

式中　N——探测器数量（只），N应取整数；
　　　S——该探测区域面积（m²）；
　　　A——探测器的保护面积（m²）；
　　　K——修正系数，一级保护对象宜取0.8~0.9。

该建筑探测区域内的每个房间都设有火灾探测器，符合《报规》第8.1.1条的规定。对于感烟探测器，该建筑的房间高度小于6m，房间的坡度小于15°，地板面积大于80m²的探测区域的保护面积为60m²，保护半径为5.8m；对于感温探测器，该建筑的地下汽车库高度小于8m，房间坡度小于15°，地板面积大于30m²的探测区域的保护面积为20m²，保护半径为3.6m。

地下汽车库部分防火分区一中的一个探测区域面积为2110m²，则应设感温探测器数量计算如下

$$N = \frac{S}{KA} = \frac{2110}{0.8 \times 20} = 131.9$$

取 N = 132 只，实际该区域设置感温探测器136只，符合规范要求。

其他区域计算方法同上。

经计算可知，其他区域探测器数量均符合要求。

在宽度小于3m的内走道顶棚上设置探测器时，宜居中布置。感温探测器的安装间距不应超过10m；感烟探测器的安装间距不应超过15m；探测器至端墙的距离，不应大于探测器安装间距的一半。探测器至墙壁、梁边的水平距离，不应小于0.5m。

（6）手动报警按钮的设置　根据《报规》第8.3.1条的要求，每个防火分区应至少设置一个手动火灾报警按钮，从一个防火分区的任何位置到最邻近的一个手动火灾报警按钮的距离，不应大于30m。手动火灾报警按钮宜设置在公共活动场所的出入口处。

由图样（图11-13）可知，各防火分区均设置手动报警按钮，且各分区到最邻近的手动报警按钮距离均小于30m，符合规范要求。

4. 消防联动控制

根据《报规》第6.3条的相关规定，该建筑的消防控制满足：

1) 对消火栓泵的启、停进行控制，显示工作状态，并且当消火栓按钮动作报警时，能

远程启动消火栓泵。

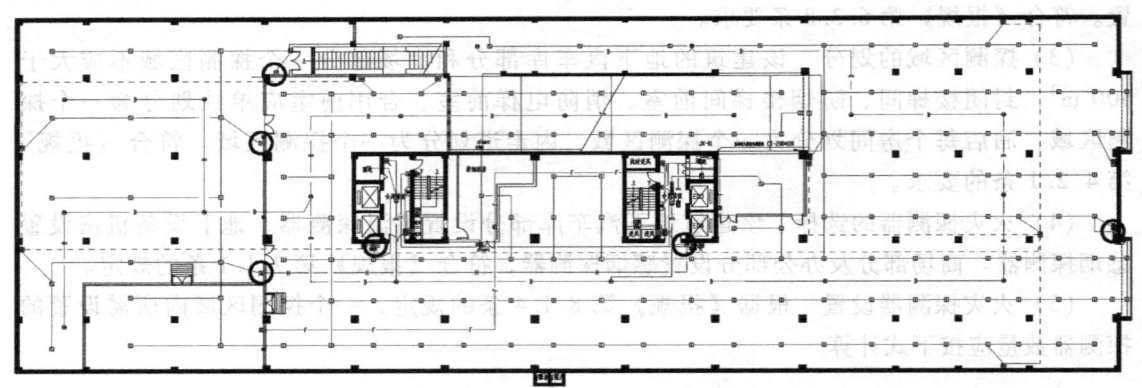

图 11-13　地下一层防火分区手报按钮设置示意图

2）控制喷淋泵的启、停，显示工作状态，并对喷淋泵实现远程启动。

3）控制气体灭火控制器的启、停，显示工作状态，并且当发电机房任一火灾探测器动作报警时，启动气体灭火控制器。

4）对送风机、排烟风机进行控制，当防火阀在 70℃ 或 280℃ 熔断关闭后，能关闭相应送风机和排烟风机，当任一火灾探测器或消火栓按钮或手动报警按钮动作报警时，能打开有关排烟口，两用风机转入高速排烟状态并开启着火层及相邻上下层的正压送风机。

5）用作防火分隔的卷帘在火灾探测器报警后下降到底。疏散通道上的防火卷帘两侧，设置火灾探测器组及其警报装置，且设置手动控制按钮，如图 11-14 所示。当烟感探测器报警时启动卷帘下降至距地（楼）面 1.8m，温感探测器报警时卷帘下降到底。

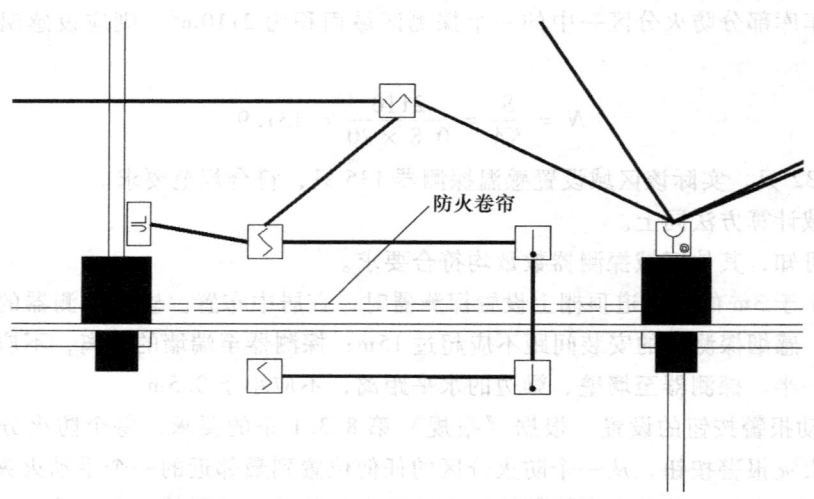

图 11-14　疏散通道上的防火卷帘两侧设置火灾探测器组及其警报装置

6）火灾确认后，切断着火层照明并启动相应层的消防广播，将所有电梯降至一层。

九、存在的问题

通过本节的消防设计审核，结合所使用的规范，对其存在的问题及修改建议总结如下：

1) 消防车登高操作场地宽度为 7m，不符合《建规》第 7.2.1 和 7.2.2 条的要求。

2) 一个室外消火栓距离路边 1.8m，小于 2.00m，不符合《水规》规定，不便于消防车直接从消火栓取水。

3) 高位消防水箱的消防储水量，一类公共建筑不应小于 36m³，实际消防水箱有效容积为 25.5m³。最不利点消火栓静水压力不应小于 0.1MPa，当不能满足要求时，应设增压设施。最不利点消火栓静水压力为 0.0745MPa，小于 0.1MPa，未设增压设备，不符合《水规》要求。

部分习题参考答案

第一章　建筑火灾与建筑防火对策

简答题

1. 答：建筑火灾的危害集中体现在对物的危害、对人的危害和对环境的危害三个方面。

对物的危害主要有两点，一是火灾产生的高温作用会降低建筑材料的力学性能，使建筑构件支撑荷载能力下降，达到一定程度时，建筑物就会发生倒塌；二是未被烧毁的构件受到烟熏火烤也会使其失去使用功能。

对人的危害主要有两点，一是火灾能烧死烧伤在起火房间内无法逃生的人员；二是火灾产生的有毒烟气还能使离开火源一定距离内的人员因中毒或窒息死亡。

此外，建筑火灾对环境具有危害作用：一是火灾产生的有毒有害气体对大气造成污染；二是部分有毒有害物质发生火灾时，可能随着灭火产生的废水一道流入地表和河流，造成大面积地面和水域污染；三是灭火所用的部分灭火剂也对环境有一定的危害作用。

2. 答：发生火灾时，高温烟气聚集在室内，会加热房间内的固体壁面（包括墙壁、顶棚和室内其他固体壁面）。被加热的固体壁面和高温气体又向燃料表面辐射加热，从而强化了燃烧过程。

3. 答：室内火灾的发展可由室内平均温度随时间的变化描述，如图 1-3 所示。根据室内平均温度变化特点，可将室内火灾分为三个阶段：

（1）初始阶段　可燃物着火后，火灾发展有三种可能性：

1）燃烧限定在初始着火物上。即初始可燃物数量少、热值低，或者与其他可燃物之间有较大的距离，在此情况下，当着火的可燃物燃尽后，燃烧自行终止。

2）通风不足导致燃烧终止。即当房间通风不足时，随着燃烧进行，对燃烧起支撑作用的氧气浓度越来越低。当氧气浓度低于一定值时，燃烧因缺氧而熄灭。

3）发展蔓延。即初始着火物的数量大、热值高、与周围可燃物之间的距离近、房间通风良好，火焰将在初始可燃物上加速蔓延，并向周围可燃物蔓延，直至房间内的所有物质都卷入燃烧。

（2）全面发展阶段　当起始阶段的第三种可能性成为现实，且室内可燃物较多时，随着火灾蔓延，室内所有可燃物都卷入燃烧，燃烧充满了整个室内空间。

在全面发展阶段，存在一种特殊的燃烧现象——轰燃。轰燃是从局部燃烧过渡到室内所有可燃物全部卷入燃烧的过程。轰燃发生后，火灾热释放速率迅速增加，氧气浓度下降。在此情况下，房间内的人员几乎完全失去逃生机会。火灾蔓延到相邻区域的危险增加，建筑物结构受到加热损害有发生坍塌的可能。

（3）熄灭阶段　火灾进入全面发展阶段后，随着燃烧持续进行，可燃物数量逐渐减少，室内温度逐渐下降。当室内温度下降到最大值的 80% 时，即可认为火灾进入熄灭阶段。

4. 答：火灾蔓延方式主要有火焰接触、延燃、导热、热辐射、热对流。

火灾蔓延的途径主要有门、窗、楼梯间等竖向管井、隔墙、吊顶、缝隙与管道，除此之外，火灾还可以在建筑物之间蔓延。当两个建筑物之间的安全距离较小时，一个建筑物火灾可能由于飞火、辐射、火焰引燃等原因引燃相邻建筑物。

5. 答：建筑高度对建筑消防安全有如下影响：
1) 高度越大，内部人员最大垂直疏散距离越大，因此，疏散难度越大。
2) 高度越大，烟气沿垂直竖井蔓延速度越大，导致火灾蔓延速度增大。
3) 建筑物高度决定灭火救援活动的难度，高度越大，灭火救援越困难。

6. 答：建筑面积增大对建筑消防安全产生如下影响：
1) 面积越大，建筑物内的火灾荷载越大。
2) 建筑面积越大，人员逃生的水平运动距离越大。
3) 建筑面积越大，灭火救援越困难。

7. 答：地下建筑的层数和深度对建筑消防安全有如下影响：
1) 层数越多，建筑越深，疏散难度越大。
2) 层数越多，建筑越深，火灾产生的热量和烟气越不易散失。
3) 层数越多，建筑越深，灭火救援越困难。

8. 答：建筑防火设计包括耐火设计、建筑总平面布局防火、建筑平面防火、安全疏散设计、建筑内部和外部装修防火设计、火灾自动报警系统应用、建筑防排烟系统应用、工业建筑防爆设计、建筑灭火设施应用。

第二章 建筑材料的高温性能

一、名词解释

1. 混凝土的爆裂：在火灾初期，混凝土构件受热面层发生的块状爆炸性脱落现象。
2. 复合防火玻璃：由两层或两层以上玻璃复合而成或由一层玻璃和有机材料复合而成，并满足相应耐火性能要求的特种玻璃。

二、简答题

1. 答：建筑材料高温性能主要包括材料的燃烧性能、力学性能、隔热性能、发烟性能、毒害性能等方面。

2. 答：建筑材料按照燃烧性能分为 A（不燃材料）、B_1（难燃材料）、B_2（可燃材料）和 B_3（易燃材料）四个级别。

3. 答：钢材在高温下随温度升高强度迅速降低；塑性性能增大、弹性模量降低而易于产生变形；热导率比较大，所以建筑钢材耐火性能差。

4. 答：冷加工钢筋在高温下，内部晶格的畸变随着温度升高而逐渐恢复正常，冷加工所提高的强度也逐渐降低和消失，塑性得到一定恢复；高强钢丝在高温下，抗拉强度的降低比其他钢筋更快；预应力钢筋混凝土构件由于所用的冷加工钢筋和高强钢丝，在火灾高温下强度降低明显大于普通低碳钢筋和低合金钢筋，因此，预应力钢筋混凝土构件不耐火。

5. 答：木材的阻燃处理方法有：① 表面涂敷法，即在木材表面涂刷一层防火涂料；② 浸注法，又分为常压浸注和加压浸注，就是将具有阻燃作用的化学药剂浸入或压入木材中。

第三章 建筑物耐火设计

一、选择题

1. CD 2. A 3. B

二、简答题

1. 答：《建筑设计防火规范》（GB 50016—2006）将建筑构件按其材料的燃烧性能分为三种类型：不燃烧体、难燃烧体和燃烧体。

（1）不燃烧体　用不燃烧性材料构成的建筑构件统称为不燃烧体。如各类钢结构、钢筋混凝土结构、砌体结构构件。

（2）难燃烧体　用难燃烧性材料构成的建筑构件，或用可燃材料制作而表面用非燃烧材料作保护层的构件统称为难燃烧体。如阻燃木材、阻燃塑料制作的构件、木板板条抹灰墙等。

（3）燃烧体　用可燃烧性材料构成的建筑构件统称为燃烧体。

2. 答：在标准耐火试验条件下，建筑构件、配件或结构从受到火的作用时起，至失去承载能力或完整性被破坏或失去隔热作用时止，这段抵抗火的作用时间称为耐火极限，用小时（h）表示。

3. 答：裸露钢构件在火烧情况下，在300℃时钢材强度开始下降，当温度上升到500℃时，强度降为原来的1/2，温度继续上升，达到600℃时，强度降为原来的1/6，由此可以断定，裸露钢构件失去完整性或承载能力的时间大约为15min。

4. 答：构件受火后，达到某一指定温度所需时间与构件的截面形状有关。构件直接受火的表面面积越大，相同条件下热量交换越多，所需时间就越短；构件截面面积越大，达到指定温度吸收的热量越多，则经历的时间就越长。所以可以用构件的截面系数，即构件单位长度内受火面积 S 与其体积 V 之比表示构件的吸热能力。截面系数 S/V 越大，构件越不耐火。

5. 答：钢结构耐火保护方法从原理上来说分为两类，即截流法和疏导法。

（1）截流法　截流法的原理是截断或阻滞火灾产生的热流量向构件的传输，从而使构件在规定的时间内温升不超过其临界温度而保证稳定。由于所选保护材料的热导率较小，所以能很好地阻滞热流向构件的传输，从而起到保护作用。截流法又分为喷涂法、包封法和屏蔽法。

（2）疏导法　与截流法不同，疏导法允许热流量传到构件上，然后设法把热量导走或消耗掉，同样可使构件温度升高但不至于超过其临界温度，从而起到保护作用。

疏导法目前仅有充水冷却保护这一种方法。该方法是在空心封闭截面中（主要是柱）充满水，火灾时构件把从火场中吸收的热量传给水，依靠水的蒸发消耗热量或通过循环把热量导走，构件温度便可维持在100℃左右。

6. 答：喷涂法是用喷涂机具将防火涂料直接喷涂在构件表面，形成保护层。喷涂的涂料厚度必须达到设计厚度，节点部位应适当加厚。喷涂场地要求、构件表面处理、接缝填补、涂料配制、喷涂次数、质量控制及验收等均应符合《钢结构防火涂料通用技术条件》（GB 14907—2002）的规定。

当遇到下列情况之一时，涂层内应设置与构件连接的钢丝网，以确保涂层牢固。

1）承受冲击振动的梁。

2）设计涂层厚度大于40mm时。

3）涂料粘结强度小于0.05MPa。

4）腹板高度大于 1.5m 的梁。

喷涂法适用范围最为广泛，可用于任何一种钢构件的耐火保护。

7. 答：耐火等级是衡量建筑物耐火程度的分级标准。规定建筑物的耐火等级是建筑设计防火技术措施中最基本的措施之一。对于不同类型、性质的建筑物提出不同的耐火等级要求，可做到既有利于消防安全，又有利于节约基本建设投资。

建筑物具有较高的耐火等级，可以起到以下几方面的作用：在建筑物发生火灾时，确保其在一定的时间内不被破坏，不传播火灾，延缓和阻止火势的蔓延；为人员安全疏散提供必要的疏散时间，保证建筑物内人员安全脱险；为消防人员扑救火灾创造条件；为建筑物火灾后修复重新使用提供可能。

8. 答：在建筑结构中，楼板直接承受着人和物品等的重量，并将之传给梁、墙、柱等构件，是一个最基本的承重构件。因此，在划分建筑物耐火等级时是选择楼板的耐火极限作基准的。

9. 答：（1）建筑物的重要程度　建筑物的重要程度是确定其耐火等级的重要因素。对于性质重要，功能、设备复杂，规模大、建筑标准高的建筑，其耐火等级应选定一、二级。由于这些建筑一旦发生火灾，往往经济损失大、人员伤亡大、政治影响大。因此，要求其有较高的耐火能力是完全有必要的。

（2）火灾危险性　建筑物的火灾危险性大小对选定其耐火等级影响很大，特别是对工业建筑。对火灾危险性大的建筑，应选定较高的耐火等级。

（3）建筑物高度　建筑物越高，火灾时人员疏散和火灾扑救越困难，损失也越大。对高度较大的建筑物选定较高的耐火等级，提高其耐火能力，可以确保其在火灾条件下不发生倒塌破坏，给人员安全疏散和消防扑救创造有利条件。

（4）火灾荷载　火灾荷载大的建筑物发生火灾后，火灾持续燃烧时间长，燃烧猛烈，火灾温度高，对建筑结构的破坏作用大。为了保证火灾荷载较大的建筑物在发生火灾时建筑构件的安全，应相应地提高这种建筑的耐火等级，使建筑构件具有较高的耐火极限。

10. 答：工业建筑的耐火等级主要是根据生产的火灾危险性分类和储存物品的火灾危险性分类确定的。此外，还考虑了建筑物的规模和高度等。

厂房的耐火等级可分为四级：

1）使用或储存特殊贵重的机器、仪表、仪器等设备或物品的建筑，其耐火等级应为一级。

2）高层厂房，甲、乙类厂房的耐火等级不应低于二级，建筑面积不大于 300m² 的独立甲、乙类单层厂房可采用三级耐火等级的建筑。

3）单、多层丙类厂房，多层丁、戊类厂房的耐火等级不应低于三级。

4）使用或产生丙类液体的厂房和有火花、赤热表面、明火的丁类厂房，其耐火等级均不应低于二级；当为建筑面积不大于 500m² 的单层丙类厂房或建筑面积不大于 1000m² 的单层丁类厂房时，可采用三级耐火等级的建筑。

第四章　建筑总平面布局防火

简答题

1. 答：防火间距是建筑总平面布局防火设计中的重要内容，是防止着火建筑在一定时间内引燃相邻建筑，便于消防扑救的建筑物之间的间隔距离。防火间距的合理设置可在节约土地的前提下，有效地防止火灾在相邻建筑物之间相互蔓延，减小失火对邻近建筑及其居住（或使用）者的热辐射和烟气影响，并为人员疏散和灭火救援提供条件。

2. 答：防火间距未满足国家规范规定的要求时，可视具体情况采取以下措施：

1）减小建筑物的火灾危险性，改变建筑物内的生产和使用性质，调整生产厂房的部分工艺流程和减少库房储存物品的数量。

2）提高建筑物的耐火等级，调整部分构件的耐火性能和燃烧性能。

3）将建筑物的普通外墙改造成有防火能力的墙，用防火门窗代替普通门窗。

4）拆除部分原有的耐火等级低、占地面积小、使用价值低、影响新建建筑物安全的相邻建筑物。

5）设置独立的室外防火墙等。

3. 答：消防车道宽度的确定主要考虑了国内消防车的外形尺寸，按照消防车穿过建筑物时宽度上要有一定裕度，确保消防车快速通行。

4. 答：高层民用建筑的选址应主要考虑以下因素：

1）应受到城市消防站的有效保护，主要应满足接到报警后 5min 内辖区消防力量能够到达现场处置。

2）不宜布置在有较大危险性的易燃、易爆建（构）筑物附近。

3）高层建筑与周围建（构）筑物之间应保持足够的防火间距。

4）应设有消防车道，宜与城市干道有机相连，应设有能满足灭火需要的消防水源。

5. 答：从消防角度分析，厂址选择应考虑以下因素：

1）选择厂址时周围环境应满足"既要保证本身的安全，又要保证相邻企事业单位及居住区的安全"的要求。严禁靠近企事业单位和居民区布置易燃、易爆的生产单位。

2）在选择厂址时还要充分考虑和利用当地的自然地形及地势条件。散发可燃气体、粉尘的厂宜布置在通风条件较好的平坦地带或山坡地段，而不要布置在山谷地区的窝风地段，爆炸性物品厂应尽量布置在山凹地带。液体的储罐宜布置在地势较低的地带。

3）应考虑当地的主导风向，具有易燃、易爆危险的厂不仅要远离企事业单位和居住区，且应布置在企事业单位和居住区的常年主导风向的下风侧。

4）所选厂址应有便利的交通条件，以便消防力量迅速到场。

5）应保证有足够的消防用水，大型工企单位应尽可能接近水源地。

6）对国防工业、石油化工、冶金等特殊的用电单位，应满足不间断供电。高压架空线应避免从厂（库）区上空穿越。

6. 答：厂区划分防火区域是降低厂区火灾危险性的一种有效措施。工厂或仓库，一般都是由生产车间（或库房）、辅助用房及服务于生产或储存的设施综合组成。各种建（构）筑物，其使用性质、火灾危险性互不相同，把它们杂乱无章地布置在一起，那么就极易发生火灾并迅速蔓延。划分防火区域应在将厂区或库区划分成生产、生活、行政等几个区域的基础上，在生产或储存区域内部，再根据火灾危险性的大小及其他许多因素，划分成若干防火区域，把那些火灾危险性大的车间或库房相对集中，并划出特定的禁火范围，以便在该范围内采取相应的安全技术措施。如此便较大地降低了厂区的火灾危险性，并为消防处置工作提供了便利。

第五章 防火分区与防烟分区

一、名词解释

1. 防火分区：采用具有较高耐火极限的墙和楼板等构件作为一个区域的边界构件划分出的，能在一定时间内阻止火势向同一建筑的其他区域蔓延的防火单元。
2. 防火墙：具有不低于3.00h耐火极限的非燃烧实体墙。
3. 防火门：建筑中能满足规定耐火要求的门。

二、选择题

1. A 2. ABD 3. A 4. ABCD 5. C

三、简答题

1. 答：划分防火分区的作用是阻止火势在建筑内部相邻区域间蔓延。

构件分为水平防火构件和竖直防火构件两大类。水平防火构件包括采用一定耐火极限的墙、楼板、门窗等防火分隔物。垂直防火构件主要采用具有一定耐火极限的楼板作分隔构件。

2. 答：防火门按耐火极限分为甲、乙、丙三级，耐火极限应分别不低于1.50h、1.00h和0.50h。

甲级防火门窗一般用于防火墙上的门窗洞口或部分重要机房的门窗等部位，乙级防火门窗可用于疏散楼梯间及其前室等部位，丙级防火门窗多为建筑竖向井道的检查门等。

3. 答：防火墙是具有不低于3.00h耐火极限的非燃烧实体墙。在设置时应满足六个方面的构造要求：

1) 防火墙应直接设置在基础上或钢筋混凝土框架上。
2) 防火墙中心距天窗端面的水平距离小于4m，且天窗端面为燃烧体时，应采取防止火势蔓延的设施。
3) 建筑物外墙如为难燃烧体时，防火墙应凸出燃烧体墙的外表面40cm，或防火墙带的宽度，从防火墙中心线起每侧不应小于2m。
4) 防火墙内不应设置排气道，民用建筑必须设时，其两侧的墙身截面厚度均不应小于12cm。防火墙上不应开设门窗洞口，如必须开设时，应采用能自行关闭的甲级防火门窗。可燃气体和甲、乙、丙类液体管道不应穿过防火墙。其他管道如必须穿过时，应用不燃烧材料将缝隙紧密填塞。
5) 建筑物内的防火墙不应设在转角处。如设在转角附近，则内转角两侧上的门窗洞口之间最近的水平距离不应小于4m。紧靠防火墙两侧的门窗口之间最近的水平距离不应小于2m。
6) 设计防火墙时，应考虑防火墙一侧的屋架、梁、楼板等受到火灾的影响而破坏时，不致使防火墙倒塌。

4. 答：中庭建筑发生火灾时，其防火分区被上下贯通的大空间所破坏。因此，当中庭防火设计不合理或管理不善时，有火灾急速扩大的可能性。其危险在于：

(1) 火灾不受限制地急剧扩大 中庭空间一旦失火，属于"燃料控制型"燃烧，因此，很容易使火势迅速扩大。

(2) 烟气迅速扩散 由于中庭空间形似烟囱，因此易产生烟囱效应。若在中庭下层发生火灾，烟火就进入中庭；若在上层发生火灾，中庭空间未考虑排烟时，就会向周围楼层扩散，进而扩散到整个建筑物。

（3）疏散危险　由于烟气在多层楼迅速扩散，楼内人员会产生心理恐惧，人们争先恐后夺路逃命，极易出现伤亡。

（4）喷淋设备难启动　中庭空间的顶棚很高，因此采取以往的火灾探测和自动喷水灭火装置等方法不能达到火灾早期探测和初期灭火的效果。即使在顶棚下设置了自动洒水喷头，由于太高，而温度达不到额定值，洒水喷头就无法启动。

（5）灭火和救援活动可能受到的影响

1）可能出现要同时在几层楼进行灭火。

2）消防队员不得不逆疏散人流的方向进入火场。

3）火灾迅速多方位扩大，消防队难以围堵扑灭火灾。

4）火灾时，屋顶和壁面上的玻璃因受热破裂而散落，对扑救人员造成威胁。

5）建筑物中庭的用途不确定，将会有大量不熟悉建筑情况的人员参与活动，并可能增加大量的可燃物，如临时舞台、照明设施、坐席等，将会加大火灾发生的概率，加大火灾时人员的疏散难度。

采用的防火分隔措施有防火隔墙、防火玻璃、防火卷帘、防火门窗，其设置应符合相关规定。

5. 答：玻璃幕墙部位容易造成层间竖向防火分隔失效，火灾易于蔓延，主要表现在：

1）发生火灾时，玻璃幕墙在火灾初期即会爆裂，导致火灾在建筑内蔓延。

2）垂直的玻璃幕墙和水平楼板、隔墙间的缝隙是火灾扩散的途径。

具体防火分隔措施：

1）窗槛墙、窗间墙的填充材料应采用不燃材料。当外墙面采用耐火极限不低于1.00h的不燃烧体时，其墙内填充材料可采用难燃材料。

2）无窗间墙和窗槛墙的幕墙，应在每层楼板外沿设置耐火极限不低于1.00h、高度不低于0.8m的不燃烧实体裙墙。

3）幕墙与每层楼板、隔墙处的缝隙应采用防火封堵材料封堵。

6. 答：1）民用建筑的防火分区最大允许建筑面积按照耐火等级划分，见下表。同时注意：当建筑内设置自动喷水灭火系统时，该防火分区的最大允许建筑面积可按本表规定增加一倍。局部设置时，增加面积可按该局部面积的一倍计算。

耐火等级	一、二级	三级	四级	地下、半地下建筑(室)
防火分区的最大允许建筑面积/m²	2500	1200	600	500

2）高层民用建筑的防火分区最大允许建筑面积按照建筑类别划分，见下表，同时注意：① 当建筑内设置自动喷水灭火系统时，该防火分区的最大允许建筑面积可按本表规定增加一倍。局部设置时，增加面积可按该局部面积的一倍计算。② 高层建筑内的商业营业厅、展览厅等，当设有火灾自动报警系统和自动灭火系统，且采用不燃烧或难燃烧材料装修时，地上部分防火分区的允许最大建筑面积为4000m²，地下部分防火分区的允许最大建筑面积为2000m²。③ 当高层建筑与其裙房之间设有防火墙等防火分隔设施时，其裙房的防火分区允许最大建筑面积不应大于2500m²，当设有自动喷水灭火系统时，防火分区允许最大

建筑面积可增加一倍。

建筑类别	一类建筑	二类建筑	地下室
防火分区的最大允许建筑面积/m²	1000	1500	500

7. 答：主要区别有两方面：
1）划分的目的不同，划分防火分区的目的是在一定时间内将火势控制在一定的空间内，防止火势蔓延扩大；划分防烟分区的目的是将火灾烟气控制在一定范围内，同时为了提高排烟口的排烟效果。
2）设置要求不同，防烟分区不得跨越防火分区；划分防火分区的分隔物比划分防烟分区的分隔物耐火要求高；防火分区可以起到防烟分区的作用。

主要联系：划分防火分区和防烟分区的根本目的是一致的，都是为了阻止火势在建筑内部相邻区域间蔓延。

第六章　安全疏散设计

一、判断题
1. ×　2. √　3. ×

三、综合应用题
1.（1）不需要。
（2）疏散人数 = 10000m² × 0.6 人/m² = 6000 人
计算安全出口总宽度 = 6000/100 × 0.65m = 39m
实际安全出口总宽度 = 3.6m × 11 = 39.6m > 39m，所以安全出口的宽度是够的。
2. 防烟楼梯间。

第八章　建筑防爆设计

一、简答题
1. 答：爆炸的破坏作用有压力作用、冲击波作用、高温作用和爆炸碎片的冲击作用。
2. 答：常见的建筑隔爆设施有防爆墙、防爆门、防爆窗；常见的建筑泄压设施有易于泄压的门窗、轻质墙体、轻质屋盖。
3. 答：由于钢筋混凝土框架结构强度高、整体性好、耐火性好且便于设置较大的泄压面积，所以适宜作防爆厂房。
4. 答：在工业建筑设计时主要从主动与被动两个方面来考虑相关的防爆对策，主动性对策的目标主要是为了实现安全生产，预防第一，采取措施防止或减小产生爆炸的可能性。被动性对策主要是在爆炸发生时尽可能减小爆炸对建筑结构、人员与相关设备造成的损失。

主动性对策主要是破坏爆炸必须具备的三个条件（爆炸性物质、氧气、点火源）之一从而达到防患于未然，主要有：
1）排除可燃气体、可燃蒸气、可燃粉尘等物质形成爆炸性混合物的可能性。
2）排除可能引燃爆炸性混合物的点火源。如明火、化学反应热、热辐射、高温表面、摩擦和撞击、光能等。

被动性对策有：
1）强化建筑结构主体的强度和刚度。

2）在建筑围护构件设计中设置隔爆和泄压设施。

3）在建筑布置时设法减小爆炸产生的危害。

5. 答：泄压比是指爆炸危险性厂房全部泄压面积与厂房体积之比。

二、计算题

[解] 厂房最大长度为36m，车间横截面面积为54m²，横截面周长为$(6+9)m \times 2 = 30m$，则车间长径比$= (36 \times 30) \div (4 \times 54) = 5 > 3$，需分段计算泄压面积。将车间分为2个长为18m的计算段，其长径比小于3。

每段车间体积$V = 18 \times 54 m^3 = 972 m^3$，查表8-5得乙炔生产厂房的泄压比为$0.2 m^2/m^3$，则每段泄压面积为

$$A = 10CV^{\frac{2}{3}} = 10 \times 0.2 \times 972^{\frac{2}{3}} m^2 = 196 m^2$$

所以，该厂房所需泄压面积为

$$A_1 = 196 m^2 \times 2 = 392 m^2$$

第九章 建筑消防设施的设置原则

简答题

1. 答：常见的建筑消防设施主要有水灭火系统、气体灭火系统、火灾自动报警系统、防排烟系统及泡沫灭火系统。

2. 答：1）消火栓给水系统由消防水源、供水设备、给水管网和灭火设施组成。

2）根据《建筑设计防火规范》第8.3.1规定：建筑占地面积大于$300 m^2$的厂房应设室内消火栓。故该厂房应设室内消火栓给水系统。

3. 答：根据系统使用喷头的形式，分为闭式自动喷水灭火系统和开式自动喷水灭火系统两类。

4. 答：湿式自动喷水灭火系统适用于环境温度不低于4℃且不高于70℃的场所。

干式自动喷水灭火系统适用于环境温度低于4℃或高于70℃的场所。

这是因为温度低于4℃的场所，管道和组成件内充水有冰冻的危险；温度高于70℃场所管道和组件内充水，蒸汽压的升高有破坏管道的危险，因此温度低于4℃或高于70℃的场所需要使用干式自动喷水灭火系统。

5. 答：根据《建筑设计防火规范》第8.5.1条规定应设置自动喷水灭火系统的场所有：

1）占地面积大于$1500 m^2$的木器厂房。

2）总建筑面积大于$3000 m^2$的商店。

因此占地面积为$2500 m^2$的木器厂房需要设自动喷水灭火系统，后者则不需要。

6. 答：1）气体灭火系统主要适用于重要机房、贵重设备室、珍藏室、档案库。

2）常用的气体灭火剂有二氧化碳、七氟丙烷、IG541混合气体等。

7. 答：1）火灾自动报警系统一般由触发器件、火灾报警装置、火灾警报装置和电源四部分组成，复杂的系统还包括消防联动控制设备、电气火灾监控设备和可燃气体报警控制设备。

2）该建筑属于一级保护对象，根据规定应设置集中火灾报警系统或控制中心报警系统。

8. 答：根据《建筑设计防火规范》第11.4.1条规定：建筑面积大于$500 m^2$的地下、半地下商店应设火灾自动报警系统。因此该建筑应设火灾自动报警系统。

9. 答：不具备自然排烟的防烟楼梯间及其前室应设置机械加压送风系统。

参考文献

[1] 全国消防标准化技术委员会防火材料分技术委员会. GB 8624—2012 建筑材料及制品燃烧性能分级 [S]. 北京：中国标准出版社，2012.
[2] 欧育湘. 实用阻燃技术 [M]. 北京：化学工业出版社，2002.
[3] 公安部政治部. 建筑防火设计原理 [M]. 北京：中国人民公安大学出版社，1997.
[4] 李建军. 欧育湘. 阻燃理论 [M]. 北京：科学出版社，2013.
[5] 过镇海. 常温和高温下混凝土材料和构件的力学性能 [M]. 北京：清华大学出版社，2006.
[6] 公安部天津消防研究所. GB 50016—2006 建筑设计防火规范 [S]. 北京：中国标准出版社，2006.
[7] 屈立军. 建筑防火 [M]. 北京：中国人民公安大学出版社，2006.
[8] 公安部. GB 50222—1995 建筑内部装修设计防火规范 [S]. 北京：中国标准出版社，1995.
[9] 公安部. GB 50354—2005 建筑内部装修防火施工及验收规范 [S]. 北京：中国标准出版社，2005.
[10] 住建部. GB 50210—2001 建筑装饰装修工程质量验收规范 [S]. 北京：中国标准出版社，2001.
[11] 公安部天津消防研究所. GB 50016—2006 建筑设计防火规范 [S]. 北京：中国标准出版社，2006.
[12] 蔡芸. 建设工程消防设计审核与验收实务 [M]. 北京：国防工业出版社，2012.
[13] 王学谦. 建筑防火设计手册 [M]. 北京：中国建筑工业出版社，2008.
[14] 张培红，王增欣. 建筑消防 [M]. 北京：机械工业出版社，2008.
[15] 张学魁. 建筑灭火设施 [M]. 北京：中国人民公安大学出版社，2004.
[16] 王学谦. 建筑防火设计手册 [M]. 北京：中国建筑工业出版社，2008.
[17] 上海市消防局. GB 50067—1997 汽车库、修车库、停车场设计防火规范 [S]. 北京：中国标准出版社，1997.
[18] 住建部. GB 50084—2001 自动喷水灭火系统设计规范 [S]. 北京：中国计划出版社，2005.
[19] 公安部. GB 50116—1998 火灾自动报警系统设计规范 [S]. 北京：中国计划出版社，1999.
[20] 浙江省建筑设计研究院. JGJ 67—2006 [S]. 北京：中国建筑工业出版社. 2007.
[21] 住建部建筑设计院. JGJ 62—1990 旅馆建筑设计规范 [S]. 北京：中国建筑工业出版社. 1990.
[22] 公安部. GB 50140—2005 建筑灭火器配置设计规范 [S]. 北京：中国计划出版社，2005.
[23] 公安部天津消防研究所. GB 50370—2005 气体灭火系统设计规范 [S]. 北京：中国标准出版社，2005.
[24] 住建部. GB 50052—2009 供配电系统设计规范 [S]. 北京：中国计划出版社，2010.

后　　记

　　经全国高等教育自学考试指导委员会同意，由全国高等教育自学考试指导委员会电子电工与信息类专业委员会负责消防工程专业教材的审定工作。

　　本教材由中国人民武装警察部队学院蔡芸教授担任主编。具体编写分工如下：第一、二、七章由杜文锋编写，第三章由李孝斌编写，第四章由王倩编写，第五章由蔡芸编写，第六章由杜宝玲编写，第八章由赵杨编写，第九章由稽涛编写，第十、十一章由任君编写。全书由蔡芸统稿。

　　全国高等教育自学考试指导委员会电子电工与信息类专业委员会组织了本教材的审稿工作。中国人民武装警察部队学院屈立军教授担任主审，天津市消防协会马玉河高级工程师参加审稿，并提出修改意见。

　　全国高等教育自学考试指导委员会电子电工与信息类专业委员会最后审定通过了本教材。

全国高等教育自学考试指导委员会
电子电工与信息类专业委员会
2014 年 1 月